Logan Ury

LIEBE FINDEN

Logan Ury

LIEBE FINDEN

Mit überraschenden Erkenntnissen aus der Forschung endlich zu einer glücklichen Beziehung

mvgverlag

Bibliografische Information der Deutschen Nationalbibliothek
Die Deutsche Nationalbibliothek verzeichnet diese Publikation in der Deutschen Nationalbibliografie.
Detaillierte bibliografische Daten sind im Internet über http://d-nb.de abrufbar.

Für Fragen und Anregungen
info@mvg-verlag.de

1. Auflage 2021

Türkenstraße 89
D-80799 München
Tel.: 089 651285-0
Fax: 089 652096

Übersetzung: Elisabeth Liebl
Redaktion: Sabine Zürn
Umschlaggestaltung: Manuela Amode
Umschlagabbildung: Shutterstock.com/Enmaler
Layout und Satz: Müjde Puzziferri, MP Medien, München
Druck: CPI books GmbH, Leck
Printed in Germany

ISBN Print 978-3-7474-0332-7
ISBN E-Book (PDF) 978-3-96121-695-6
ISBN E-Book (EPUB, Mobi) 978-3-96121-696-3

Für Scott – die beste Entscheidung, die ich je getroffen habe.
Und für meine Eltern, deren Liebe und Unterstützung mir ermöglicht haben, zu dem Menschen zu werden, der ich heute bin.

INHALT

EIN HINWEIS VORAB

Wann immer es um wissenschaftliche Forschung geht, gibt es eine schlechte Nachricht: Die meisten Studien übers Daten konzentrieren sich auf cisgender-heterosexuelle Paare. Andererseits haben Untersuchungen von LGBTQ+-Beziehungen ergeben, dass diese Paare meist mit den gleichen Problemen kämpfen, wie sie die Forschung für Paarbeziehungen insgesamt aufzeigt, und sie daher ebenso von Tipps profitieren können, die sich an Heteropaare richten.

Während der Arbeit an diesem Buch habe ich mit unzähligen Menschen der unterschiedlichsten sexuellen Orientierungen bzw. Identitäten gesprochen. Ich wollte auch die Liebesgeschichten und Datingerfahrungen von LGBTQ+-Menschen präsentieren. Alle Geschichten in diesem Buch sind wahr, auch wenn in manche davon die Erlebnisse mehrerer Menschen eingeflossen sind. Die Namen wurden geändert, ebenso charakteristische Merkmale. Die Dialoge habe ich schöpferisch nachgestellt.

Nachdem ich das Buch zu Ende geschrieben hatte, übernahm ich die Aufgabe des Director of Relationship Science bei den Machern der Dating-App *Hinge*. In dieser Funktion kann ich Millionen Menschen helfen, effektiver zu daten. Was an Recherchen und Meinungen in diesem Buch präsentiert wird, ist ausschließlich das Ergebnis meiner eigenen Arbeit.

EINFÜHRUNG

Vielleicht denkst du jetzt, du hättest dir kein Buch über die Liebe kaufen sollen. Liebe sollte ohne Anstrengung, natürlich, sozusagen organisch, entstehen. Im Englischen ist Verliebtsein ja ein Zustand, in den man quasi »hineinfällt«. Man *denkt* sich nicht in die Liebe hinein. Liebe ist eine spontane chemische Reaktion, kein mit Kalkül herbeigeführter Zustand.

Und doch hältst du jetzt dieses Buch in der Hand. Weil du endlich die Liebe finden willst, was bis jetzt noch nicht so richtig geklappt hat. Wie lässt sich dieses Rätsel erklären? Ganz einfach: Liebe mag ein natürlicher Instinkt sein, das Daten ist es aber nicht. Wir kommen nicht mit dem instinktiven Wissen zur Welt, wie wir den richtigen Partner finden.

Wenn dem so wäre, hätte ich keinen Job mehr. Ich bin Datingcoach, und was ich beruflich mache, ist die moderne Form der Partnervermittlung. Ich habe an der Universität Harvard Psychologie studiert und mich jahrelang mit menschlichem Verhalten und Beziehungen beschäftigt. Im Zuge dieser Arbeit habe ich ein Modell für gesunde Beziehungen entwickelt: *Intentional Love (absichtsvolle Liebe)*. Durch dieses Modell lernst du, dein Liebesleben als ein Ergebnis bewusster Entscheidungen zu sehen, nicht als zufälliges Ereignis. Dieses Buch zeigt dir, wie du gut informiert an die Sache herangehen kannst, indem du deine schlechten Gewohnheiten durchschaust, dein Datingmuster veränderst und lernst, wichtige Beziehungsfragen im Gespräch zu klären.

Gute Beziehungen müssen aufgebaut werden. Sie fallen nicht vom Himmel. Eine dauerhafte Beziehung passiert nicht einfach so. Sie ist der krönende Abschluss einer Reihe von Entscheidungen: Wann sollen wir ausgehen? Mit wem? Wie können wir mit der falschen Person Schluss machen? Wann machen wir mit der richtigen Person am besten Nägel mit Köpfen? Und alle anderen Fragen, die sich in diesem Spannungsfeld noch auftun. Triff gute Entscheidungen, und eine wunderbare Liebesgeschichte ist dir garantiert. Triff schlechte Entscheidungen, und du wirst immer wieder den gleichen toxischen Mustern aufsitzen.

SPOILERALARM: WIR SIND TOTAL IRRATIONAL

Die Gründe für unsere Entscheidungen sind uns oft bewusst, und das hat problematische Konsequenzen, denn sie durchkreuzen unsere Suche nach Liebe. Hier kann uns die Verhaltensforschung weiterhelfen.

Ein Teilgebiet der Verhaltensforschung untersucht, wie wir Entscheidungen treffen. Diese Erkenntnisse ermöglichen uns, die einzelnen Lagen in unserem Kopf, die zu einem Entschluss geführt haben, Schicht für Schicht abzutragen, sodass wir einen Blick auf unsere Beweggründe werfen können. Spoileralarm: Wir sind total irrational. Wir fällen häufig Entscheidungen, die unsere Interessen sabotieren.

Und das gilt für alle Lebensbereiche. Wir sagen zum Beispiel, dass wir fürs Alter sparen wollen, belasten aber unsere Kreditkarte mit Ausgaben für die Wohnung. Oder wir nehmen uns vor, mehr Sport zu treiben, doch das Laufband im Wohnzimmer dient bestenfalls als Kleiderablage. Ganz egal, wie oft oder ernsthaft wir uns Ziele setzen, bei der Umsetzung stehen wir uns meistens selbst im Weg.

Glücklicherweise folgen unsere irrationalen Entscheidungen nicht dem Zufallsprinzip. Unser Gehirn führt uns auf vorhersagbare Weise in die Irre. Verhaltensforscher setzen dieses Wissen ein, um Menschen dabei zu unterstützen, ihr Verhalten wirksam zu ändern – mit dem Ziel, sie glücklicher, gesünder und wohlhabender zu machen.

Eine ganze Weile machte ich von meinem psychologischen Wissen vor allem bei Google Gebrauch. Ich arbeitete dort mit dem großartigen Dan Ariely zusammen. Unser Team nannte sich »Irrational Lab«, was auf sein Buch *Predictably Irrational* (*Denken hilft zwar, nützt aber nichts*) zurückging. Ich schätzte die Arbeit mit Dan und dem Irrational Lab. Wir studierten menschliches Verhalten und machten Experimente. Doch eigentlich drückten mich andere Sorgen. Ich war Anfang zwanzig und Single. Ich kämpfte mit der absolut lebenswichtigen und häufig gestellten Frage: Wie finden wir die Liebe und halten sie am Leben?

Als Wissenschaftlerin hatte ich mich schon lange für Themen wie Dating, Beziehungen und Sex interessiert. An der Uni studierte ich die Pornokonsum-Gewohnheiten der Harvard-Studenten und schrieb darüber eine Arbeit mit dem Titel *Porn to Be Wild.* (Spoiler: Harvard-Studenten gucken viele Pornos.) In meinem ersten Job bei Google (Jahre, bevor ich das Irrational Lab leitete) managte ich die Google-Anzeigen für die Kunden von Pornoseiten und Sextoys, zum Beispiel für *Bangbros*, *Playboy* und *Good Vibrations*. Der inoffizielle Name unserer Gruppe war »Porn Pod«, die »Pornokammer«.

Mein Interesse an Beziehungen geht wohl auf meine Kindheit zurück. Ich wuchs in einer glücklichen Familie auf, aber meine Eltern ließen sich – für mich – urplötzlich scheiden, als ich 17 war. Meine »Und sie lebten glücklich bis an ihr Lebensende«-Blase platzte. Von diesem Moment an hielt ich langfristige Beziehungen für reine Glückssache.

Damals war ich noch Single. Die Dating-Apps kamen gerade erst auf, und ich verbrachte einen Großteil meiner Zeit mit Swipen. Die Leute, die ich so kannte, hatten die gleichen Probleme wie ich. Unsere Generation hatte den Übergang vom ersten iPod (»tausend Songs in der Hosentasche«[1]) zum Smartphone, das tausend mögliche Tinder-Dates bot, aktiv mitvollzogen. Statt Bobby oder Belinda aus unserem Viertel hinterherzugucken, hatten wir plötzlich online die Wahl unter Tausenden Singles.

Vor diesem Hintergrund lancierte ich nebenher ein Google-Projekt mit dem Titel *Talks bei Google: moderne Romantik*. In diesen kurzen Videos ging es um die Herausforderungen modernen Datings. Ich interviewte renommierte Experten aus aller Welt zu Themen wie Onlinedating, Kommunikation im digitalen Zeitalter, Monogamie, Empathie und den Geheimnissen einer glücklichen Ehe. Innerhalb weniger Stunden meldeten sich Tausende Google-Nutzer für die *Modern-Romance*-Mailingliste an, um keines der Interviews zu verpassen. Sobald diese online gingen, hatten wir auf YouTube Millionen Abrufe. Offensichtlich standen meine Freunde und ich mit diesem Problem nicht allein da.

Eines Abends sprach mich ein wildfremder Mensch an und sagte: »Ich habe Ihr Interview über Polyamorie gesehen. Ich wusste nicht, dass man Beziehungen auch so führen kann. Das hat mein ganzes Leben verändert.« In diesem Augenblick wurde mir klar, welche Tragweite meine Arbeit hatte. Ich hatte meine Berufung gefunden.

Aber ich wollte nicht zur x-ten Liebesexpertin werden, die ihre Ratschläge mit Bauchgefühl begründet. Mein Gedanke war vielmehr: *Was, wenn ich die wissenschaftlichen Instrumente, die ich jetzt bei Google einsetze, dazu benutze, um den Leuten zu besseren Entscheidungen in ihrem Liebesleben zu verhelfen?*

UND SIE LEBTEN IRRATIONAL BIS AN IHR LEBENSENDE

Nach fast zehn Jahren in der Technologiebranche hängte ich meinen Job an den Nagel und wandte mich der Frage zu, wie ich Menschen dabei unterstützen konnte, dauerhafte Beziehungen aufzubauen. Was uns da meiner Ansicht nach stolpern lässt, sind die klassischen Fehler, die wir machen, wenn wir Entscheidungen treffen. Die Verhaltensforschung ist das fehlende Glied in der Kette, denn sie hilft den Menschen, ihr Verhalten zu ändern, toxische Muster zu durchbrechen und am Ende doch die Liebe ihres Lebens zu finden.

Die Partnerwahl ist eine echte Herausforderung, weil sie durch kulturelle Prägungen, schlechte Ratschläge und den Druck von Familie und Gesellschaft belastet ist. Allerdings hat bisher auch noch niemand versucht, die

Erkenntnisse der Verhaltensforschung auf diesem Gebiet anzuwenden. Vielleicht weil wir denken, Liebe sei ein magisches Ereignis, das sich der wissenschaftlichen Analyse entzieht. Vielleicht fürchten wir uns auch vor kritischen Einwänden wie *Wer will schon rational an die Liebe herangehen?*. Aber darum geht es nicht. Ich versuche keineswegs, dich in einen hyperrationalen Computer zu verwandeln, der sämtliche Beziehungsmöglichkeiten durchrechnet und dann den Namen deines Seelengefährten ausspuckt. Ich möchte dich nur dabei unterstützen, in der Liebe schlechte Entscheidungen zu vermeiden.

Jede Verhaltensänderung vollzieht sich in zwei Schritten. Zuerst erkennen wir, welche unterschwelligen Kräfte unser Verhalten beherrschen. Diese sind für Fehleinschätzungen verantwortlich, die in schmerzlichen Konsequenzen enden: etwa die Weigerung, dich zu binden, weil du glaubst, einen noch besseren Partner zu finden (Kapitel 4). Oder dass du lieber deinem Jugendschwarm hinterherläufst, statt eine schöne Zeit mit deinem Lebenspartner zu verbringen (Kapitel 7). Oder das Verharren in einer miesen Beziehung, die ihr Verfallsdatum längst überschritten hat.

Aber dass du dir dieser Tatsachen bewusst bist, heißt noch nicht, dass du sie auch änderst. (Das Wissen, dass du besser keine Bad Boys daten solltest oder »diese durchgeknallten Mega-Mädels«, macht diese ja nicht weniger attraktiv.) Tatsächlich musst du selbst aktiv gegensteuern. Und hier kommt der zweite Teil der Verhaltensforschung zum Tragen. Erprobte Methoden helfen dir, den Graben vom Wissen zum Handeln zu überbrücken. Im zweiten Schritt entwickeln wir ein neues System, das dir hilft, dein Verhalten zu ändern und dein Ziel zu erreichen. Jedes der folgenden Kapitel beinhaltet einen wissenschaftlich fundierten Rahmen, innerhalb dessen wir üben können, unsere Entscheidungsfindung bei einem Date auf eine solidere Grundlage zu stellen.

WIE HILFT DIESES BUCH?

Zuallererst wirst du feststellen, dass du nicht allein bist. Du bist nicht der einzige Mensch, der auf diesem Gebiet mit Zweifeln kämpft. Du und deine Fragen und Sorgen sind vielmehr total normal.

Es gibt in Beziehungen keine Gewissheit, aber du kannst deine Entscheidungen strategisch treffen und dich zu diesem Zweck auf Forschungsarbeiten stützen, die die Stärken und Schwächen unseres Gehirns (und unseres Herzens) untersucht haben. Das Modell der absichtsvollen Liebe gründet sich auf zwei Säulen: erstens auf die Beziehungsforschung (Was funktioniert in langfristigen Beziehungen?) und zweitens auf die Verhaltensforschung (Wie können wir unsere Absichten umsetzen?).

Ich werde dir dieses Modell Stück für Stück nahebringen. Modelle haben einfach etwas Beruhigendes.

Das Modell hat für meine Klienten funktioniert, und ich weiß, dass es auch dir helfen kann.

Teil I: Geh es an!

Als Erstes beschäftigen wir uns mit der Frage, warum Daten heute schwieriger ist als je zuvor. Dann füllst du einen Fragebogen aus, aus dem du erfährst, welche deiner Eigenheiten dir beim Daten in die Quere kommen – Muster, die dich im Leben blockieren, vermutlich ohne dass du es merkst. Im nächsten Schritt erkläre ich, wie diese Muster dein Liebesleben beeinflussen und was du tun kannst, um sie zu überwinden. Dann setzen wir uns mit der Bindungstheorie auseinander und wie sie beeinflusst, in wen du dich verliebst und wie. Und ich werde dir zeigen, welche Eigenschaften du benötigst, damit eine langfristige Bindung entstehen kann. Vermutlich waren deine Vorstellungen da ganz andere.

Teil II: Geh raus!

Wir werden uns Dating-Apps ansehen, und ich helfe dir, die Tücken des modernen Datings zu erkennen und zu umgehen. Wir werden dein Swiping verbessern und dich mit Menschen IRL (im realen Leben) in Kontakt bringen. Außerdem erfährst du, was du tun musst, damit aus einem Date kein Vorstellungsgespräch wird, und mit wem du dich am besten wieder triffst.

Teil III: Wie du Ernst machst!

In der Folge fragen wir uns, wie du wichtige Punkte im Beziehungsleben handhaben solltest, zum Beispiel den DDB-Talk (Definiere die Beziehung). Oder die Frage, ob ihr zusammenziehen solltet. Die nächsten Schritte sind: Wie entscheidest du, ob du dich trennen sollst? Und: Wie du eine Trennung anpackst oder wie du deinen Herzschmerz überwindest. Oder im Gegenzug (wenn alles super läuft): Sollen wir vielleicht heiraten? Das letzte Kapitel in diesem Teil wird dir helfen, in dieser Frage zu einer Entscheidung zu finden.

Außerdem beschäftigen wir uns mit der Frage, wie deine Langzeitbeziehung glücklich bleibt, indem du zum Beispiel deinem Partner täglich Aufmerksamkeit schenkst. Und natürlich verändern sich auch Beziehungen, genau wie die Menschen, die sie führen.

TRAU DICH, ETWAS ANDERS ZU MACHEN

Du liest dieses Buch, weil du dich nach Liebe sehnst. Vielleicht bist du schon öfter mit neuen Bekanntschaften ausgegangen, die nicht gut für dich waren, die dich enttäuscht oder allein zurückgelassen haben. Möglicherweise hast du auch gar keine Dates. Schule, Arbeit, Familie oder die Anforderungen des modernen Lebens haben es dir schwer gemacht. Aber tief drin weißt du, dass du einen Partner finden willst.

Ich bin hier, um dir bei den nächsten Schritten zu helfen. Betrachte dich als Coachee einer Datingberaterin. Alles, was ich von dir will, ist: Mach die Übungen in diesem Buch. (Sie funktionieren tatsächlich!) Und gib mir die Chance, deine Vorstellung vom Daten zu verändern.

Bisher hast du das Leben auf deine Weise angepackt. Warum versuchst du's nicht mal anders? Vielleicht wartet ja am anderen Ende des Tunnels eine dauerhafte Liebesbeziehung auf dich.

TEIL I

GEH ES AN!

1

WARUM DATEN HEUTE SCHWIERIGER IST ALS JE ZUVOR

Wie du die Herausforderungen des modernen Datings meisterst

Jede Generation durchlebt ihre eigenen Herausforderungen – Kriege, Rezessionen oder Schulterpolster. Fürs Dating gilt das Gleiche. Die Menschen hatten zwar zu allen Zeiten Liebeskummer, aber in einer Hinsicht haben die Singles von heute wahrscheinlich recht: Daten ist heutzutage schwieriger als je zuvor. Und wenn deine Mutter das nächste Mal meckert, weil du immer noch keinen netten Jungen gefunden und geheiratet hast, dann kannst du ihr das ruhig von mir ausrichten.

In diesem Buch möchte ich dir Lösungen für die schwierigsten Entscheidungen des Datings anbieten. Aber bevor wir uns den wichtigsten Methoden zuwenden, möchte ich erst mal klarstellen, welche Faktoren das Dating erschweren. Wenn die Sehnsucht nach Liebe dich endlos stresst, dann findest du hier vermutlich die Gründe.

WIR DEFINIEREN UNSERE IDENTITÄT HEUTE SELBST

Religion, Gemeinschaft und die Zugehörigkeit zu einer sozialen Klasse haben das Leben unserer Vorfahren geprägt.[2] Die Erwartungen waren klar, und es gab nur wenige persönliche Entscheidungen zu treffen. Je nachdem, in welche Familie man geboren wurde, war klar, wie das eigene Leben laufen würde, etwa ein Weber in Bukarest, der koscher aß und regelmäßig in die Synagoge ging, oder ein Bauer vor den Toren von Schanghai, der sich von seinem Land ernährte. Die Partnerschaft wurde meist von der Mitgift bestimmt – davon, wer das beste Land oder die meisten Kamele zu bieten hatte.[3]

Heute liegen diese Entscheidungen allein bei uns.[4] Wir müssen unseren Lebensweg selbst gestalten. Unsere Vorfahren mussten nicht abwägen, wo und wovon sie leben sollten. Wir hingegen müssen diese Entscheidungen selbst treffen. Das gibt uns natürlich eine unglaubliche Freiheit: Wir können uns für Nashville statt Atlanta entscheiden, für den Beruf der Meteorologin oder der Mathematikerin. Aber diese Freiheit geht auf Kosten der Gewissheit. Heute fragen wir uns nächtens, das Gesicht vom blauen Licht des Bildschirms erhellt: *Wer bin ich? Und was soll ich mit meinem Leben anfangen?* Die Kehrseite der Freiheit und der Möglichkeit der Wahl ist die lähmende Angst, dass wir mit der falschen Entscheidung ein für alle Mal unser Glück verspielen könnten. Wenn wir selbst verantwortlich sind, dann müssen wir auch die Verantwortung für unsere Entscheidungen übernehmen. Fehlentscheidungen gehen ganz allein auf unsere Kappe.

Eine der schwerwiegendsten Entscheidungen – die früher die Eltern oder die Gemeinschaft getroffen hat – ist die Frage: *Wen soll ich als Partner wählen?*

ZU VIEL AUSWAHL

Innerhalb der Datingkultur findet gerade ein Erdbeben statt. Das Daten fing erst in den 1890er-Jahren an.[5] Online gedatet wird seit 1994, als *Kiss.com* online ging.[6] Ein Jahr später folgte *Match.com.* Und wir wischen für die Liebe seit etwa zehn Jahren. Wenn wir das Gefühl haben, im Mittelpunkt eines gigantischen kulturellen Experiments zu stehen, dann hat das seinen Grund: Genau das ist nämlich der Fall.

Unsere mögliche Partnerauswahl ist nicht mehr begrenzt auf die Personen, die wir von der Arbeit kennen, aus der Kirche oder der Nachbarschaft. Heute wischen wir uns durch Hunderte Kandidaten in nur einer einzigen Onlinesitzung. Aber diese scheinbar grenzenlosen Möglichkeiten haben auch eine Kehrseite. Psychologen – wie Barry Schwartz, Professor emeritus am Swarthmore College – konnten zeigen, dass die Menschen zwar gern eine reiche Auswahl haben, sie deswegen aber nicht glücklicher sind. Tatsächlich ziehen sie ihre Entscheidungen sogar eher in Zweifel, je mehr Auswahlmöglichkeiten sie haben. Man nennt dies auch das *Auswahlparadox*.[7]

Die Leute haben so ihre Qual mit der Wahl. Ein bisschen wie diese nervenden Zeitgenossen, die in der Eisdiele vor dir in der Schlange stehen und sich absolut nicht für eine Sorte entscheiden können. (»Kann ich das da vielleicht noch einmal probieren? Und das da?«) Eine vielfältige Auswahl lähmt uns förmlich. Und das gilt für die Partnerwahl ebenso wie fürs Eis.

WIR SEHNEN UNS NACH GEWISSHEIT

Für welche Anschaffung hast du zuletzt Informationen im Internet gesucht? Für deine elektrische Zahnbürste? Oder für die drahtlosen Bluetooth-Lautsprecher, die dein Bruder für seine neue Wohnung braucht? Wir leben in einer informationsgesättigten Gesellschaft, die uns die falsche Rückversicherung der Recherche suggeriert. Als wäre die perfekte Entscheidung nur ein paar Google-Suchen entfernt. Egal, ob wir das authentischste Tex-Mex-Restaurant suchen oder den besten Staubsauger: Wir können endlos Rankings und Bewertungen studieren. Wir haben das Gefühl, dass wir all unsere Bedürfnisse erfüllen können, wenn wir nur lange genug recherchieren.

Und nach dieser Gewissheit sind wir so süchtig, dass wir sie auch bei der Partnerwahl anstreben. Aber wenn es um Beziehungen geht, gibt es diese

Rückversicherung nicht. Es gibt keine »richtige« Antwort auf Fragen wie *Mit wem sollte ich mich zusammentun? Soll ich Kompromisse eingehen?* Und: *Wird er/sie sich denn nie ändern?* Du kannst noch so viel googeln, die Antwort auf die Frage, ob James oder Jillian einen guten Partner abgeben, findest du dort nicht. Es gibt keine absolute Sicherheit in puncto Beziehungsfragen, und glücklicherweise brauchen wir sie auch nicht, um glücklich zu werden. Gute Beziehungen baut man auf, man entdeckt sie nicht. Aber genau hier gehen wir oft in die Falle: Wir glauben, indem wir Hunderte Möglichkeiten durchspielen, finden wir heraus, ob der Mensch vis-à-vis der oder die Richtige ist.

SOZIALE MEDIEN LADEN ZUM VERGLEICH EIN – UND ZUR VERZWEIFLUNG

Vor vielen Jahren lebten die Menschen mehr oder weniger auf dem Dorf, auch wenn sie in der Stadt wohnten. Sie kannten andere Paare, die sich küssten, stritten und versöhnten.[8] Privatsphäre gab es nicht. Heute ist unser Blick auf andere Beziehungen inszeniert, kuratiert und durch Instagram gefiltert. Wir erleben Verlobungen auf dem Kilimandscharo mit oder sehen ein süßes Baby an der Brust des Vaters schlummern. Natürlich fragen wir uns da, ob wir die Einzigen sind, die Liebeskummer haben (und das in viel schlechterer Ausleuchtung). Das Gefühl, dass alle anderen eine perfekte Beziehung haben, während die eigene gerade den Bach hinuntergeht bzw. gar nicht existiert, ist herzzerreißend. Meiner Erfahrung nach trifft das vor allem auf Männer zu, deren soziales Netz ohnehin weitmaschiger ist und die kaum jemanden haben, mit dem sie über ihre Ängste reden können. Sie vertrauen sich selten ihren Freunden an, weshalb sie auch nicht mitbekommen, dass buchstäblich jeder Mensch mal Liebeskummer hat.

WIR HABEN KEINE BEZIEHUNGSVORBILDER

Wir wollen den bestmöglichen Partner finden und die bestmögliche Beziehung führen, doch die wenigsten von uns, vor allem die jüngere Generation, kennen funktionierende Beziehungen noch aus erster Hand.

In den 1970er- und den frühen 1980er-Jahren schossen die Scheidungsraten plötzlich in die Höhe. Seitdem sind sie zwar wieder gesunken, aber viele von uns sind das, was die Paartherapeutin Esther Perel »die Kinder der Geschiedenen und Desillusionierten« nennt.[9] Etwa 50 Prozent der Ehen in den Vereinigten Staaten enden mit Scheidung oder Trennung.[10] Etwa vier Prozent aller Verheirateten geben an, in der Ehe unglücklich zu sein.[11] Zusammengenommen kann man sagen: Ein Großteil der verheirateten Paare hat entweder ihre Ehe beendet[12] oder erträgt sie nur mit Mühe.[13]

Das ist ein Problem. Viele Studien belegen, dass Vorbilder für uns wichtig sind. Man glaubt nun einmal leichter, dass etwas möglich ist, wenn es uns jemand vormacht, ob es nun darum geht, in vier Minuten eine Meile zu laufen oder 73 Hotdogs in weniger als zehn Minuten zu verschlingen (#lifegoals). Leben in einem Postleitzahlbezirk viele Patentinhaberinnen, so steigt die Wahrscheinlichkeit, dass die Frauen dort Erfinderinnen werden. Tatsächlich erwerben diese Frauen häufig sogar Patente *im gleichen Fachbereich* wie die älteren Patentinhaberinnen in der Nachbarschaft.[14]

Dasselbe gilt für Beziehungen. Wir wollen alle langfristige, erfüllende Partnerschaften, aber ohne Vorbilder fällt das nun mal schwerer. Viele meiner Klienten berichten, dass sie einfach nicht wissen, wie der Alltag in einer guten Beziehung aussieht: *Wie lösen Paare in einer gesunden Beziehung ihre Konflikte? Wie kommen solche Paare zu einer gemeinsamen Entscheidung? Wie verbringt man erfolgreich den Rest seines Lebens mit nur einem Menschen?* Die meisten Menschen konnten sich diese Fähigkeiten nicht bei ihren Eltern abschauen.

Selbst diejenigen unter uns, die in Sachen Beziehung die besten Vorsätze hegen, haben oft zu kämpfen, weil sie nie eine funktionierende Beziehung miterlebt haben.

ES GIBT VIEL MEHR BEZIEHUNGSALTERNATIVEN

Viele der Beziehungsfragen, mit denen wir uns herumschlagen, wären unseren kameltreibenden Vorfahren nie in den Sinn bekommen. Zum Beispiel: *Gehen wir jetzt miteinander oder schlafen wir nur miteinander?* Oder: *Soll ich jetzt Schluss machen oder warten, bis die Hochzeitssaison um ist?* Wir debattieren stundenlang mit unserer engsten Vertrauten, ob wir den neuen Beau wirklich lieben oder ob die ewigen ersten Dates, die nie zu einem zweiten führen, uns ausgebrannt haben?

Die Fortschritte in der Geburtenkontrolle und der Fertilitätsforschung ermöglichen uns weitere, ganz neue Optionen, zum Beispiel: *Will ich Kinder und, wenn ja, wann?* (Ich glaube nicht, dass die Jäger und Sammler sich darüber den Kopf zerbrochen haben.)

Aber unsere Auswahl an Beziehungsoptionen ist auch ohne wissenschaftliche Hilfe angewachsen. Wir können uns heute fragen: *Will ich monogam leben?* Oder: *Wie definieren wir Monogamie?*

In gewisser Weise sind all diese Fragen aufregend. Wer möchte denn nicht mehr Freiheit haben und sein Schicksal selbst in die Hand nehmen? Doch irgendwann fühlen wir uns von all den Wahlmöglichkeiten vielleicht auch überfordert.

WIR SPÜREN DEN DRUCK, DIESE ENTSCHEIDUNG »RICHTIG« HINZUBEKOMMEN

Nach wie vor werden wir bombardiert mit Botschaften, die uns ermahnen, dass diese Entscheidung »richtig« getroffen werden muss. Facebook-Co-Geschäftsführerin Sheryl Sandberg meint: »Ich bin felsenfest davon überzeugt, dass die mit Abstand wichtigste Karriereentscheidung, die eine Frau trifft, diejenige ist, ob sie einen Lebenspartner haben möchte und wer dieser Partner sein soll.«[15] Aber auch unsere Eltern reden am Ende ein Wörtchen mit. (»Mach nicht die gleichen Fehler wie ich.«) All das signalisiert uns, wie wichtig dieser eine Schritt im Leben ist.

Das fühlt sich so an, als hinge unser ganzes Leben davon ab, wen wir heiraten und wann. Das trifft vor allem auf Frauen zu, die natürlich die Uhr ticken hören, wenn sie Kinder haben wollen.

KEIN GRUND, DIE FLINTE INS KORN ZU WERFEN!

Wenn wir uns selbst besser verstehen, erlangen wir auch die Kontrolle über unser Liebesleben: *Was treibt uns an? Was verwirrt uns? Was steht uns im Weg?* Und genau um diese Fragen geht es in diesem Buch.

DIE QUINTESSENZ

1. Dating ist heute schwieriger als je zuvor. Das kannst du deiner Mutter von mir ausrichten.
2. Die Gründe:
    - Wir definieren unsere Identität heute selbst. Anders als unsere Vorfahren, die von ihrer Gemeinschaft geprägt waren.
    - Wir haben tausend Wahlmöglichkeiten, weshalb wir unsere Entscheidungen öfter in Zweifel ziehen.
    - Wir glauben, dass nur Recherche uns die richtige Antwort bei wichtigen Entscheidungen liefert.
    - Die sozialen Medien gaukeln uns vor, dass alle anderen eine gesündere und glücklichere Beziehung führen als wir.
    - Viel zu wenige Menschen haben gute Beziehungsvorbilder.
    - Es gibt unglaubliche viele Beziehungsalternativen.
    - Wir werden bombardiert mit der Botschaft, dass wir bei dieser Entscheidung alles »richtig« machen müssen. Und dass es dafür die eine richtige Antwort für alle gibt.
3. Aber es gibt Hoffnung: Mit den Erkenntnissen der Verhaltensforschung können wir die Kontrolle über unser Liebesleben zurückgewinnen.

2

DIE DREI DATING-TENDENZEN

Wie du deine blinden Flecken findest

Hast du dich schon mal gefragt: Wieso haben alle einen Partner, nur ich nicht? Ich mag meinen Job, meine Freunde und mich selbst. Warum passt dieses eine Puzzlestück nicht in mein Leben?

Diese Frage höre ich in den unterschiedlichsten Formulierungen sehr oft von meinen Klienten. Dabei habe ich festgestellt, dass der Großteil von ihnen beim Dating blinde Flecken hat. Damit meine ich Verhaltensmuster, die verhindern, dass sie die Liebe finden. Und diese blinden Flecken erkennt man selbst leider nicht.

Die blinden Flecken habe ich in drei verschiedene Datingtendenzen eingeteilt. Dahinter verbergen sich unrealistische Erwartungen an die eigene Person, an den Partner und an die Beziehung.

Mithilfe des folgenden Fragebogens kannst du herausfinden, in welche dieser drei Gruppen du gehörst. Du entdeckst, was dich blockiert, und kannst als Konsequenz daraus negative Angewohnheiten ablegen bzw. positive entwickeln. Diese Datingtendenzen machen sich in jeder Phase einer Beziehung bemerkbar. Daher ist es so wichtig, dass du schon zu Beginn deines Weges zur Liebe erkennst, in welche Gruppe du gehörst.

FINDE DEINE DATINGTENDENZ HERAUS

Anleitung

Lies dir die folgenden Aussagen der Reihe nach durch und entscheide, wie weit sie auf dich zutreffen. Mach einen Kreis um die Zahl, die dem Grad deiner Übereinstimmung entspricht:

1. So bin ich gar nicht.
2. Ein bisschen bin ich schon so.
3. O ja, das bin ich voll und ganz.

Frage	Antwort	
1	1 2 3	Ich will kein zweites Date, wenn ich nicht schon beim Ersten den gewissen Funken verspüre.
2	1 2 3	Ich frage mich bei jedem Date: Entspricht diese Person meinen Maßstäben?
3	1 2 3	Ich werde mit Dates anfangen, nachdem ich mich selbst optimiert habe (Gewicht verloren, ein festes Einkommen).
4	1 2 3	Ich hätte gerne, dass ich und mein Partner eine tolle Geschichte erzählen können, wie wir uns kennengelernt haben.
5	1 2 3	Ich studiere zuerst Bewertungen im Internet, bevor ich etwas kaufe.
6	1 2 3	Ich habe gerade keine Zeit fürs Daten.

7	1 2 3	Ich glaube, dass es eine Person gibt, die perfekt zu mir passt. Ich habe sie nur noch nicht gefunden.
8	1 2 3	Vor einer Entscheidung wäge ich immer wieder alle Alternativen ab.
9	1 2 3	Meine Freunde sagen mir immer, ich solle öfter mal ausgehen.
10	1 2 3	Ich finde Dating-Apps unromantisch und will meinen Partner auf »natürlichem« Weg kennenlernen.
11	1 2 3	Ich bin stolz darauf, dass ich keine Abstriche mache.
12	1 2 3	Ich verabrede mich kaum zu Dates.
13	1 2 3	Ich glaube nicht, dass der Funke mit der Zeit entstehen kann. Entweder du spürst ihn sofort oder gar nicht.
14	1 2 3	Ich weiß, wenn ich Mister oder Miss Right kennengelernt habe, weil ich mir dessen sofort absolut sicher bin.
15	1 2 3	Wenn ich den bestmöglichen Partner anziehen möchte, muss ich zuerst der bestmögliche Mensch werden.
16	1 2 3	Liebe ist ein Bauchgefühl. Du weißt, dass sie dich erwischt hat, weil du es spürst.
17	1 2 3	Meine Freunde finden, ich sei zu wählerisch.
18	1 2 3	Ich konzentriere mich gerade sehr auf den Beruf. Ich werde mit dem Daten später anfangen.

Auswertung

Der Romantiker: Addiere die Werte, die du auf Frage 1, 4, 7, 10, 13, 16 vergeben hast: ______________________

Der Maximalist: Addiere die Werte, die du auf Frage 2, 5, 8, 11, 14, 17 vergeben hast: ______________________

Der Zögerer: Addiere die Werte, die du auf Frage 3, 6, 9, 12, 15, 18 vergeben hast: ______________________

Der Romantiker

Du wünschst dir einen Seelengefährten, mit dem du dein Leben teilen kannst, bis dass der Tod euch scheidet – die ganze Märchennummer eben. Du liebst die *Liebe*. Und du glaubst, dass du Single bist, weil du noch nicht den Menschen gefunden hast, der zu dir passt. Dein Motto: Es wird passieren, wenn es passieren soll.

Der Maximalist

Du recherchierst gerne und prüfst all deine Alternativen. Du drehst jeden Stein um, bis du sicher bist, dass du das *Richtige* gefunden hast. Du triffst deine Entscheidungen sehr vorsichtig. Und du willst hundertprozentige Gewissheit haben, bevor du dich entscheidest. Dein Motto: Warum soll ich mich jetzt schon festlegen?

Der Zögerer

Du glaubst, dass Datings jetzt noch nichts für dich sind, weil du noch nicht so bist, wie du es gerne hättest. Du legst sehr hohe Maßstäbe an, auch an dich selbst. Du willst wirklich absolut bereit sein, bevor du ein neues Projekt startest. Das gilt auch fürs Daten. Dein Motto: *Ich warte ab, bis ich ein wirklich guter Fang bin.*

Obwohl die drei Typen recht unterschiedlich erscheinen, haben sie doch eines gemeinsam: unrealistische Erwartungen.

Romantiker haben unrealistische Vorstellungen von einer *Beziehung*.
Maximalisten hegen unrealistische Erwartungen an den *Partner*.
Zögerer haben einen unrealistischen Blick auf *sich selbst*.

Hast du nicht nur in einer Gruppe einen hohen Punktwert erzielt, dann lies dir alle Aussagen noch einmal durch und wähle diejenigen aus, die dich am besten beschreiben. Hast du damit immer noch Schwierigkeiten, dann gib diesen Fragebogen jemandem, dessen Urteil du vertraust. Meiner Erfahrung nach erkennen Freunde die blinden Flecken der Datingtendenzen eher als die Betroffenen selbst. Denn es handelt sich ja tatsächlich um blinde Flecken, also Seiten, die wir selbst an uns nicht sehen. Freunde jedoch erkennen solche Muster, die uns selbst verborgen bleiben.

Meine Datingtendenz ist:

Romantiker **Maximalist** **Zögerer**

In den nächsten Kapiteln werden wir uns mit den typischen Eigenheiten dieser drei Typen und ihren Problemen befassen. Und natürlich mit den Lösungen dafür. Ich empfehle dir, alle drei Kapitel zu lesen, weil sie nützliche Tipps für eine Vielzahl an Situationen enthalten. Außerdem werden sie dir helfen, diese Tendenzen auch bei deinen Datingpartnern zu erkennen.

DIE QUINTESSENZ

1. Viele Menschen haben blinde Flecken, was das Dating angeht. Das sind Verhaltensmuster, die sie auf ihrem Weg zur Liebe blockieren, ihnen selbst jedoch verborgen bleiben.
2. Ich habe die häufigsten blinden Flecken in drei Gruppen zusammengefasst: die *Datingtendenzen*. Gemeinsames Merkmal: Jede Gruppe leidet unter unrealistischen Erwartungen.
   - **Romantiker** hegen unrealistische Erwartungen an die *Beziehung*. Sie wünschen sich einen Seelengefährten, mit dem sie glücklich leben bis ans Ende ihrer Tage – die ganze Märchennummer eben.
   - **Maximalisten** haben eine unrealistische Vorstellung vom *Partner*. Sie wollen am liebsten alle Alternativen durchchecken, um absolut sicherzugehen, dass sie die richtige Entscheidung treffen.
   - **Zögerer** haben ein unrealistisches Bild von *sich selbst*. Sie glauben, dass sie fürs Daten noch nicht bereit sind.
3. Wenn du deine Datingtendenz kennst, weißt du auch, was dich blockiert und wie du diese Hindernisse ausräumst.

3

DISNEY HAT UNS WAS VORGEMACHT

Wie du die Romantiker-Tendenz überwindest

Kaum waren 20 Minuten unserer ersten Sitzung vergangen, da flossen bei Maya schon die Tränen.

»Ich weiß einfach, dass es ihn gibt«, klagte Maya. »Er hat mich nur noch nicht gefunden.«

Wer er? Ihr Seelengefährte. Das Sahnehäubchen auf dem Erdbeerkuchen. Der Eine, der Einzige. Maya konnte überhaupt nicht aufhören, über den Mann zu reden, der all ihre Träume verwirklichen sollte. Sie war sich sicher, dass der perfekte Mann irgendwo auf sie wartete, wo immer das auch sein mochte.

»Ich möchte ihn auf natürlichem Weg kennenlernen«, erklärte sie, als ich sie fragte, wie sie denn im Moment ans Daten heranging. »Die ganzen Apps sind mir zu wenig romantisch. Warum soll man dem Schicksal in den Arm fallen?«

Maya hatte langes schwarzes Haar, das sie jeden Morgen wusch und eine Stunde lang mit dem Föhn trocknete, bevor sie in die Praxis ging. Wenn sie eine Geschichte erzählte, dramatisierte sie diese, indem sie ihre dunklen Augenbrauen hob oder ihre blendend weißen Zähne zeigte. (Sie war Zahnärztin mit einer eigenen Praxis.) Maya war die Tochter iranischer Einwanderer. Ihre Eltern feierten gerade das 35. Jahr ihrer »sehr glücklichen Ehe«, wie Maya es nannte. Und sie wollte das auch haben.

Sie hatte zwar schon ein paar Mal einen Freund gehabt – einen an der Uni, zwei nach dem Studienabschluss –, aber das hatte nicht gehalten. Immer war sie es, die mit den Männern Schluss machte. »Ich werde wissen, wenn ich den Richtigen gefunden habe«, meinte sie und wölbte wieder ihre Brauen. Als sie noch Kind war, sah sie am liebsten *Arielle, die Meerjungfrau* von Walt Disney. Seither wartet sie auf das Glück bis ans Lebensende.

Maya ist die hundertprozentige Verkörperung der Romantiker-Tendenz. Romantiker glauben, dass Liebe über einen kommt wie ein Gewitter. Und dass sie nur deshalb noch Single sind, weil sie Mr oder Miss Right noch nicht gefunden haben. Sie identifizieren sich zwar nicht bewusst mit einer Märchenfigur, aber sie erwarten, dass ihr Leben verläuft wie ein Märchen. Dass irgendwann der perfekte Partner in ihr Leben treten wird. Sie müssen nur auf diesen Moment warten. Und sobald der Märchenprinz oder das Aschenputtel auf der Bildfläche erscheint, wird die Liebe sich ganz von selbst einstellen. Natürlich! Den passenden Celine-Dion-Soundtrack nicht zu vergessen!

DAS PROBLEM MIT MÄRCHEN

Aber wen interessiert es schon, ob du ein hoffnungsloser Romantiker bist? Mich. Und es sollte auch dich interessieren.

Die Verhaltenswissenschaft weiß, dass die *Einstellung* eines Menschen von Bedeutung ist. Unsere Denkweise und unsere Erwartungen sind schließlich der Hintergrund für unsere Erfahrungen. Und diese wiederum beeinflussen, wie wir Informationen interpretieren und Entscheidungen treffen.

Wenn es um Beziehungen geht, so die Psychologin Renae Franiuk, leben Menschen entweder in der Vorstellung, dass eine gute Beziehung automatisch zustande kommt, sobald sie der richtigen Person begegnen (die Seelengefährten-Mentalität), oder sie glauben, dass sich jede Beziehung durch Arbeit retten lässt (die »Das können wir doch klären«-Einstellung).[16]

Wenig überraschend gehören Romantiker zur ersten Gruppe, und das beeinflusst ihre Beziehung in jeder einzelnen Phase. Das beginnt bei der Partnerfindung. Als ich Maya fragte, warum sie ihrer Meinung nach immer noch Single war, antwortete sie: »Es ist einfach noch nicht passiert.«

In Mayas Kopf ist Liebe etwas, das uns schicksalhaft widerfährt und uns trifft wie ein Blitz. Warum also sollte sie sich anstrengen? Romantiker *warten* auf die Liebe und wenden keine Energie auf, sie zu *schaffen*. (Ich habe einmal mit einer Frau gearbeitet, die sich für jeden Flug perfekt anzog, denn es hätte ja sein können, dass ihr »künftiger Ehemann« zufällig im selben Flieger saß. Gleichzeitig weigerte sie sich aber, jemanden anzusprechen, um nicht als »bedürftig« wahrgenommen zu werden.)

Diese Einstellung beeinflusst auch, mit wem wir überhaupt ausgehen wollen. Menschen, die an den Seelengefährten schlechthin glauben, haben eine ganz bestimmte Vorstellung davon, wie ihr Partner auszusehen hat. Bei unserem ersten Gespräch ratterte Maya eine ganze Reihe von Merkmalen herunter, die ihr Künftiger aufweisen sollte: »Er hat blondes Haar und blaue oder grüne Augen. Er ist fit und kraftvoll, ohne zu muskulös zu wirken. Geschmackvolle Tattoos. Die Haare halblang. Ein gut geschnittenes Gesicht, das aber auch ein bisschen gefährlich wirkt. So ein Bad-Boy-Image. Und er ist groß, mindestens 1,80 Meter. Gute Hände, keine kurzen Nägel.«

Da Romantiker ja fest davon überzeugt sind, dass sie ihren künftigen Partner auf der Stelle erkennen, geben sie Menschen, die nicht in ihr Schema passen, erst gar keine Chance. Und so lassen sie sich all jene Dates entgehen, die wirklich gut zu ihnen passen würden.

Lernen sie hingegen jemanden kennen, der ihren Erwartungen entspricht, führt das recht schnell in eine Beziehung. Aber wenn die Beziehung dann unvermeidlich in schwieriges Fahrwasser gerät – zum Beispiel bei einem heftigen Streit –, dann geben die Romantiker sofort auf und versuchen erst gar nicht, die Probleme zu lösen.

Mayas Romantiker-Tendenz erklärt auch, warum sie mit ihren bisherigen Partnern Schwierigkeiten hatte. »In all meinen Beziehungen kam irgendwann der Punkt, an dem ich mich gefragt habe: ›Wieso ist das hier plötzlich so schwierig?‹ Die Liebe ist doch mühelos, oder? Also ist er nicht der Richtige für mich.«

Wer überzeugt ist, dass Probleme in Beziehungen sich klären lassen, weiß, dass man an Partnerschaften arbeiten muss, dass Liebe aktiv erworben wird und nicht einfach so geschieht. Menschen von diesem Typus haben gewöhnlich bessere Beziehungen, weil sie sich Mühe geben, wenn sie ins Stolpern geraten. So können sie Probleme tatsächlich aus der Welt schaffen, statt einfach aufzugeben.

Wenn du zu den Romantikern gehörst und unbedingt eine dauerhafte Beziehung haben willst, dann solltest du aufhören, an Märchen zu glauben. Fang jetzt ein neues Leben an, indem du dir die »Das können wir doch klären«-Mentalität aneignest.

UNSERE MÄRCHENHAFTEN ERWARTUNGEN

Romantiker sind nicht die Einzigen, die denken, dass hinter jeder Ehe eine wilde Lovestory voll heißer Leidenschaft steckt. Diese Vorstellung ist weit verbreitet.

Dabei war das keineswegs immer so.

Während des weitaus größten Teils der Menschheitsgeschichte galt eine Liebesheirat schlicht als dumm. Bei Eheschließungen ging es um wirtschaftliche Belange und einen gesellschaftlich passenden Partner. Man heiratete, weil der Grundbesitz des Brautvaters an den der eigenen Familie grenzte. Oder weil man arm war und jemand ein Dutzend Kühe für die künftige Ehefrau bot.

Oder wie die Historikerin Stephanie Coontz erklärt: »Bis ins späte 18. Jahrhundert verstanden die meisten Gesellschaften die Ehe als eine viel zu wichtige wirtschaftliche und politische Institution, als dass man sie ganz der freien Wahl der beiden betroffenen Personen überlassen könnte, besonders wenn sie ihre Entscheidung auf so etwas Unvernünftiges und Vergängliches wie Liebe gründeten«.[17]

Wir wissen aus alten Sagen und Epen, dass auch die Menschen des Altertums die Liebe kannten. Im 4000 Jahre alten sumerischen *Liebeslied für Shu-Sin* (das als älteste Liebesdichtung der Welt gilt) heißt es: »Löwe, lass mich dich streicheln. Meine teure Zärtlichkeit ist süßer als Honig.«[18] (Ich weiß, was du jetzt denkst, aber das ist kein Song von Beyoncé!) Doch für den größten Teil unserer Geschichte zählte Liebe einfach nicht zu den für eine Ehe wichtigen Voraussetzungen.[19] Liebe war daher meist etwas, das man *außerhalb* der ehelichen Bande erfuhr. Man hatte eine Affäre mit dem Nachbarn oder verknallte sich in den Dorfschmied.

Der Philosoph Alain de Botton hat untersucht, wie unser Bild von der Liebe sich im Lauf der Zeit gewandelt hat. De Botton ist Gründer der *School of Life*, in der die Leute in einem Crashkurs lernen, wie man sich ein sinnvolles Leben schaffen kann. Er hat auch zwei interessante Bücher über die Liebe geschrieben: *Versuch über die Liebe* und *Der Lauf der Liebe*.

Als ich ihn interviewte, erklärte er mir, wie unsere Vorfahren die Liebe gesehen haben: »Man betrachtete das Verliebtsein als unglaublich aufregende Erfahrung, fast wie eine Krankheit, eine Form der Ekstase. Liebe hatte nichts mit unserer Alltagserfahrung zu tun … sie galt eher als religiöse Heimsuchung. Und man ging davon aus, dass sie jeden Menschen nur einmal im Leben traf. Auf jeden Fall glaubte man nicht, dass man in irgendeiner Form handeln sollte, wenn dies geschah. Man wartete einfach, bis der Aufruhr sich wieder legte. Man erlebte vielleicht einen heißen Sommer der Jugend, aber natürlich heiratete man die betreffende Person nicht.«[20]

Erst um 1750 kam die Vorstellung der Liebesheirat auf.[21] Das war tatsächlich zur Zeit der Romantik, einer Geistesströmung, die sich damals in Europa verbreitete. Die Philosophen widmeten sich dem Dichten von Liebesliedern, bis die Idee der romantischen Lieben in aller Welt bekannt wurde. Von »einer Art Krankheit« entwickelte sie sich zum neuen Modell für langfristige Beziehungen. In der industriellen Revolution setzte sich diese Idee dann in allen Gesellschaftsschichten durch.[22] Der technische Fortschritt führte zu Wohlstand. Nun verband sich die Idee der persönlichen Erfüllung auch mit der Ehe, weil für die Grundbedürfnisse gesorgt war.

Auch ein paar Jahrhunderte später prägen immer noch romantische Ideen unsere Vorstellungen von der Liebe. Lies dir nur mal die folgende Liste romantischer Ideale durch. Wie viele davon treffen auch auf dich zu?

- Liebe ist ein Bauchgefühl. Du weißt einfach, wenn es so weit ist.
- Wenn wir unseren Seelengefährten kennenlernen, fühlen wir uns sofort von ihm angezogen. Außerdem fühlen wir uns allein von dieser Person angezogen und umgekehrt.
- Unser Seelengefährte versteht uns instinktiv. Er weiß, was wir brauchen, bevor wir selbst es tun.
- Wir werden unseren Partner während der ganzen Zeit lieben, die unsere Ehe dauern wird.
- Unser Seelengefährte ist der einzige Mensch, den wir wirklich brauchen. Er kann jede Rolle in unserem Leben ausfüllen, vom besten Freund über den Reisegefährten bis hin zum leidenschaftlichen Geliebten.
- Guter Sex ist das Merkmal jeder guten Ehe. Schlechter oder seltener Sex (oder schlimmer noch: Untreue) heißt, dass die Ehe zum Scheitern verurteilt ist.
- Es ist nicht sexy, über Geld zu reden. Liebe sollte nicht so praxisorientiert sein.

Je mehr diese Ideen dich ansprechen, desto stärker war deine romantische Gehirnwäsche. (Wenn du jede einzelne Aussage unterschreiben würdest: Kann ich mir mal deine Glaspantoffeln und deine Kürbiskutsche ausleihen?)

Wenn Menschen erwarten, dass ihre Liebesbeziehung sich in der Form abspielt, dann entwickeln sie unweigerlich ähnliche Seelengefährten-Vorstellungen wie Maya. Sie verschwenden Jahre damit, auf Mister oder Miss Right zu warten. Und sie lehnen jeden Menschen ab, der ihre unrealistischen Erwartungen nicht erfüllt.

WIE DU GEGEN ROMANTISCHE IDEALBILDER ANKÄMPFST

Film und Fernsehen verbreiten die süßlichen Idealbilder der Romantik immer weiter. (Das Leben ist nicht wie der Film *Wie ein einziger Tag*!) Die

Informationen über Liebe und Beziehungen, die wir aus Filmen entnehmen, sind nicht nur falsch. Sie sind obendrein auch noch schädlich. Küsse im Regen sind so viel kälter und unangenehmer, als es im Fernsehen aussieht. Und das sind die größten Schädlinge:

Romantik-Illusion Nr. 1: Der Märchenprinz

Seelengefährten-Idee, von Disney verstärkt:

Irgendwo da draußen ist der eine, einzige Partner für dich. Und er oder sie sieht genauso aus, wie du dir das vorstellst.

In Disneyfilmen erzählt man uns immer wieder, dass wir eines Tages dem Märchenprinzen oder der Prinzessin unserer Träume begegnen. Diese Tendenz vernebelt nicht nur den Blick von Heterofrauen. Ich kenne Romantiker aller möglichen Geschlechter und sexuellen Orientierungen. Sie warten alle auf den perfekten Partner. Ein Architekt, der in seiner Freizeit Waisenkindern hilft. Das Model mit dem Doktor in Philosophie. Der Mensch ihrer Träume hat jede positive Eigenschaft, die sie sich wünschen, und keine einzige schlechte.

In den Disneyfilmen verlieben sich die Hauptfiguren, ohne sich auch nur zu kennen. In *Arielle, die Meerjungfrau* wusste Prinz Erik von Arielle nur, dass sie ein attraktiver Rotschopf war und einen derart muskulösen Oberkörper hatte, dass sie mit ihm ans Ufer schwimmen konnte, als sein Schiff kenterte. Und deshalb verliebte er sich in sie? In *Cinderella*, der Filmversion von Aschenputtel, verliebt sich die Heldin in den Prinzen, weil er tanzen kann und sich bemüht, verlorene Gegenstände ihrem rechtmäßigen Eigentümer zurückzubringen. Ein bisschen wenig, wenn du mich fragst.

Was sagt die »Das können wir doch klären«-Mentalität dazu?

Selbst ein Märchenprinz hat morgens Mundgeruch.

Niemand ist vollkommen, nicht einmal du. Du weißt nicht, wovon ich spreche? Denk doch nur mal daran zurück, wie du letztens jemanden so richtig enttäuscht hast. (Wenn du Schwierigkeiten hast, dich an deine

Fehler zu erinnern, ruf doch einfach mal deine Geschwister an. Sie können dir da sicher weiterhelfen.)

Es ist an der Zeit, dass du dich von diesen Idealbildern verabschiedest.

Wie Maya hast du vielleicht eine genaue Vorstellung davon, wie dein künftiger Gemahl oder deine Herzensgattin aussehen soll. Das geht möglicherweise auf die erste richtige Verliebtheit deines Lebens (in den Nachbarjungen?) zurück oder auf deinen Lieblingsfilmstar. Mach dir besser klar, dass dein möglicher Partner vielleicht in einer anderen Verpackung daherkommt. Vielleicht ist er kleiner oder größer, dicker oder schlanker, heller oder dunkler, behaarter oder glatt rasierter, als du dir das vorgestellt hast. Diese sehr enge Sicht verstellt dir nur den Blick auf andere Möglichkeiten, die sich dir bieten. Wenn du nicht vollkommen bist, warum sollte es dann dein Partner sein? Hör doch auf, mit zweierlei Maß zu messen: Du bist ja auch kein Filmstar. (Und wenn doch: cool! Danke, dass du mein Buch liest.)

Romantik-Illusion Nr. 2: ... bis dass der Tod sie scheidet

Seelengefährten-Idee, die Disney verstärkt:
Das einzig Schwierige an der Liebe ist, den richtigen Partner zu finden. Danach läuft alles wie von selbst.

In Disneyfilmen erleben wir nur immer mit, was passiert, bis ein Paar sich findet – der Flirt, der Konflikt, die böse Hexe, die sich dem Glück der beiden in den Weg stellt. Sobald das Paar aber seine Feinde besiegt hat, lebt es glücklich bis an sein Lebensende. Alle Herausforderungen bestanden – oder?

Nein, keinesfalls. Ich nenne das die Illusion »Bis dass der Tod sie scheidet« – die irrige Vorstellung, dass der schwierigste Part der ist, einen Liebespartner zu finden.

Was sagt die »Das können wir doch klären«-Mentalität dazu?
Keine Beziehung ist ein Selbstläufer. Selbst die gesündeste, befriedigendste Ehe verlangt einiges an Anstrengung.

Es kann schwierig sein, einen Partner zu finden, aber die eigentlichen Probleme stellen sich meist erst hinterher ein. Das Schwierigste ist die tägliche Arbeit, die du leisten musst, um eine großartige Beziehung in Schwung zu halten. Das Schwierigste ist, sich am Ende eines langen Tages (und nach den Flitterwochen) auf den Partner zu freuen, den du schon seit 30 Jahren kennst und mit dem du zwei Kinder hast. Das Schwierigste ist, sich daran zu erinnern, warum du diesen Menschen liebst, trotz aller logistischen, finanziellen, emotionalen und spirituellen Knüppel, die euch das Leben zwischen die Beine wirft.

Romantik-Illusion Nr. 3: Das irre Sichfinden

Seelengefährten-Idee, die romantische Komödien verstärken:
Keine Sorge, die Liebe wartet auf dich. Und wenn du deinen künftigen Partner triffst, dann passiert das auf absolut verrückte Weise, von der du später all deinen Freunden erzählen kannst.

Romantische Komödien sind Disneyfilme für Leute, die genug Geld verdienen, um sich selbst eine Kinokarte kaufen zu können. Und die tollpatschigen Engländer hinreißend finden. (Colin Firth ist sozusagen der »Rosenkohl« unter den Schauspielern: Man findet ihn erst toll, wenn man schon ein wenig älter ist.) Wir alle wissen, dass romantische Komödien nicht das wahre Leben abbilden. Und doch bohren sie sich unaufhaltsam in unser Unbewusstes. Vor allem, wenn es um Kennenlerngeschichten geht. In der romantischen Komödie ist damit die erste Begegnung von Held und Heldin gemeint, die zunächst einmal nur simpel ihrer Wege gehen, zum Beispiel auf dem Marktplatz einkaufen. Daher haben wir sofort das Gefühl, dass uns das auch passieren könnte.

Du greifst zur selben Zeit nach der perfekt aussehenden Tomate wie der gut aussehende Fremde neben dir und bang! Ihr schaut euch in die Augen. Er erklärt, dass er die Tomate braucht, um das Bruschetta-Rezept seiner Großmutter nachzukochen (was er natürlich perfekt italienisch ausspricht). Du sagst, dass er die Tomate ruhig haben kann. Er fragt, ob er dich auf einen Cappuccino einladen darf. Du sagst Ja. Elf Monate, einen großen

Streit und eine große Geste später läuft er dir am JFK Airport nach, flankiert von zwei Flughafenmitarbeitern. Er wirft sich vor dir auf den Boden und fleht dich an, den Flug nach Seoul nicht zu nehmen, der dich zu deinem neuen Job in einer internationalen Werbeagentur entführt.

Romantische Komödien erzeugen die Illusion, dass die Liebe uns finden wird, nicht umgekehrt. Dass es die Liebe auf den ersten Blick tatsächlich gibt. Dass du nur dein Leben leben musst (und viele Tomaten kaufen, während du auf dem Wochenmarkt rumhängst), und plötzlich taucht wie durch Zauberhand eines Tages dein Künftiger oder deine Künftige auf. Ich bin mir absolut bewusst, dass Menschen sich auch im wirklichen Leben kennenlernen – auf Partys, bei Veranstaltungen, selbst bei Demonstrationen –, doch das Problem mit dieser Vorstellung ist, dass sie den Menschen erlaubt, in puncto Liebe ständig passiv zu bleiben.

Was sagt die »Das können wir doch klären«-Mentalität dazu?
Liebe erfordert Arbeit – vom Sichfinden bis zum Aufrechterhalten. Ständig auf dem Wochenmarkt rumzuhängen bringt da gar nichts. Du musst dir schon Mühe geben, um jemanden kennenzulernen. (Wie das geht, zeige ich dir in Teil II.) Der Zauber einer Beziehung ist nicht von einem magischen Kennenlernmoment à la Hollywood abhängig. Das Geheimnis ist einfach, dass zwei wildfremde Menschen sich kennenlernen und sich ein gemeinsames Leben aufbauen. Wo oder wie sie sich begegnet sind, ist da eher nebensächlich.

Romantik-Illusion Nr. 4: Soziale Medien

Seelengefährten-Idee, die die sozialen Medien verstärken:
Beziehungen erfordern keine Anstrengung, sondern sind sexerfüllte Liebesfeste (bestens ausgeleuchtet).

Disneyfilme und romantische Komödien machen zumindest deutlich, dass es sich dabei um Fiktion handelt. Insofern sind die sozialen Medien sehr viel gefährlicher, weil sie so tun, als wären sie das wirkliche Leben. In den sozialen Medien sehen wir sorgfältig ausgewählte Bilder von einer perfekten Beziehung – vom romantischen Strandspaziergang bei Sonnenuntergang hin zum Kuss nach einem meisterlich dekorierten gemeinsamen Abendessen aus der eigenen Küche. Im Vergleich dazu wirkt unsere Beziehung ein wenig abgestanden. Wir vergleichen und verfallen in tiefste Verzweiflung.

Was sagt die »Das können wir doch klären«-Mentalität dazu?
Zuallererst: Glaub nicht alles, was du auf Instagram siehst. Bilder sind so beschnitten, verwässert und verfälscht, dass sie eine bestimmte Botschaft wiedergeben. Die Beziehungsbilder, die du in den sozialen Medien zu sehen bekommst, sind eine extrem gefilterte Darstellung dieser Partnerschaft. Die Leute posten keine Bilder, wie sie nach dem heftigen Streit mit der Freundin mit rot geweinten Augen auf dem Sofa sitzen, und sich eine ganze Nacht lang fragen, ob es sich überhaupt noch lohnt, an dieser Beziehung festzuhalten. Die sozialen Medien reden uns ein, dass alle anderen eine umwerfende, problemlose, leidenschaftliche Beziehung haben, die diese wunderbaren Bilder abgibt. Was uns dazu bringt, viel zu hohe Anforderungen an die eigene Beziehung zu stellen.

Jede Beziehung ist letztlich ein Auf und Ab. Wenn du an deiner Beziehung arbeitest, ist das ein gutes Zeichen, kein schlechtes! Denn die vielen Stunden einer Ehe verbringt man mit Alltagsdingen, die nur selten gepostet werden: Windel wechseln, Wäsche machen oder den Abwasch. Liebe passiert in eben diesen Momenten, nicht ihnen zum Trotz. Denn Liebe ist so viel mehr als ein gefiltertes Foto bei Sonnenuntergang.

VON DER MÄRCHENROMANZE ZUR REALEN LIEBE

Ich erklärte Maya, wie Disneyfilme, romantische Komödien und die sozialen Medien ihre Romantiker-Tendenzen verstärken. Wenn sie tatsächlich die Liebe finden wollte, würde sie ihre Erwartungen ändern müssen.

Maya verschränkte die Arme vor der Brust. »Begreifen Sie das nicht?«, fragte sie mich mit gerunzelter Stirn. »Ich habe das Gefühl, als würden Sie von mir verlangen, meinen Traum aufzugeben. Ich habe diese Vision von der Liebe, und plötzlichen sagen Sie mir, dass es so etwas nicht gibt. Dass ich Abstriche machen oder aufgeben muss. Warum haben dann andere Leute diese traumhaften Beziehungen und ich nicht? Warum bin ich nicht gut genug dafür?«

Ich begriff sie sehr wohl. »Maya, darum geht es doch gar nicht«, antwortete ich. »Ich möchte, dass Sie sich öffnen für eine Liebe, die möglicherweise nicht so aussieht wie in Ihrer Vorstellung. Ich habe nicht gesagt, dass Sie Abstriche machen sollen. Das hieße ja, dass der erste Preis der Märchenprinz ist und ich Sie bitte, sich mit dem Trostpreis zufriedenzugeben. Aber so ist das nicht, denn Märchenprinzen existieren einfach nicht.«

Dasselbe gilt für dich: Es ist an der Zeit, dass du dich von deiner Vorstellung vom Märchenprinzen verabschiedest und dich nach jemandem umsiehst, den es wirklich gibt. Nennen wir den Typ mal Larry.

Denn das war der Name des Mannes, mit dem Maya schließlich zusammenkam. Sie lernte ihn kennen, als sie die Urlaubsvertretung für einen anderen Zahnarzt übernahm. Durch unsere gemeinsame Arbeit lernte Maya, ihr Seelengefährten-Credo aufzugeben, das sie von der wahren Liebe abhielt. Ihr Freund, mit dem sie mittlerweile zusammenlebt, glich ihrer Vorstellung vom Märchenprinzen kein bisschen. Er ist geschieden und Vater zweier kleiner Kinder.

»Er lümmelt auf dem Sofa herum und trägt Sweatshirts mit Löchern«, erzählte sie mir. »Und er hält mir die Tür nicht auf.« Sie lächelte zufrieden und immer noch überrascht, dass sie solche Oberflächlichkeiten mittlerweile kaltließen. »Aber er bringt mich zum Lachen. Er ist gütig, und ich fühle mich unglaublich wohl in seiner Nähe. Er gibt mir das Gefühl, klug und witzig zu sein. Ich weiß, das hört sich kitschig an, aber ich bin ehrlich glücklicher, als ich es je war.«

Die beiden streiten. Zum Beispiel darüber, wo sie Thanksgiving verbringen, ob sie wirklich zur Hochzeit von Mayas fieser Freundin gehen sollen oder wie viel Geld sie für das Spezialfutter für seinen Hund ausgeben. Aber heute glaubt Maya, dass diese Differenzen ein Zeichen dafür sind, dass die Beziehung funktioniert. Nicht, dass sie zum Scheitern verurteilt ist.

»Wir lieben uns! Es ist uns wichtig, was der andere denkt. Wir reden ganz offen miteinander. Und wir sind nicht gleich, daher gibt es natürlich immer wieder mal Streit. Ich weiß, dass Beziehungen eine Menge Arbeit erfordern. Aber in diese will ich wirklich Energie reinstecken.«

DIE QUINTESSENZ

1. Unsere innere Einstellung ist wichtig! Wenn du fähig bist, dich vom Seelengefährten-Ideal zu lösen, und lernst, Probleme zu klären, dann hast du vermutlich den entscheidenden Schritt vom Traum von der Liebe zu einer lebenslangen Partnerschaft getan.
   - **Menschen, die an den Seelengefährten glauben, lehnen vielversprechende Partner oft ab, weil sie nicht ihrer Vision von der Liebe entsprechen.** Sie glauben, dass Liebe ihnen widerfährt und dass sie keine Mühe fordert. Wenn doch, dann haben sie wohl den falschen Partner.
   - **Menschen, die Beziehungsprobleme klären wollen, wissen, dass man an einer Beziehung arbeiten muss.** Jede erfolgreiche Beziehung ist ein Prozess, der sich hinzieht.
2. Unser Glaube an Schicksal und Märchen – hervorgerufen durch Disneyfilme, romantische Komödien und die sozialen Medien – lässt uns unrealistische Erwartungen hegen, wie Beziehungen zustande kommen bzw. wie man sie aufrechterhält. **Vergiss nicht: Niemand ist vollkommen, auch du nicht.** Selbst ein Märchenprinz hat morgens Mundgeruch.
3. Die »Bis dass der Tod sie scheidet«-Illusion ist die falsche Vorstellung, dass das Schwierigste an der Liebe ist, überhaupt einen Partner zu finden. In Wirklichkeit ist das nur der Anfang. Die Liebe am Leben zu halten ist ebenfalls Arbeit. Wenn du denkst, dass Beziehungen einfach sind, erwischt es dich kalt, wenn sich die unvermeidlichen Probleme einstellen.
4. Es ist an der Zeit, dass du dich für die reale Liebe öffnest, mit all ihren Kratzern und Schrammen!

4

PERFEKTION IST NICHT ALLES!

Wie du die Maximalisten-Tendenz bewältigst

Steven erzählte mir, er könne sich an Situationen, in denen er *instinktiv* gewusst hätte, was zu tun sei, nicht einmal erinnern. Jede größere oder auch kleinere Entscheidung traf er erst nach umfangreichen Recherchen. Alle paar Monate absolvierte er Vorstellungsgespräche in verschiedenen Unternehmen – »um mir alle Optionen offenzuhalten«, sagte er –, nur um dann doch in seiner alten Firma zu bleiben. Bevor er seinem Vater eine Flasche Whisky zum Vatertag schenkte, studierte er zwei Stunden lang alle greifbaren Bewertungen im Internet. Jede Entscheidung war für ihn ein Problem, das heruntergebrochen, analysiert und recherchiert werden musste. Auf seinem Handy hatte er unzählige Für-und-wider-Listen gespeichert. Warum sollte er das Risiko eingehen, eine nur halbwegs vernünftige Entscheidung zu treffen, wenn er nach ein paar Stunden Recherche eine perfekte haben konnte?

Sein Verhalten nervte seine Freunde bisweilen zwar (und vermutlich auch die Personalchefs), aber der Einzige, der unter Stevens Unentschlossenheit wirklich zu leiden hatte, war er selbst. Und seine Freundin Gabby.

Gabby liebte Steven. Steven liebte Gabby. Sie gingen bereits vier Jahre miteinander, drei davon lebten sie zusammen. Aber Steven fragte sich oft: »Gibt es da draußen nicht noch jemanden?« Er kannte Gabbys gute Eigenschaften. Sie war Krankenschwester und kümmerte sich im Tierheim um Fundkatzen. Sie war loyal, warmherzig, fürsorglich, attraktiv, gütig und intelligent. Aber das reichte Steven nicht. Er wünschte sich Gabby ein bisschen sozialer, denn er wollte Dinnerpartys geben und mit seinen Freunden tiefschürfende Gespräche über abstrakte Ideen führen.

Gabby war bereit, zu heiraten und eine Familie zu gründen. Steven aber blieb sich treu und weiter unentschlossen.

Nachdem Gabby ein Jahr gewartet hatte, hatte sie genug. Sie war es leid, zur Hochzeit von Freunden zu gehen, die sich *nach* ihr und Steven kennengelernt hatten. Eines Nachts sagte sie Steven unter Tränen: »Ich kann nicht mehr länger warten. Ich möchte, dass wir uns verloben oder auseinandergehen.«

In den folgenden Monaten war Steven unsicher, was er tun sollte. Er *wollte* sich ja verloben, aber er konnte sich einfach nicht überwinden, Gabby einen Antrag zu machen. Er redete mit Freunden. Er ging schwimmen, um über das ganze Problem zu meditieren. Aber auch das brachte ihn einer Entscheidung nicht näher.

Er konnte einfach nicht aufhören, sich zu fragen: »Wäre ich mit einer anderen Person nicht fünf Prozent glücklicher?«

MAXIMALIST VERSUS SATISFICER

Steven ist ein klassischer *Maximalist*. Maximalisten ist wichtig, dass sie die bestmögliche Entscheidung treffen. Der amerikanische Wirtschaftswissenschaftler Herbert A. Simon beschrieb diesen Persönlichkeitstyp erstmals in einem Aufsatz von 1956.[23] Simon schreibt, dass der Maximalist zu den Perfektionisten zählt. Er prüft fast zwanghaft alle ihm offenstehenden Alternativen, bevor er das Gefühl hat, eine gute Entscheidung treffen zu können. Dieser Zwang wird zur echten Herausforderung, wenn viele Optionen zur Auswahl stehen. Irgendwann jedoch überschreitet er die Grenzen des praktisch noch Machbaren.

Am anderen Ende des Spektrums steht der *Satisficer*. Satisficing ist ein Kofferwort aus den englischen Begriffen »satisfy« (befriedigen) und »suffice« (genügen). Auch der Satisficer hat gewisse Maßstäbe, doch er grübelt nicht ständig, ob nicht irgendwo noch etwas Besseres auf ihn warten könnte. Er weiß, was er will, und sucht, bis er eine Option gefunden hat, die für ihn »gut genug« ist. Was nicht heißt, dass er sich bescheiden will. Er hat seine Entscheidung feingetunt, indem er *einige* Optionen geprüft und sich für eine entschieden hat, die er als *zufriedenstellend* empfindet.

Stell dir vor, du hast einen zweistündigen Flug. Sobald das Flugzeug gestartet ist, scrollst du durch das Filmangebot. Nimmst du a) den ersten Film, der dich anspricht? Nach fünf Minuten sitzt du gemütlich da und siehst *Good Will Hunting*. Oder scrollst du b) 25 Minuten lang durch alle neuen Filme in den Kategorien Komödie, Drama, Dokumentarfilm und ausländische Filme und vielleicht auch noch die Fernsehfilme, bevor du die absolut beste Entscheidung triffst?

Wenn du dich für a) entschieden hast, gehörst du zu den Satisficern. Bei b) bist du ganz klar ein Maximalist. (Natürlich kann deine Wahl auch irgendwo dazwischen liegen. Oder du bist in manchen Lebensbereichen ein Maximalist, in anderen nicht.)

Für Maximalisten bedeutet jede Entscheidung eine Qual. Sie vertrauen darauf, dass eine gründliche Analyse ihr Leben verbessern wird. Aber das ist nicht der Fall. Denn Satisficer treffen nicht nur *gute* Entscheidungen, sie sind damit auch *glücklicher* als Maximalisten. Satisficer haben oft sehr hohe Wertmaßstäbe und geben sich nicht mit weniger zufrieden. Der Unterschied ist: Sobald der Satisficer seine Entscheidung getroffen hat, zerbricht er sich nicht mehr den Kopf darüber, ob da draußen nicht vielleicht noch was Besseres wartet. Maximalisten hingegen treffen vielleicht eine Wahl, die ihren Maßstäben entspricht, aber sie prüfen dabei zwanghaft wirklich alle Optionen.[24]

Wenn es um Beziehungen geht, glauben Maximalisten wie Steven fälschlicherweise, dass sie den perfekten Partner finden könnten, wenn sie nur lange genug suchen. Und darauf vertrauen sie felsenfest. Aber der perfekte Partner und die absolute Gewissheit existieren nicht. Daher führt das Maximieren auch zu tief sitzenden Ängsten, Verzögerungen bei der Entscheidungsfindung und vielen verpassten Gelegenheiten. Anders ausgedrückt: Ein Satisficer lebt sich leichter.

WARUM SIND MAXIMALISTEN SO?

Sie werden von Ängsten geplagt. Und zwar nicht nur von der Angst, etwas zu verpassen. Ihnen sitzt vielmehr die Panik im Nacken, eine falsche Entscheidung zu treffen. Sie glauben, durch Maximieren die perfekte Wahl treffen und so ihrer Angst begegnen zu können. Doch die Angst vor Fehlentscheidungen erzeugt einen immensen Druck. Denn alles, was nicht perfekt ist, schmeckt nach Versagen.

So ergeht es mir regelmäßig, wenn ich verreise. Selbst wenn die Reise an sich quasi optimal verläuft, habe ich das Gefühl, versagt zu haben, wenn ich auch nur einen winzigen Missgriff mache, zum Beispiel ein Hotel weit weg vom Stadtzentrum buche. Dann denke ich: »Hätte ich doch nur ein bisschen mehr recherchiert!« Und ich muss wirklich aufpassen, dass mir dieses Gefühl nicht die ganze Reise verleidet.

Nichts verschärft die Maximalisten-Tendenz so sehr wie die Wahl des Partners für eine langfristige Beziehung. Und vor nichts haben Maximalisten mehr Angst als davor, etwas falsch zu machen: »Und wenn ich nun geschieden werde und die Kinder allein großziehen muss?« Oder: »Wenn ich mich nun vor dem Heimkommen fürchte, weil ich nicht weiß, was ich mit meiner Frau reden soll?« Und: »Wenn ich mich nun so langweile, dass ich eine Affäre anfange?«

Während des Großteils der Menschheitsgeschichte war das Leben so organisiert, dass Familie, Gemeinschaft oder religiöse Führer den Menschen sagten, was sie tun sollten (mancherorts ist das heute noch so): was sie anziehen, essen, tun oder glauben sollten. Und natürlich wen sie heiraten sollten. In unserer immer stärker individualistisch und säkular orientierten Gesellschaft definieren wir selbst unsere Identität. *Esse ich Fleisch? Arbeite ich am Sabbat? Lasse ich meine Kinder taufen? Lasse ich mich in der Synagoge trauen? Identifiziere ich mich mit dem männlichen, dem weiblichen oder gar keinem Geschlecht?*

Unser Leben, für das uns Kultur, Religion und Familie früher ein Drehbuch lieferten, ist heute ein leeres Blatt. Das schenkt uns Freiheit für unseren Selbstausdruck. Andererseits steigt auch der Druck, sich richtig zu entscheiden. Wenn wir das Drehbuch für unser Leben selbst schreiben, und dieses Drehbuch sich dann als Flop herausstellt, so geht das allein auf unsere Kappe. Kein Wunder also, dass wir in eine Analyseparalyse verfallen.

Wenn alles in der Luft hängt – weil es nur von uns abhängt –, dann sehnen wir uns nach festem Boden unter den Füßen. »Ich will einfach hundertprozentig sicher sein, bevor ich ihr den Ring anstecke«, erzählte mir Steven.

Aber genau darin liegt das Problem. Steven glaubt, er könne mit seinen Für-und-wider-Listen die korrekte Antwort finden. So wie er den perfekten Staubsauger suchte (einen Dyson V11 Animal, 160 Fünf-Sterne-Bewertungen). Oder den optimalen freien Tag plante (um fünf Uhr früh surfen; Kaffee am kleinen Kiosk, den alle lieben, auch wenn ihn nur wenige kennen; für den Sprint-Triathlon trainieren; sich mit zwei verschiedenen Freunden treffen; Meditation am Strand; zu Hause essen und Brettspiele machen). Aber Steven geht nun mal davon aus, dass es eine richtige Antwort auf die Frage *gibt*, wen er heiraten soll. Das aber ist nicht der Fall.

DAS PROBLEM MIT DEM MAXIMIEREN

Führt maximieren zu besseren Resultaten?

Um diese Frage zu beantworten, muss man zwei Aspekte betrachten: das objektive *Resultat* und die subjektive *Erfahrung*. In anderen Worten: die gefühlte und die tatsächliche Qualität des Ergebnisses.

Stell dir vor, du bist ein Maximalist, der kein Geld mehr für den morgendlichen Kaffee ausgeben möchte. Du recherchierst stundenlang, wie gut Espressomaschinen für den Hausgebrauch sind. Du liest *Amazon*-Bewertungen und studierst Vergleichswebseiten wie *Wirecutter*. Dann entscheidest du dich für die Nummer 1 auf der *Wirecutter*-Webseite: die elegante *Breville Bambino Plus*. Kaum hast du sie aber ausgepackt, stellst du fest, dass sie nicht so recht in deine Küche passen will. Du fragst dich, ob du nicht besser eine kleinere Maschine bestellt hättest. In einer Bewertung hieß es auch, dass der Geschmack guter Kaffeebohnen nicht hundertprozentig zum Tragen kommt. Du lässt also deine erste Tasse Kaffee durch und kochst innerlich mit, weil du bedauerst, keine andere Wahl getroffen zu haben.

In der Zwischenzeit macht sich auch eine Satisficer-Freundin auf die Suche nach einer passenden Espressomaschine. Sie marschiert ins Einkaufszentrum, sucht den *Nespresso*-Laden, erklärt einem der Mitarbeiter, was sie sich vorgestellt hat, und geht mit einer halbwegs günstigen Maschine nach Hause. Und sie erzählt dir, wie sehr sie es genießt, sich täglich ihren Latte macchiato zu machen, von der Auswahl der bunten Kapseln bis hin zum Aufschäumen der Milch.

Du hast vielleicht die bestmögliche Espressomaschine gewählt. Auf einigen Webseiten wird deine *Breville Bambino Plus* mit ihrer Maschine verglichen, und deine gewinnt! Aber wer freut sich mehr über die Entscheidung für das neue Stück?

Satisficer geben an, mit ihren Entscheidungen glücklicher zu sein, selbst wenn sie eine objektiv schlechtere Wahl getroffen haben. (Ich meine ja nur: Die *Nespresso*-Maschine deiner Freundin hat es bei *Wirecutter* nicht mal unter die ersten Zehn geschafft!) Das liegt wohl daran, dass Maximalisten ständig an sich selbst zweifeln. Sie leiden doppelt: zuerst an der Entscheidung selbst, später immer dann, wenn sie das Gefühl haben, die falsche Wahl getroffen zu haben.

Der Psychologe Barry Schwartz, Autor von *Anleitung zur Unzufriedenheit*, erklärt, was Maximalisten und Satisficer unterscheidet: Nicht wie gut oder schlecht die gefällte Entscheidung war, sondern das Gefühl, das die Entscheidung auslöst: »Maximalisten treffen gute Entscheidungen, mit denen sie stets unzufrieden sind. Satisficer treffen gute Entscheidungen, die ihnen auch ein gutes Gefühl vermitteln.«

Was ist dein Ziel? Die weltbeste Espressomaschine zu finden oder glücklich zu sein? Wenn du nach Glück strebst, dann ist es die subjektive Erfahrung, die zählt, nicht das messbare Resultat. Natürlich ist es wichtig, wie unser Kaffee schmeckt, aber genau darum geht es doch: wie der Kaffee *uns* schmeckt.

DIE WEISHEIT DER SATISFICER

Maximalisten wollen jeden Stein umdrehen, bevor sie eine Entscheidung fällen. Das ist eine echte Herausforderung, wenn es ums Daten geht. Du kannst nun mal nicht mit jedem passenden oder unpassenden Single der ganzen Stadt ausgehen, von der ganzen Welt gar nicht zu reden. Wenn du hoffst, zu heiraten oder eine langfristige Beziehung einzugehen, musst du schließlich mit den Informationen, die dir zur Verfügung stehen, Nägel mit Köpfen machen.

Doch wenn du zu den Maximalisten gehörst, macht dich allein schon dieser Gedanke nervös. Und wenn du dann mit deiner Wahl nicht zufrieden bist? Aber hier habe ich gute Nachrichten für dich: Wir haben ein unglaublich gutes Instrument zur Verfügung, wenn es ums Glück geht: unser Gehirn! Sobald wir uns für etwas entscheiden, hilft das Gehirn uns, nachträglich rationale Gründe zu finden, warum diese Entscheidung richtig war.[25]

Das *Rationalisieren* ist unsere Fähigkeit, uns selbst zu überzeugen, dass wir das Richtige getan haben. Stell dir vor, du kaufst dir einen teuren Wintermantel, den du innerhalb von 30 Tagen zurückgeben kannst. Du nimmst ihn mit nach Hause und wägst das Für und Wider ab. Selbst wenn du den Mantel behältst, kannst du das, was gegen ihn spricht, nicht ganz aus deinem Kopf verbannen. Aber wenn du denselben Mantel im Schlussverkauf erwirbst, dann willst du ihn gut finden. Du kannst ihn ohnehin nicht zurückgeben, warum also lange über seine Nachteile brüten? Das ist die Macht der Rationalisierung. Mach sie dir zunutze.

Denn das Rationalisieren funktioniert auch beim Dating. Wenn du dich für jemanden entscheidest, wird dein Gehirn alles Menschenmögliche tun, um dich zu überzeugen, dass du eine gute Entscheidung getroffen hast. Satisficer wissen das instinktiv und profitieren davon.

Vielleicht denken Sie jetzt: »Aber ich weigere mich, nur eine ›gute‹ Entscheidung zu treffen. Ich will keine Abstriche machen.« Aber genau das ist ja das Missverständnis am Dasein des Satisficers. Satisficer haben nämlich hohe Wertmaßstäbe. Auch sie sehen sich eine Weile um, bevor sie finden, was ihren Erwartungen entspricht. Der Unterschied ist: Wenn sie etwas gefunden haben, das ihnen zusagt, dann sind sie damit glücklich. Sie fragen sich nicht ständig, ob es nicht noch etwas Besseres gibt.

Und daher möchte ich, dass du daran arbeitest, dich zum Satisficer zu entwickeln. Denn das ist schließlich die beste Wahl: glücklich zu sein.

DAS SEKRETÄRINNENPROBLEM

Du kannst lernen, wie ein Satisficer zu entscheiden, wenn du dich mit dem sogenannten *Sekretärinnenproblem* beschäftigst. Stell dir vor, du hast eine Sekretärsstelle zu vergeben. Ja, wir nehmen mal einen Sekretär, auch wenn die Wissenschaft hier immer von »Sekretärinnen« spricht: #fuckthepatriarchy. Es gibt hundert mögliche Kandidaten, mit denen du nacheinander Gespräche führst. Nach jedem Vorstellungsgespräch musst du dich entscheiden, ob du diese Person einstellst oder weitersuchst. Wenn du diese Person ablehnst, dann ist sie weg. Du kannst also nicht später auf sie zurückgreifen.

Wie kannst du deine Chancen erhöhen, den besten Kandidaten zu finden? Du willst dich nicht zu früh entscheiden, denn möglicherweise ist ja am Ende noch ein wirklich guter Kandidat dabei. Aber du willst deine Entscheidung auch nicht endlos hinausziehen, denn es könnte doch sein, dass die letzten Kandidaten gar nicht gut sind. Aber es gibt eine mathematisch korrekte Antwort auf diese Frage. Du solltest dich mit 37 Prozent der Kandidaten unterhalten und dann eine Pause einschieben. Überleg dir, wer in der ersten Gruppe der Beste war. Nun hast du einen sinnvollen *Richtwert*. Nach diesen ersten 37 Prozent solltest du dich für den ersten Kandidaten entscheiden, der besser ist als der Beste aus der ersten Gruppe.

Diese Logik lässt sich auch aufs Daten anwenden. Beim Sekretärinnenproblem weißt du, dass es hundert Kandidaten gibt. Beim Daten fehlt diese Information. Selbst wenn du wüsstest, wie viele Kandidaten da sind, könntest du dich nicht mit allen treffen. Dem stellen sich Leben, Logistik und Geografie in den Weg.

Statt also darüber nachzudenken, wie hoch die *Gesamtzahl* der möglichen Datingpartner sein könnte, überleg dir lieber, wie *lange* du vermutlich aktiv nach einem Partner suchst. Und dann wendest du die 37-Prozent-

Regel auf diesen Zeitraum an. In ihrem Buch *Algorithmen für den Alltag* diskutieren die Autoren Brian Christian und Tom Griffiths den Fall eines Single-Mannes, der eine Ehefrau sucht. »Ausgehend von der Annahme, dass seine Partnersuche vom achtzehnten bis zum vierzigsten Lebensjahr dauern würde, ergab die 37-Prozent-Regel ein Alter von 26,1 Jahren als Punkt, an dem er vom Schauen zum Wagnis übergehen sollte.«[26]

Das heißt, dass der Mann im Alter von 26,1 Jahren aus seinen ersten 8,1 Jahren des Datens einen sinnvollen Richtwert gewonnen haben sollte – die beste Partnerin, die er bis dato hatte. Danach sollte er die *nächste* Person heiraten, die er *besser* findet als diese, die den Richtwert liefert.

Ich habe Doug, einem Programmierer, der erst kürzlich sein Unternehmen an einen großen Technologiekonzern verkauft hat, das Sekretärinnenproblem erklärt. Doug hatte bis dato mehrere Beziehungen, die alle so zwischen drei und sechs Monate andauerten. Er fand immer, dass den Frauen, mit denen er ausging, irgendetwas fehlte. Die eine lachte über seine Witze, war aber selbst nicht witzig. Die andere arbeitete zu viel. Die Dritte arbeitete nicht genug.

Als ich ihm erklärte, wie der besagte Richtwert entsteht, nickte er und unterbrach mich: »Ich hab's kapiert. Ich hab's kapiert«, sagte er. »Ich bin jetzt 31, und ich habe vermutlich schon eine Frau kennengelernt, die eine gute Partnerin für mich wäre.« Der Groschen war gefallen.

Daher gab ich ihm noch eine Hausaufgabe. »Machen Sie eine Übersicht aller Frauen, mit denen Sie im letzten Jahr ausgegangen sind. Je eine Spalte für den Namen, wie Sie sie kennengelernt haben, wie es Ihnen ging, wenn sie mit ihr zusammen waren, und welche gemeinsamen Werte Sie beide hatten. Sie können auch andere Details mitaufnehmen, aber ich möchte keine Liste mit all ihren Fehlern oder eine Rangliste, wie heiß sie waren.«

»Okay, das mache ich.«

Bei der nächsten Sitzung holt Doug sein Laptop hervor und zeigte mir die Tabelle. »Brielle«, sagte er, als die Seite hochfuhr. »Sie ist die Eine.«

»Die Eine? Also die ›eine Eine‹?«, fragte ich. (Und, ja, ich habe für einen Moment meine Abneigung gegen diesen Begriff aufgegeben.)

»Nicht die, die ich heiraten möchte. Aber der Richtwert. Sie war gescheit, witzig, ehrgeizig und hübsch. Und ich war gerne mit ihr zusammen.

Warum ich mit ihr Schluss gemacht habe? Nun, das ist jetzt auch schon zu spät. Brielle ist mein Richtwert. Mit dem nächsten Mädchen, das besser ist als Brielle, werde ich mich zusammentun.«

Nun ist die Reihe an dir. Leg dein zeitliches Datingfenster fest. Zähle die Jahre von der Zeit, als du mit dem Daten angefangen hast, bis zu dem Punkt, an dem du eine langfristige Beziehung eingehen möchtest. Dann berechnest du, wie viel 37 Prozent dieser Zeit sind. Das rechnest du nun zu der Anzahl der Jahre hinzu, an denen du mit dem Daten angefangen hast. Das ist deine 37-Prozent-Grenze. Wenn du über 30 bist, hast du sie vermutlich schon hinter dir gelassen. Nun machst du die gleiche Hausaufgabe, die ich Doug gegeben habe: Du suchst deinen Richtwert-Partner.

Keine Sorge. Du musst nicht die nächste Person heiraten, mit der du dich triffst. Ich sage auch nicht, dass es zu spät ist, wenn du die 37-Prozent-Marke überschritten hast. Ich glaube nur, dass du bereits genug Informationen hast, um einen sinnvollen Richtwert zu bilden. Du brauchst nicht noch mehr Recherchen. Wenn du das nächste Mal jemanden triffst, den du genauso gut findest wie deinen Richtwert-Partner oder vielleicht sogar besser, dann geh mit dieser Person eine dauerhafte Beziehung ein.

Geschlechter-Ungleichheit und Beziehungszeitachsen

Ich bin Feministin. Ich glaube, Männer und Frauen sollten gleich sein. Das heißt aber nicht, dass wir identisch sind. Uns trennen sehr reale biologische Unterschiede im Reproduktionssystem. (Ich weiß, dass diese Kategorien nicht für jeden geschaffen sind. Trans- und Genderqueer-Menschen stehen beim Daten vor ganz eigenen Herausforderungen.)

Die Fruchtbarkeit von Frauen nimmt in den Dreißigern ab. Männer können bis in die späten Sechziger und darüber hinaus Kinder zeugen. (Robert De Niro war 68, als sein jüngstes Kind zur Welt kam. Ich würde allerdings jeden Mann, der denkt, sich mit der Kinderfrage endlos Zeit lassen zu können, einladen, darüber nachzudenken, wie es wohl ist, mit 70 und arthritischen Händen hinter einem Kleinkind herzujagen.[27])

An meine hochgeschätzten weiblichen Leser: Wenn du Kinder haben willst und darauf hoffst, sie auch selbst austragen zu können, solltest du diese Überlegung in dein Datingzeitfenster miteinbeziehen. Du brauchst einen Partner, um ein Kind zu haben. Und das hat Auswirkungen auf den Zeitpunkt, bis zu dem du gerne jemanden gefunden hättest.

Es ist zwar teuer, aber möglicherweise kannst du ja auch Eizellen einfrieren lassen. Das ist zwar keine ***Garantie***, dass du später noch Kinder bekommen kannst, aber es verschafft dir ein wenig mehr Zeit. Ich habe Eizellen, die mit dem Sperma meines Partners befruchtet waren, einfrieren lassen, sobald ich 31 wurde. Wir wollten zu dem Zeitpunkt noch keine Kinder und haben die Entscheidung daher auf Eis gelegt. (Das Wortspiel war Absicht.)

So unfair das ist: Du wirst die 37-Prozent-Grenze vermutlich vor Männern deines Alters erreichen. Ich wünschte wirklich, dass dem nicht so wäre. Aber ich möchte, dass du dir dessen bewusst bist und diese Tatsache einplanst. Damit sie dich nicht später im Leben kalt erwischt und du dir wünschst, du hättest andere Entscheidungen getroffen.

Das bringt mich zurück zu Steven, der sich immer noch fragte: »Wäre ich mit einer anderen Frau nicht fünf Prozent glücklicher?« Ein paar Monate, nachdem Gabby ihm ihr Ultimatum gestellt hatte, sprach sie ihn nochmals an. Er gestand, dass er immer noch keine Anstalten gemacht hatte, einen Ring zu kaufen.

Da sagte sie ihm, dass es jetzt vorbei sei. Sie orderte Umzugskartons, hatte ein letztes Mal mit ihm Sex und postete neue Bilder in den sozialen Medien.

Steven saß nun ganz allein in seinem halb leeren Apartment. Kein Sofa, kein Fernseher, keine Garderobe. Nur ein Bett, ein paar Stühle und seine gewissenhaft recherchierte ultraleichte Campingausrüstung.

An diesem Punkt dachte ich, ich würde von Steven nie wieder hören. Meine Erfahrung mit anderen Stevens desselben Typs sagte mir, dass er nun einfach wieder anfangen würde zu daten – Frauen, die er zu Beginn total umwerfend fand, nur um sie später zu verlassen, weil er sich nicht hundertprozentig sicher war.

Doch ein Jahr später rief er mich plötzlich an.

»Ich habe jemanden kennengelernt«, erzählte er. »Jemanden, mit dem ich den Rest meines Lebens verbringen möchte.«

Ich war zwar überrascht, freute mich aber für ihn. »Erzählen Sie mir mehr.«

»Letztes Wochenende sind wir gemeinsam weggefahren. Wir fuhren Rad, kochten miteinander, hatten Sex. Und ich hatte das Gefühl, dass ich diese Person unbedingt heiraten muss.«

Ich freute mich über sein neu gefundenes Glück. Aber ich hakte trotzdem nach: »Und was ist mit der Stimme in Ihrem Kopf, die immer fragt, ob sie nicht fünf Prozent glücklicher sein könnte?«

Er lachte. »Nun, es war natürlich nicht ganz einfach. Aber ich habe daran gearbeitet. Ich bin dankbar für das, was ich mit dieser Frau habe. Ich frage mich nicht mehr, wie es mit anderen wäre. Ich weiß nur, dass ich mir mit dieser Frau ein Leben aufbauen kann. Ein wunderbares Leben.«

Steven war zum Satisficer geworden. Er hatte gelernt, die Ungewissheit zu ertragen. Eine Entscheidung zu treffen, ohne vorher akribisch alle Optionen überprüft zu haben. Das hatte ihm geholfen, die Satzzeichen in seinem Leben zu verändern: vom ängstlichen Fragezeichen des Maximalisten zum vertrauensvollen Punkt des Satisficers.

Anfangs dachte ich, Stevens Fall stelle eine großartige Warnung dar: *Lass das Perfekte nicht zum Feind des Guten werden.* Nun aber kann ich ihn als Geschichte eines Sieges erzählen. Liebe Maximalisten, macht euch das Geschenk des Glücks. Holt euch die Gabe des Satisficers.

DIE QUINTESSENZ

1. Maximalisten suchen zwanghaft nach der richtigen Entscheidung. Sie wollen jede mögliche Option prüfen, bevor sie eine Entscheidung treffen. Und selbst wenn sie diese Entscheidung gefällt haben, fragen sie sich ständig, ob sie nicht etwas verpassen. *Satisficer finden heraus, was sie wollen, und hören auf, zu suchen, sobald sie etwas oder jemanden gefunden haben, das/der ihren Maßstäben entspricht.* Das heißt nicht, dass sie Abstriche machen. Sie fragen sich nur nicht mehr, was es da noch geben könnte, wenn sie ihre Wahl getroffen haben.
2. *Wissenschaftliche Untersuchungen zeigen, dass die Satisficer im Allgemeinen glücklicher sind*, denn ob du zufrieden bist, hängt davon ab, wie du deine Entscheidung bewertest, und nicht von der Entscheidung als solcher.
3. *Das aktuelle Datingklima lässt viele Menschen zu Maximalisten werden.* Niemand scheint je gut genug, und wir fragen uns ständig, ob wir nicht mit einer anderen Person glücklicher werden könnten. Die Maximalisten-Tendenz führt in Beziehungen zu tief sitzenden Ängsten, kostspieligen Verzögerungen im Entscheidungsprozess und vielen verpassten Gelegenheiten.
4. Maximalisten gehen davon aus, dass es eine richtige Antwort auf die Frage gibt, mit wem sie zusammen sein wollen. Aber das ist nicht der Fall. Die Lektion aus dem Sekretärinnen-Problem sagt uns, dass wir längst genug Datingerfahrung haben, um einen guten Partner auszuwählen. Dieses Wissen kann uns helfen, uns fest zu binden, ohne uns ständig Sorgen zu machen, ob es da noch jemand geben könnte. Die Kraft der Rationalisierung trägt dazu bei, dass wir mit unseren Entscheidungen glücklich werden.

5

WIE LANGE WILLST DU NOCH WARTEN?

Wie du die Zögerer-Tendenz in den Griff bekommst

Ich lernte Shea, meinen neuen Klienten, in einem versteckten Hinterhofgarten im Zentrum von San Francisco kennen, ein paar Blocks von seinem Büro entfernt. Er war 35 und über 1,80 Meter groß. (Später erzählte er mir, dass ihm das einen Riesenvorteil im jüdischen Datingmarkt von San Francisco verschaffte.)

Ich wusste wenig über Shea, als ich ihn kennenlernte. Er schien selbstbewusst und charmant. Ich saß am Tisch und beobachtete ihn, wie er sich in die Schlange einreihte, um uns Kaffee zu besorgen. Und ich fragte mich, warum er mich um Hilfe gebeten hatte. Konnte er sich etwa nicht entscheiden, mit wem er ausgehen sollte? Brauchte er Unterstützung, um eine negative Beziehung zu beenden? Oder versuchte er, nach einer schmutzigen Trennung wieder auf die Beine zu kommen?

Er kam zurück und stellte meinen Latte macchiato vor mich hin. »Nun, ich fange wohl am besten mit dem Anfang an«, meinte er. »Ich hatte noch nie eine Freundin. Gut, in der Highschool vielleicht, aber seitdem nicht mehr.«

Ich war erstaunt, dass er so wenig Datingerfahrung hatte. »Warum, glauben Sie, ist das so?«

»Ich hatte nie das Gefühl, dafür bereit zu sein«, antwortete er. »Zuerst wollte ich sicher sein, dass mit meinem Job alles in Ordnung geht. Dann hatte ich einen Spitzenjob, wollte aber warten, bis ich genug Geld zusammengespart hatte, um eine Frau ernähren zu können. Als ich eigentlich genug Geld auf der Seite hatte, stand ich am Anfang einer Therapie und wollte zuerst an mir selbst arbeiten. Kürzlich habe ich den Job gewechselt, und jetzt habe ich das Gefühl, ich sollte vielleicht warten, bis ich mich im neuen Unternehmen eingewöhnt habe.«

Er erklärte, dass er sich eine Frau und eine Familie wünsche, sich aber nach wie vor nicht bereit dafür fühle. Mich habe er nur angerufen, weil seine Eltern ihn gedrängt hatten, sich Hilfe zu suchen.

Jetzt nickst du vielleicht verständnisvoll und denkst: »Das ist doch ganz vernünftig. Gut für ihn. Er datet eben erst, wenn er so weit ist.«

Doch als ich nachhakte und mehr über Shea herausfand, bestand für mich kein Zweifel, dass er schon bereit *war*. Er arbeitete seit zehn Jahren in einer großen Anwaltskanzlei und war finanziell abgesichert. Er war ein selbstgewisser und reifer Mensch. Er hatte Hobbys. (Er spielte Gitarre, eigener Aussage zufolge gut.) Er hatte Freunde. Und er genoss seine guten Beziehungen zur Familie.

Ich habe viele Klienten wie Shea. Sie wirken wie ein echt guter Fang, und trotzdem treffen sie sich mit niemandem. Ich nenne diese Gruppe die *Zögerer*. Sie kommen zu mir, weil sie das *Gefühl* haben, dass sie daten sollten, aber es einfach nicht schaffen, in die Gänge zu kommen. Wenn ich sie frage, warum sie nicht daten, dann kommen all diese Ausreden von wegen Bereitsein:

- »Ich bin bereit, wenn ich zehn Pfund weniger wiege.«
- »Ich bin bereit, wenn ich erst einmal diese Beförderung bekommen habe.«
- »Ich bin bereit, wenn ich meinen Doktortitel habe.«
- »Ich bin bereit, wenn ich neue Bilder für mein Datingprofil gemacht habe.«
- »Ich bin bereit, wenn es in der Arbeit endlich ein bisschen ruhiger zugeht.«

Wir alle wollen uns doch in irgendeiner Hinsicht verbessern. Aber dieser Anspruch gerät schnell zur Ausrede. Ich verstehe das, Dating kann einem schon Angst machen. Angst lähmt die Zögerer: Angst vor Zurückweisung, Angst vor dem Scheitern, Angst, nicht gut genug zu sein. Kein Wunder, dass sie sich nicht aufs Daten einlassen. Man kann schließlich nicht scheitern, wenn man gar nicht erst beginnt, oder?

Aber wenn du abwartest, bis du zu 100 Prozent bereit bist, unterschätzt du, was dir entgeht.

WARUM WARTEN EIN FEHLER IST

Du wirst nie zu 100 Prozent bereit für etwas sein, auch nicht – und vielleicht vor allem nicht – fürs Daten.

Es ist verständlich, dass du warten möchtest, bis du das Beste aus dir gemacht hast. Aber was ist, wenn du deinen Idealpartner triffst und er bzw. sie dich zurückweist?

Die Zögerer unter uns haben so eine Idee, dass sie eines Morgens mit dem Gefühl aufwachen, jetzt bereit zu sein. Doch diese Vorstellung ist pure Einbildung. So funktioniert das Leben nicht. Jeder Mensch erlebt heikle Situationen. Unter Druck werden die meisten Menschen nervös. Jeder von uns hat eine Seite, die er anderen nicht zeigen möchte. Aber all diese Leute gehen trotzdem raus und daten, küssen andere Menschen, verlieben sich, machen Schluss, verlieben sich wieder und heiraten am Ende. Irgendwann musst du dich einfach aufraffen: Geh raus und fang an, zu daten, selbst in diesem unvollkommenen Zustand. Alle anderen sind schließlich auch nicht perfekt. Das gilt auch für deinen möglichen Partner.

Stellen wir uns doch mal vor, wie es wäre, wenn du den von dir angestrebten Zustand angeblicher Vollkommenheit tatsächlich erreichst, weil du deine Beförderung bekommst oder zehn Pfund abgenommen hast. Nun also lässt du dich auf eine Beziehung ein. Wirst du dich dann nicht fragen, ob die Liebe deines Partners von diesen Vorbedingungen abhängt? Dass er oder sie dich verlässt, wenn du deinen Job verlierst, ins Schleudern gerätst, eine heftige Sucht nach fettem Cheddar entwickelst und deshalb 25 Pfund zunimmst?

Wenn du mit dem Daten wartest, verpasst du mehr, als du glaubst. Die Wirtschaftswissenschaft bezeichnet dies als *Opportunitätskosten* – der Preis, den du bezahlst, wenn du dich für eine Option entscheidest.[28] Wenn du vor zwei Wahlmöglichkeiten stehst, die sich gegenseitig ausschließen – Option A und Option B –, dann bestehen die Opportunitätskosten in dem, was du bei A verlierst, wenn du dich für B entscheidest und umgekehrt. Hier ein konkretes Beispiel.

Du stehst vor der Entscheidung, ob du A) den Doktor machst oder B) weiter in deinem jetzigen Job bleibst. Die Universitätsgebühren und die Lebenshaltungskosten für zwei Jahre summieren sich auf 200 000 Dollar. Wenn ich dich fragen würde, wie viel dich eine Promotion kostet, was würdest du antworten? Vermutlich »200 000 Dollar!«

Falsch, denn du hast die Opportunitätskosten nicht einkalkuliert. Wenn du deinen Doktor machst, kannst du nicht in Vollzeit arbeiten. Du musst zu den Kosten also den entgangenen Lohn hinzuaddieren. Die realen Kosten für einen Doktorhut belaufen sich auf 200 000 Dollar *plus* den entgangenen Lohn für zwei Jahre. Also 200 000 Dollar plus zweimal dein aktuelles Jahresgehalt.

Nehmen wir ein anderes Beispiel: Du musst dich entscheiden, ob du zur Geburtstagsfeier deiner Freundin Samantha in einer Bar gehst oder zur Wohnungseinweihungsparty deines Kollegen David. Wenn du überlegst, was es dich kostet, mit Samantha zu feiern, dann fallen hier nicht nur die Kosten deiner Drinks in jener Bar an und die Kosten für ein Geschenk bzw. die Taxifahrt dorthin, vom Kater am nächsten Tag mal völlig abgesehen. Denn da sind noch die Opportunitätskosten, die darin bestehen, dass du David und deine Kollegen nicht besser kennenlernst.

Wenn es ums Daten geht, dann wartet der Zögerer, bis er mehr Selbstvertrauen, mehr Geld, mehr *was auch immer* hat. Aber er vernachlässigt die Opportunitätskosten, die für das Warten anfallen.

DIE VERPASSTE CHANCE, ETWAS ZU LERNEN

Die erste Position bei den Opportunitätskosten ist die Möglichkeit, etwas zu lernen. Du wirst nicht herausfinden, was dir gefällt (und was nicht), wenn du nicht mit verschiedenen Leuten ausgehst. Beim Daten wiederholt sich vieles, und wenn du durch deine Datingerfahrung dazulernst, kannst du mit der Zeit immer feiner nachjustieren. Denn vermutlich weißt du gar nicht, was du an einem Partner magst oder wertschätzt. (Mehr dazu in Kapitel 8.)

Du glaubst, etwas ganz Bestimmtes zu brauchen, du versuchst es damit, und es stellt sich heraus, dass du es *nicht* magst. Du hast also etwas gelernt und kannst einen Schritt weitergehen. Vielleicht verknallst du dich in eine geheimnisumwitterte Persönlichkeit: den abgehobenen Künstler, der einmal dem *Cirque du Soleil* angehörte, durch Madagaskar getrampt ist und jetzt seine eigenen Hosen näht. Nach einigen Monaten, in denen ihr miteinander ausgegangen seid, fällt dir auf, dass die Aura des Geheimnisvollen anfangs ganz interessant war, aber in Wirklichkeit wünschst du dir einen Partner, der warmherzig und liebevoll ist (und schon Hosen hat). Wenn du niemanden datest, dann kannst du auch nicht herausfinden, mit welcher Art von Mensch du auf Dauer zusammen sein möchtest.

Nehmen wir mal meine Klientin Jing. Sie hatte kürzlich mit 31 Jahren ihr erstes Date. Ihre Familie zog oft um, als sie noch jung war, daher hatte sie nie einen Kreis von Freunden, die sie schon seit Jahren kannte, und schon gar keine beste Freundin. An der Uni war sie fleißig und fand schnell Freunde, aber die Datingrituale der Studenten waren ihr vollkommen fremd. »Ich wusste nicht, wie flirten geht«, gestand sie ein. »Ich habe es einfach nie gelernt.«

Nach der Uni machte sie ein Praktikum in einer Werbeagentur. Sie arbeitete sich bis zur Cheftexterin hoch. Endlich war sie der Mensch, der sie sein wollte – gebildet, witzig und voller Begeisterung für ihren Job. Aber sie hatte immer noch kein Date gehabt. Sie hatte das Ausgehen aufgeschoben, weil sie sich damit ohnehin überfordert fühlte.

Mittlerweile ist ihr klar, dass ihre mangelnde Erfahrung ihre Suche nach einem passenden Partner behinderte. »Ich habe die Experimentierphase nicht durchlaufen. Ich weiß nicht, was mir gefällt und was nicht. Aber ohne dieses Wissen ist es weit schwieriger, einen Partner zu finden.«

WIE DU DAS DATEN TRAINIERST

Zögerer, die das Daten immer weiter aufschieben, verpassen auch die Gelegenheit, ihre Datingskills zu verbessern. Ich bin immer wieder erstaunt, wie viele meiner Klienten denken, dass die Fähigkeit des Datens ihnen angeboren sein sollte. Aber Dating ist schwer! Und es braucht einige Zeit, bis man den Bogen heraushat. Wie bei allen anderen Dingen.

Ich erkläre meinen Klienten immer wieder, dass sie da einfach mehr Wiederholungen einlegen müssen. Eine »Wiederholung« ist die vollständige Ausführung einer bestimmten Übung. Im Fitnessstudio legst du auch an Kraft zu, indem du viele Wiederholungen machst. Beim Daten macht dich jedes einzelne Date stärker.

Während du mit dem Daten noch wartest, zu Hause sitzt und überzeugt bist, noch nicht bereit zu sein, brechen andere schon zu ihrem ersten Date auf. Sie üben das Geschichtenerzählen, das Zuhören, den Zungenkuss. Sie absolvieren eine Wiederholung nach der anderen.

Jing fühlt sich immer noch als Grünschnabel, wie sie mir erzählt. »Ich mache totale Anfängerfehler, dabei geht es doch um das Spiel meines Lebens.« Tatsache ist: Jeder macht diese Anfängerfehler. Auch du, ganz egal, wann du anfängst zu daten. Also kannst du sie auch gleich jetzt machen.

Dating ist ein bisschen wie eine Stand-up-Comedy (wenn auch hoffentlich ohne die Zwischenrufe von Fremden). Beides ist eine Kunst, die auf das Publikum abzielt. Comedians sagen oft, dass es zu Hause nur um das Schreiben der Sketche geht. Erst wenn sie vor dem Publikum stehen, ist es wirklich Comedy. Und Stand-up-Comedians wissen, dass niemand schon beim ersten Mal am Mikro das Zwerchfell des Publikums erschüttert. Sie müssen auch üben, üben, üben. Das ist einer der Gründe, weshalb Stand-up-Comedians sich so bemühen, Zeit auf der Bühne zu verbringen. Vor ihrer umwerfenden *Netflix*-Comedy *Baby Cobra* trat Ali Wong unzählige Male in kleinen Klubs beim Open Mic ans Mikro.[29]

Für das Daten gelten ganz genau die gleichen Regeln. Das musst du üben: interessante Fragen stellen, fesselnder Selbstausdruck und wie du zum ersten Kuss übergehst. Das sind deine Wiederholungen. Und du kannst sie nicht ausführen, wenn du zu Hause sitzt und dich »vorbereitest«. Die einzige Möglichkeit, darin besser zu werden, ist das *Daten*.

ÜBERWINDE DEIN ZÖGERN UND LEG LOS

Die Verhaltenswissenschaft warnt uns vor der gefürchteten *Intention-Action-Gap*: Wir haben die Absicht, etwas zu tun, unternehmen aber keine konkreten Schritte, um diese Absicht zu verwirklichen.[30] Du hast die Absicht, zu daten, bist aber vielleicht in die Kluft zwischen Absicht und Umsetzung gestürzt. Damit du da rauskommst, möchte ich dir hier ein paar Tipps aus dem Instrumentenkoffer der Verhaltenswissenschaft geben. Für Jing haben sie jedenfalls funktioniert. Sie hat nach einer Reihe tapsiger erster Dates und einiger weniger holpriger zweiter, dritter und vierter Dates ihren ersten Freund gefunden.

Schritt 1: Setz dir einen Termin

Termine gehören zu den effektivsten Tricks, um Menschen zum Handeln zu bewegen. Vor allem knappe Termine funktionieren da wunderbar. Stell dir vor, du bekommst eine E-Mail von deiner Bank, dass du dein Passwort ändern sollst. Wie wahrscheinlich ist es, dass du genau das machst? Vielleicht hast du ja die beste *Absicht*, aber weil du das ja immer noch erledigen kannst, hast du die ganze Sache schon wieder vergessen, bevor du den ersten Finger rührst. Und schon bist du in die Lücke getappt, die zwischen Absicht und Wirklichkeit klafft.

Stell dir aber mal vor, die Bank schreibt: »Bitte ändern Sie Ihr Passwort bis heute Abend 18 Uhr.« In diesem Fall hast du einen knappen und konkreten Termin. Um ihn nicht zu versäumen, änderst du dein Passwort entweder sofort oder du erstellst eine Erinnerung für später am gleichen Tag.

Wie auch immer: Mit dem konkreten Termin steigt die Wahrscheinlichkeit, dass du aktiv wirst.

Wissenschaftler haben studiert, wie sich ein enger, aber noch machbarer Termin auf uns auswirkt.[31] Die Verhaltensforscherinnen Suzanne Shu und Ayelet Gneezy haben zu diesem Zweck untersucht, wie oft Geschenkcoupons für Bäckereien eingelöst wurden.[32] War der Coupon zwei Monate lang gültig, tauschten ihn weniger als zehn Prozent der Empfänger gegen ein Stück Kuchen ein. (Der Rest war schlicht zu faul dazu.) Galt der Coupon hingegen nur drei Wochen, dann lösten ihn mehr als 30 Prozent der Kunden ein. Im ersten Szenario dachten die Leute einfach, sie hätten ja immer noch genug Zeit. Mit dem knapperen Termin war den Kunden bewusst, dass sie die Gültigkeitsfrist vielleicht vergessen würden, und wurden schneller aktiv.

Liebe Zögerer, es wird Zeit, einen Termin für den Start ins Dating festzulegen. Ich schlage vor: in drei Wochen. Das lässt mehr als genug Zeit, zu tun, was getan werden muss: die Arbeit vor dem Date, die ich unten aufgelistet habe. Aber nicht so viel Zeit, dass dir der Schwung verloren geht.

Schritt 2: Bereite dich vor

Sobald du den Termin festgesetzt hast, fängst du an, dich aufs Daten vorzubereiten. Lade dir die nötigen Apps herunter. Stell ein paar solide Datingoutfits zusammen. Sieh dich nach einem Kurs um, in dem du lernst, im Umgang mit anderen Menschen spontan zu reagieren, denn unverhofft kommt gerade beim Daten oft. Beim nächsten Abendessen mit Freunden achtest du auf Folgendes: Wie oft richtest du dein Augenmerk nach innen? (Wie komme ich rüber?) Wie oft hörst du wirklich neugierig zu? (Was versucht der andere mir zu sagen?)

Und wenn dein letztes Date schon eine Weile zurückliegt: Mach ein paar schmeichelhafte Fotos von dir. Ich hatte eine Klientin, die einen Heidenbammel vor dem Onlinedating hatte. Sie sagte immer: »Ich habe einfach keine guten Fotos von mir.« Ich überzeugte sie, sich ein paar Profilfotos von einem Fotografen machen zu lassen. Sobald sie die Bilder bekam, legte sie los. Sie lud sich die Apps runter, erhielt positives Feedback zu ihren Bildern und hatte schon in der Woche darauf ihr erstes Date. Du musst natürlich nicht ein Heidengeld für gute Fotos ausgeben. Gutes Licht und eine Freundin mit einem guten Handy (und Porträtmodus) genügen auch.

Es kann auch Teil deiner Vorbereitung sein, einen Therapeuten oder Datingcoach aufzusuchen. Was hält dich zurück? Wie sehen deine uneingestandenen Ängste aus? Was an deiner Vergangenheit hindert dich daran, vorwärtszukommen? Aber achte darauf, dass die Therapie nicht zur Ausrede wird, das Daten weiterhin aufzuschieben. Therapien sind keine Instantlösungen. Erwarte nicht, in wenigen Wochen zu einer vollkommenen Version deiner selbst zu werden, nur damit du endlich mit dem Daten anfangen kannst. Engagiere dich *gleichzeitig* beim Daten und in der Therapie.

Schritt 3: Sag deinen Freunden Bescheid

Wenn du andere in dein Vorhaben einweihst, ist die Wahrscheinlichkeit höher, dass du am Ball bleibst. Ein Forscherteam um den Sozialpsychologen Kevin McCaul hat dies in einem faszinierenden Experiment bewiesen.[33] Sie wählten Studierende aus, die eine besonders schwere Prüfung vor sich hatten, und teilten sie in verschiedene Gruppen ein. Eine Gruppe bat man, den anderen Gruppenmitgliedern mitzuteilen, welche Punktzahl bzw. Note sie für sich erzielen wollten. Eine andere Gruppe sollte diese Erwartungen für sich behalten. Es stellte sich heraus, dass jene Studierende, die offen ihre Wunschnote genannt hatten, viel mehr Engagement zeigten. Sie lernten mehr und hatten eine um 20 Prozent höhere Wahrscheinlichkeit, ihr Ziel zu erreichen.

Erzähl also zwei bis drei deiner engsten Freunde oder Angehörigen, dass du nun ins Daten einsteigst. Erzähl auch von deinem Termin. Du bist stärker motiviert, dein Vorhaben einzuhalten, wenn du anderen davon berichtet hast, weil es nun auch um dein Image geht. (Bonus: Wenn dein Netzwerk weiß, dass du daten willst, dann sehen sich deine Freunde vielleicht auch nach einem passenden Partner für dich um. In Kapitel 9 findest du praktische Tipps, wie du dich »verkuppeln« lassen kannst.)

Schritt 4: Bleib deiner neuen Identität treu

Wir alle haben verschiedene Identitäten: Tochter, Freund, Beyoncé-Fan, Läuferin und so weiter. Je nachdem, welche Identität in einem bestimmten Augenblick ausschlaggebend ist, handeln wir unterschiedlich.

Wissenschaftler der Universitäten Stanford und Harvard fanden heraus, dass sich das Verhalten von Menschen ändern lässt, einfach indem man solche Identitäten verstärkt.[34] Zu diesem Zweck befragte man Wähler in der Woche der Wahl. Der einen Gruppe legte man die Frage vor: »Wie wichtig ist Ihnen diese Wahl?« Die demografisch identische Kontrollgruppe hingegen sollte eine anders formulierte Frage beantworten: »Wie wichtig ist es für Sie, in der kommenden Wahl zu den Wählern zu gehören?« Später analysierte man, wer aus den jeweiligen Gruppen tatsächlich zur Wahl gegangen war. Ergebnis: Diejenigen, die als »Gruppe der Wähler« angesprochen wurden, hatten mit einer um elf Prozent höheren Wahrscheinlichkeit ihre Stimme abgegeben als die Vergleichsgruppe, die nach der Wichtigkeit der Wahlen für sie gefragt wurde.

In beiden Gruppen war die Absicht, zur Wahl zu gehen, vielleicht gleich groß, doch die Gruppe, die man ermuntert hatte, sich als Wähler zu sehen, setzte diese Absicht mit höherer Wahrscheinlichkeit um. Die Mitglieder dieser Gruppe betrachteten sich als »Wähler«, nicht als Personen, die wählen gingen. Kaum war diese Identität verstärkt worden, gingen sie tatsächlich an die Urnen.

Das ist ein Ansatz, der dir helfen kann, wirklich zu daten. Verstärke deine Identität als »Dater«, nicht als Person, die zu Dates geht. Stell dich vor den Spiegel und sage laut: »Ich suche die Liebe. Ich bin ein Dater.« Ist das lächerlich, vor allem wenn du noch nie ein Date hattest? Absolut! Aber du solltest es trotzdem tun.

Jacob, einer meiner Klienten, der sich bei seinem ersten Anruf als »ziemlich fett« beschrieb, sagte mir: »Meine Mutter ist fett, mein Vater ist fett, wir sind alle fett.«

Er arbeitete für eine NGO im Ausbilderteam. Er führte neue Mitarbeiter durch das Unternehmen und wies sie in der ersten Woche in ihre Arbeit ein. »Ich lerne ständig neue Leute kennen. Das ist nicht das Problem. Aber ich kann mich nicht aufs Dating einlassen, weil ich mir nicht vorstellen kann, dass ich mich vor einem anderen Menschen ausziehe. Warum sollte ich also daten?«

Jacob erzählte weiter, dass er schon öfter versucht habe abzunehmen. Aber meist war er nicht lange dabeigeblieben und bald wieder zurück am Ausgangspunkt – unglücklich mit seinem Körpergewicht und immer noch Single. Ich versuchte also Woche für Woche, Jacob dabei zu helfen, sich als Dater zu sehen. Nicht als jemand, der mit dem Daten anfangen wollte, sobald er abgenommen hätte. Er machte die Spiegelübung. Er hasste sie, aber er machte sie.

Eines Tages machten wir keine normale Sitzung. Angeregt von der Sendung *Queer Eye*, bei der fünf homosexuelle Styleexperten den Leuten Tipps für ihren Look geben, gingen wir shoppen. Es wurde Zeit, dass er seinem Körper ein wenig Zuneigung erwies.

Als er aus der Umkleidekabine trat, meinte er: »Wow! Ich sehe ja fast gut aus.«

Ich lachte. Mithilfe einer trendsicheren Verkäuferin fanden wir heraus, dass Jacob seine Sachen immer zwei Nummern zu groß kaufte. Dieses Mal aber entschied er sich für schicke Jeans, ein paar Jacketts und coole T-Shirts.

In den Folgemonaten stärkten wir sein Selbstbewusstsein, indem wir uns auf seine guten Seiten konzentrierten: seine schönen Augen, seinen köstlichen Sinn für Humor. So musste er nicht auf einen anderen, neuen Körper warten, den er vielleicht nie bekommen würde.

Mit der Zeit wurde seine Dateridentität stärker. Er machte weiterhin die Spiegelübung, die ihm nicht mehr ganz so doof vorkam. Er lud sich eine Dating-App herunter und vereinbarte mindestens ein Date pro Woche. An einem Wochenende kam eine alte Studienkollegin aus Denver nach San Francisco, um ihn zu besuchen. Bei einem Spaziergang erzählte er ihr von seinen Datingabenteuern. Und sie sah ihn zum ersten Mal als potenziellen Partner.

Als sie das nächste Mal nach San Francisco kam, gingen die beiden wieder miteinander aus. Und dann noch mal. Jacob besuchte sie danach in Denver. Und sie kam wieder nach San Francisco. Schneller Vorlauf: ein ganzes Jahr. Jacob war nach Denver gezogen, um mit dieser Frau zusammen zu sein. Als wir uns das letzte Mal unterhielten, war er hin und weg. Endlich hatte er, was er nie für möglich gehalten hätte: eine glückliche, gesunde Beziehung. Er legte nicht seine Pfunde ab, sondern die Identität, die ihn blockierte. So konnte er sich als aktiven Dater sehen, nicht als zukünftigen. Er hatte sein Selbstbild verändert.

Wenn du dich als Dater siehst, sieht die Welt dich genauso.

Schritt 5: Fang klein an

Du gehörst nicht zu den *Beatles*: Du musst nicht acht Dates pro Woche haben. (Kam das rüber? Aus dem Song *Eight Days a Week.* Kannst du mir meine Oma-Witze verzeihen?) Die Psychologen Edwin Locke und Gary Latham konnten belegen, dass konkrete Zielsetzungen uns nicht nur helfen, Ziele zu erreichen. Sie sorgen auch für mehr Motivation, Selbstbewusstsein und Selbstwirksamkeit.[35]

Ich empfehle meinen Klienten meist mindestens ein Date pro Woche. Also lass in deinem Terminkalender Platz dafür. Eine meiner Klientinnen plant jeden Mittwoch nach der Arbeit ein Date. Es durchbricht die Routine, und sie hat etwas, worauf sie sich freuen kann. Wenn das Date gut läuft, kann sie sich mit der Person in der Woche drauf gleich wieder treffen.

Schritt 6: Hab Mitgefühl mit dir

Sieh mal, ich weiß, dass das hart ist. Du lässt dich aufs Daten ein, vielleicht zum ersten Mal in deinem Leben. Natürlich macht das Angst. Du könntest schließlich verletzt werden. Oder deinerseits jemanden verletzen.

Wenn ein Date nicht so läuft, wie du dir das erhofft hast, dann rede mit dir, wie ein guter Freund das tun würde. Stell dir vor, eine Freundin ruft dich an und sagt: »Was soll der ganze Quatsch eigentlich? Es funktioniert sowieso nicht. Ich bin einfach nicht gut genug.« Was würdest du antworten? Du würdest ihre negative Einstellung sicher nicht verstärken wollen, oder? Du würdest versuchen, sie aufzubauen: »Komm schon. Es war doch nur ein einziges Date. Es ist gut für dich, wenn du dich hinaustraust. Dabei hast du doch sicher etwas gelernt, auch wenn das Date Müll war.«

Am besten wirst du zu deinem eigenen Cheerleader. Lerne, wie du dir in eben diesem mitfühlenden Ton begegnen kannst.

Das jedenfalls war der Auslöser für Shea, unseren Zögerer vom Anfang dieses Kapitels. Durch unsere gemeinsame Arbeit und die wöchentlichen Sitzungen mit seiner Therapeutin lernte er, sich so zu akzeptieren, wie er war, statt sich auf die Persönlichkeit zu konzentrieren, die er vielleicht in Zukunft sein könnte. Er ist immer noch Single, aber er datet. (Und wenn du jemanden kennst, der auf einen großen, rücksichtsvollen Amateur-Gitarristen abfährt, dann schreib mir eine E-Mail.)

Nun ist die Reihe an dir. Fang noch heute an. Wann, wenn nicht jetzt?

Checkliste »Erste Schritte«

- ☐ An diesem Tag werde ich ernsthaft mit dem Daten loslegen: ______________________________
- ☐ Ich habe mir eine Dating-App heruntergeladen.
- ☐ Ich habe mindestens fünf Fotos, die ich für mein Profil verwenden kann.
- ☐ Ich habe zwei Outfits, die ich zu einem Date tragen kann.
- ☐ Ich habe mindestens zwei Freunden erzählt, dass ich mit dem Daten anfange.
- ☐ Ich habe mich vor den Spiegel gestellt und sage: »Ich suche die Liebe. Ich bin ein Dater.« (Oder zumindest: »Ich sehe mich selbst als Dater.«)
- ☐ Ich verspreche, wenigstens ein Date die Woche zu vereinbaren.
- ☐ Ich übe, mitfühlend mit mir umzugehen, so als würde ich mit einem Kind reden oder mit meiner besten Freundin.
- ☐ Wenn etwas schiefgeht, verspreche ich, es wieder zu versuchen. Ich falle nicht zurück in meine Zögerer-Mentalität.

HÖR AUF, MIT DEINEM/R EX ZU REDEN

Noch etwas: Meiner Erfahrung nach haben viele Zögerer Probleme, sich ernsthaft auf das Daten einzulassen, weil sie noch an einer alten Beziehung hängen. Aber dieser Ratschlag gilt wirklich für alle Dater: Hör auf, mit deinem/r Ex zu reden.

Wenn wir den (romantischen oder potenziell romantischen) Kontakt zum/zur Ex aufrechterhalten, dann meist, weil wir glauben, uns so eine Tür offen halten zu können. Weil wir glauben, dass wir unsere Meinung vielleicht ändern könnten. Doch diese Vorstellung ist – wie so viele, die wir hier untersuchen – falsch. Den oder die Ex im Orbit zu haben macht es schwerer, nicht leichter, sich aus der alten Beziehung zu lösen.

Auch dafür gibt es wissenschaftliche Belege. Daniel Gilbert und Jane Ebert, beide Psychologen an der Universität Harvard, haben ein Experiment ersonnen, bei dem Studierende an einem Fotoworkshop teilnehmen.[36] Sie machten auf dem Campus der Universität Fotos und entwickelten ihre Filme mit Unterstützung des Kursleiters. Am Ende des Workshops teilte dieser den Studenten mit, dass die Fotos für eine Kunstausstellung in London gedacht seien. Einer Gruppe von Teilnehmern sagte man, sie müssten noch am gleichen Tag das von ihnen ausgewählte Bild verschicken und könnten ihre Wahl später nicht mehr ändern. Die Kontrollgruppe hingegen erhielt die Mitteilung, dass sie das Foto verschicken sollten, doch man würde sich in wenigen Tagen noch einmal telefonisch bei ihnen melden und fragen, ob sie bei ihrer Auswahl bleiben wollten.

Als der Kursleiter die Teilnehmer der zweiten Gruppe fragte, ob sie ein anderes Bild schicken wollten, entschieden sich nur wenige dafür. Bei der späteren Befragung stellte sich heraus, dass die Gruppe, die ihre Meinung nicht mehr ändern konnte, viel zufriedener mit ihrer Wahl war als die Teilnehmer der Kontrollgruppe. Warum aber waren Letztere weniger zufrieden, obwohl der Großteil bei der ersten Wahl blieb?

Instinktiv ziehen wir reversible Entscheidungen den irreversiblen vor. Doch auf lange Sicht macht uns diese Flexibilität gewöhnlich weniger glücklich. Wir hätten gerne die Möglichkeit, unsere Meinung zu ändern – das neue Telefon zurückzugeben, den Flug umzubuchen, auf eine Einladung mit

»vielleicht« zu antworten. Aber wie die Studierenden, die ihre Bildauswahl ändern konnten, halten wir an einer reversiblen Entscheidung weniger gern fest. Aber genau diese Art der Bindung ist für unser Glück unverzichtbar.

Wie wir bereits gehört haben, startet unser Gehirn den magischen Prozess der Rationalisierung, sobald wir eine unwiderrufliche Entscheidung getroffen haben.[37] Und es überzeugt uns, dass diese Entscheidung gut war. Wir schreiben den Dingen, die wir ausgewählt haben, rückwirkend mehr positive Qualitäten zu, und denen, die wir nicht wollten, mehr negative. Bei den Studierenden, die ihr Foto noch am selben Tag abschickten, ohne die Möglichkeit, später ihre Meinung zu revidieren, setzte der Rationalisierungsprozess sofort ein. Wer hingegen die Möglichkeit hatte, ein anderes Bild zu schicken, plagte sich die ganze Woche lang mit der Qual der Wahl. Das verstärkte letztlich ihre Zweifel, sodass sie, selbst wenn sie beim ursprünglichen Foto blieben, damit nicht so richtig zufrieden waren. Wenn dein Gehirn eine bestimmte Wahl akzeptiert hat und du zu anderen Dingen übergehen kannst, musst du dich eben nicht mehr mit der Entscheidung herumschlagen.

In anderen Worten: Wir wünschen uns zwar Entscheidungen, die wir ändern können, aber unwiderrufliche Entscheidungen schenken uns auf Dauer mehr Zufriedenheit. Wenn du weiter Kontakt zur Ex hältst, weil du sie insgeheim als mögliche Partnerin betrachtest, dann machst du das Ende der Beziehung zu einer *reversiblen* Entscheidung. Aber du kannst das Ganze erst hinter dir lassen, wenn du das Aus als *irreversibel* betrachtest.

Hast du also letzte Nacht einen Blick auf das Datingprofil deines Ex geworfen? Wenn du immer noch auf ihn stehst und dich insgeheim fragst, wie du ihn zurückerobern kannst, dann probiere es mal mit folgenden *7 Schritten, um den/die Ex in eine heiße Kartoffel zu verwandeln* (»Drop It Like It's Hot«).

1. Atme tief durch.
2. Schnapp dir dein Handy.
3. Lösche seine/ihre Nummer.
4. Block ihn/sie. Einfach überall: in den sozialen Medien, in der E-Mail, im Bett und so weiter. Wenn die Mutter oder Schwester zu deinen Fol-

lowern gehören, blocke auch sie. (Das hört sich hart an, aber du schützt damit dein künftiges Selbst gegen Fotos von Mama, die ihren Nachwuchs mit neuer Flamme unterm Mistelzweig postet.)

5. Lösch die Telefonnummer überall. Ich weiß, dass du sie noch irgendwo hast. Ich warte …
6. Wirf dein Handy ins Feuer. (Nein, das war ein Witz. Aber am besten verringerst du die Zeit, die du am Display verbringst, in der ersten Phase der Trennung radikal.)
7. Und vergiss Venmo nicht, die Mobile-Payment-App. Schließlich willst du nicht wissen, dass dein/e Ex dem neuen Schwarm Geld schickt. Wofür? »O Gott, ist das ein Auberginen-Emoji? Mir hat er nie so eins geschickt!!!« All das tut deiner Seele nicht gut.

Vielleicht ist dir das auf den ersten Blick zu viel. Was kann es schon schaden, wenn du hin und wieder auf Instagram oder Facebook guckst, wie es ihm/ihr geht? Aber die Psychologen Tara Marshall und Ashley Mason haben noch mehr Belege gefunden, dass dies schädlich ist. In einem Fachaufsatz schreibt Marshall, dass »der Blick auf den Ex-Partner bei Facebook den Prozess der Heilung behindert«.[38] Mason fand heraus, dass Gespräche mit dem Ex-Partner der seelischen Gesundheit *schaden*.[39]

Und um Gottes willen: Schlaf nicht mit dem/der Ex! Mason schreibt, dass SME (Sex mit Ex) es erschwert, sich aus der alten Beziehung zu lösen. Je mehr du das Leben deines ehemaligen Partners im Internet verfolgst bzw. mit ihm schläfst, desto weniger kommst du über ihn hinweg.

Also tu dir selbst einen Gefallen: Schlag diese Tür ein für alle Mal zu. Hör auf, mit deinem/r Ex zu reden! Mach deine widerrufliche Entscheidung zur unwiderruflichen.

DIE QUINTESSENZ

1. Zögerer schieben das Daten auf, weil sie sich dafür nicht hundertprozentig bereit fühlen. Sie wollen mit ihrem besten Ich antreten. Aber niemand fühlt sich je hundertprozentig bereit für etwas. Irgendwann musst du einfach anfangen.
2. Perfektion ist eine Illusion. Alle anderen sind schließlich auch nicht vollkommen, nicht einmal dein künftiger Partner.
3. Wenn du mit dem Daten wartest, dann verpasst du die Chance, deine Datingskills zu verbessern. Und du kannst nicht herausfinden, mit welchem Typ Mensch du eigentlich zusammen sein möchtest.
4. So kannst du dein Zögern überwinden:
    - Setz dir einen Termin.
    - Bereite dich auf das Dating vor.
    - Erzähl anderen von deinem Plan.
    - Bleib deiner Dateridentität treu.
    - Setz dir kleine Ziele.
    - Hab Mitgefühl mit dir selbst.
    - HÖR AUF, MIT DEM/DER EX ZU REDEN!

6

ENTDECKE DEINEN BINDUNGSSTIL

Und wie du am besten damit umgehst

Ich habe Vivian beim Barre-Work-out kennengelernt. Sie war immer als Erste da und hellauf begeistert. Sie machte schon ihre Microsquats und Poübungen, noch bevor der Kurs losging. Auch ich komme immer ein bisschen vor Kursbeginn ins Fitnessstudio. Was bei mir eher daran liegt, dass ich einen guten Platz ergattern möchte. Wir sahen uns Woche für Woche und gaben uns die größte Mühe, nicht empört dreinzuschauen, wenn unser Kursleiter zu spät kam.

Eines Morgens kamen wir ins Plaudern, und ich erfuhr, wie viel wir tatsächlich gemeinsam hatten. Wir hatten einige gute Freunde, die von der Ostküste kamen. Wir waren im selben Jahr nach San Francisco gezogen. Und wir mochten dasselbe Café in der Nähe des Studios, in das wir nach dem Kurs häufig gingen.

In diesem Café gestand Vivian mir: »Alle Männer, die mir gefallen, mögen mich nicht. Und die Männer, die auf mich stehen, finde ich langweilig.« Wir standen in der Schlange an der Theke. Vivian warf einen schnellen Blick in die Runde, bevor sie fragte: »Was soll ich nur tun? Soll ich meine Ansprüche runterschrauben?«

Die Vorstellung, Abstriche zu machen, gefiel Vivian nicht. Sie war als

Managerin für die Pressearbeit eines großen Konzerns zuständig. Ihr Ressort war das Krisenmanagement. Und gerade in dem Jahr und dem davor hatte es eine ganze Krisenserie gegeben. Man erwartete von ihr, dass sie für alle Schlachten »allzeit bereit« war, für jedes Gerichtsverfahren, für jede Kampagne gegen die Firma. Sie trieb fünfmal die Woche Sport, ernährte sich streng vegan und hatte gerade ihren Segelschein gemacht. Die Frau hatte alles unter Kontrolle. *Ausgenommen* ihr Datingleben.

Vivian wusste, dass ich als Datingcoach arbeitete. Sie hatte mir früher schon das eine oder andere über ihre Dates erzählt, aber nun schüttete sie zum ersten Mal ihr Herz ganz aus.

»Na, dann machen wir mal einen Schritt zurück«, sagte ich. »Wie sieht denn deine Datinghistorie so aus?«

»Kurz gesagt: enttäuschend«, antwortete sie. »Ich hatte mal was mit einem Typen, fast zwei Jahre lang. Ich weiß gar nicht, ob man sagen kann, dass wir miteinander gingen. Er würde das sicher nicht so sehen. Er hatte eine Wohnung im gleichen Haus wie ich. In New York. Wir sahen uns, wenn es ihm gerade reinpasste. Dann war da der Typ aus dem Büro, als ich hierhergezogen bin. Auch er sandte ganz unterschiedliche Botschaften aus. Irgendwann ging das Ganze schließlich auseinander. Seit einiger Zeit bin ich auf Dating-Apps unterwegs. Ich hatte gefühlt eine Million Dates, aber sobald jemand mir sagt, dass er mich toll findet, verliere ich das Interesse. Sag ehrlich: Liegt auf mir ein Fluch? Werde ich alleine sterben?«

Ich lachte. »Nein, du bist toll. Du siehst gut aus und bist interessant. Du weißt sogar, wie man so 'ne Jolle segelt. Aber so wie es aussieht, schaust du dich nach den falschen Dingen um.« Ich versuchte ja, auf dem Teppich zu bleiben, aber ich spürte, wie ich ganz automatisch in den Coachingmodus verfiel. Ich wollte Vivian helfen.

»Die falschen Dinge? Ich habe doch gar nichts darüber gesagt, ob ich große oder kleine Männer mag.«

»Das habe ich auch nicht gemeint«, unterbrach ich sie. »Hast du mal was von der Bindungstheorie gehört?«

CRASHKURS BINDUNGEN

Von allen Erkenntnissen über die Natur von Beziehungen, die ich an meine Klienten weitergebe, überzeugt sie die Bindungstheorie am meisten. Sie erklärt, warum wir uns von einem bestimmten Menschentyp angezogen fühlen, warum Beziehungen in der Vergangenheit nicht funktioniert haben und warum wir bestimmte schlechte Gewohnheiten einfach nicht loswerden.

Sie können Berge von Büchern zur Bindungstheorie lesen. Zum Beispiel von Amir Levine und Rachel Heller *Warum wir uns immer in den Falschen verlieben.*[40] Oder *Halt mich fest* von Sue Johnson.[41] Aber die Bindungstheorie hat sich für meine Klienten, Freunde und mich selbst als derart nützlich erwiesen, dass ich sie hier vorstellen möchte.

Ich habe mit Menschen gearbeitet, die seit Jahren Probleme mit dem Daten hatten, doch nachdem sie die Grundlagen der Bindungstheorie verstanden hatten, konnten sie ihre Herangehensweise ändern. Das ist nicht ganz einfach, aber die Resultate können sich sehen lassen. Ich kenne mehr als nur eine Handvoll Menschen, die ihr Eheglück der Bindungstheorie verdanken. (Verständlicherweise fühle ich mich dieser Theorie sehr verbunden.)

Nachdem wir bestellt hatten, verkrümelten Vivian und ich uns in eine Sofaecke des Cafés, und ich erläuterte ihr, worum es bei der Bindungstheorie geht und warum sie so wichtig ist.

Sie hat ihre Ursprünge in der Arbeit des Entwicklungspsychologen John Bowlby.[42] Er ging von der Annahme aus, dass Kinder eine angeborene Bindung an ihre Mutter haben. Später untersuchte die Psychologin Mary Ainsworth, wie das Bindungsverhalten von Kindern sich in einem mittlerweile berühmt gewordenen Setting, das man *Fremde Situation* nennt, verändert. Sie bat Mütter und ihre (zwischen zwölf und 18 Monate alten) Kinder ins Labor, um sie in verschiedenen Szenarien beobachten zu können.

Zuerst kamen Mutter und Kind in einen Raum voller Spielsachen. Das Baby fühlte sich sicher und wandte sich den Spielsachen zu bzw. erkundete den Raum, weil die Mutter eine sichere Basis bot. Sie konnte dem Kind helfen, wenn das nötig sein sollte. Dann musste die Mutter den Raum verlassen. Der Laborassistent beobachtete weiterhin das Verhalten des Kindes, als die Mutter fort war bzw. als sie wenige Minuten später zurückkam.

In dem Experiment ging es darum, das Vertrauen des Kindes zu testen, dass seine Bedürfnisse Erfüllung finden würden, auch wenn die »sichere Basis« kurzfristig abwesend war.

Manche Kinder zeigten klare Anzeichen von Stress, sobald die Mutter nicht mehr in Sichtweite war. Als sie zurückkehrte, beruhigten sie sich schnell und hörten auf, zu weinen. Dann aber stießen sie die Mutter fort und fingen wieder an, zu weinen. Ainsworth nannte dies *ängstliche* Bindung.

Andere Kinder weinten, wenn die Mutter fortging, hörten aber sofort auf, wenn sie zurück war, und fingen auch gleich wieder an, zu spielen. Das waren die Kinder mit einer *sicheren* Bindung.

Eine dritte Gruppe reagierte gar nicht, wenn die Mutter den Raum verließ. Auch nicht, wenn sie zurückkam. Sie taten so, als fänden sie die Situation nicht bedrohlich, aber die Forscher merkten an der erhöhten Herzfrequenz und den Stresshormonen, dass diese Kinder genauso verstört waren wie diejenigen, die weinten. Dies waren Kinder mit einem *vermeidenden* Bindungsverhalten.

Ainsworth und ihr Team schlossen daraus, dass wir alle das gleiche Bedürfnis nach Bindung und Aufmerksamkeit haben, aber unterschiedliche Bindungsstrategien entwickeln, die von unseren Bezugspersonen abhängen.

Jahre später fanden Wissenschaftler heraus, dass auch Erwachsene diese Bindungsstile zeigen. Sie bestimmen, von wem wir uns angezogen fühlen, wie wir auf diese Menschen zugehen und warum so viele unserer Beziehungen scheitern. Aber du solltest jetzt nicht deiner Mutter die Schuld an deinen Beziehungsproblemen geben. Die Beziehung zu unseren Eltern ist nur einer der Faktoren, die unser Bindungsverhalten als Erwachsene prägen.

»Und wo gehöre ich dann hin?«, fragte Vivian.

»Nun, vielleicht in die Gruppe der ängstlich gebundenen Kinder, die weinen, wenn die Mutter fortgeht, aber auch weinen, wenn sie zurückkommt? Kinder von diesem Typus haben Angst, dass ihre Bedürfnisse nicht erfüllt werden. Daher reagieren sie mit Wut und Enttäuschung. Später als Erwachsene haben sie Angst, verlassen zu werden, und brauchen daher ständig Kontakt zum Partner.«

»Ja, das bin ich voll und ganz.«

Ich lächelte Vivian zu: Sie hatte mir sieben SMS geschickt, als ich letzte Woche nicht zum Kurs erschienen war.

Bei Menschen des ängstlichen oder unsicheren Bindungsstils sendet das Gehirn zahlreiche »Aktivierungssignale« für Strategien, wie sich Nähe wiederherstellen lässt. Entweder denken sie ständig an ihren Partner. Oder sie zählen sich auf, wie viele gute Eigenschaften ihr Partner hat, während sie die eigenen zu gering veranschlagen. Dieser »Befund« löst dann Panik aus. Und wenn sie nicht sofort von ihrem Partner Rückmeldung bekommen, glauben sie, verlassen worden zu sein. Sie können ihre Ängste nur besänftigen, wenn sie aktiv mit dem Partner kommunizieren. Dieses Muster führt dazu, dass sie sich zu schnell auf Beziehungen einlassen bzw. in Beziehungen verharren, obwohl diese schon längst nicht mehr als solche bezeichnet werden können. Sie haben Angst vor dem Alleinsein und glauben, dass sie nur diese eine Chance auf die Liebe haben.

»Menschen mit ängstlichem Bindungsverhalten«, sagte ich, »und ich zeige dabei nicht mit dem Finger auf dich, legen mitunter auch Protestverhalten an den Tag.«

Der ängstliche Bindungstyp wird oft wütend, um vom Partner Aufmerksamkeit zu bekommen. Vielleicht rufen sie ihn ununterbrochen an oder schicken unzählige Textnachrichten. Sie drohen, Schluss zu machen, damit der andere eifersüchtig wird. Oder sie ziehen sich zurück und ignorieren Telefonanrufe, um ihre Haltung zu unterstreichen.

Und was ist mit den Kindern mit vermeidendem Bindungsverhalten, die völlig desinteressiert reagieren, wenn ihre Mütter in den Raum zurückkommen, obwohl sie sich aufgeregt haben? Sie haben das Gefühl, sich auf ihre Bezugsperson nicht verlassen zu können, da diese nicht all ihre Bedürfnisse erfüllt. Sie wachsen zu Erwachsenen mit vermeidendem Bindungsstil heran: Sie versuchen, den Schmerz der Zurückweisung abzufedern, indem sie so tun, als wären sie an keiner Bindung interessiert. Sie glauben nicht, dass sie sich darauf verlassen können, dass andere ihre emotionalen Bedürfnisse erfüllen. Daher vermeiden sie zu große Nähe zu einem anderen Menschen. Wenn die Nähe zu groß wird, dann versuchen sie, sich vom anderen zu lösen. Dies nennt man *Deaktivierungsstrategie.* Wenn dir jemand erklärt, er sei »nicht bereit für eine Beziehung« oder er »brauche mehr Raum« oder »Mein Job verlangt mir alles ab, ich kann jetzt einfach nicht mit dir gehen«, dann weißt du, dass du einem Menschen mit vermeidendem Bindungsstil gegenüberstehst.

Dieser Bindungstyp führt sich immer wieder die Fehler des Partners vor Augen. Sie liefern den Vorwand, um sich aus der Beziehung zurückzuziehen und die eigene Unabhängigkeit zurückzugewinnen. Solche Menschen ergehen sich in Fantasien, dass sie als Single oder mit einem anderen Partner viel glücklicher wären.

Als ich den vermeidenden Bindungsstil schilderte, meinte Vivian: »Das klingt exakt nach den Typen, mit denen ich immer zusammen war.«

»Aber sei nicht zu hart zu dir«, entgegnete ich. Dieses Muster ist tatsächlich sehr verbreitet. Man nennt das die »ängstlich-vermeidende Rückkopplungsschleife«. Menschen mit ängstlichem Bindungsstil erwarten, dass der oder die Geliebte sich zurückzieht und dass sie dieser Person hinterherlaufen müssen. Wie es mit Vivians Ex war, der im gleichen Haus lebte wie sie.

»Es war einfach immer unglaublich spannend«, erzählte Vivian. »Ich habe mich dauernd gefragt: ›Ruft er mich zurück? Werden wir uns dieses Wochenende sehen?‹« Die Möglichkeit der Zurückweisung machte sie nervös, und Vivian verwechselte dieses Gefühl mit dem verliebten Flattern im Bauch, das sich intensivierte, wenn der Mann sich zurückzog.

Dieser Mann mit dem vermeidenden Bindungsstil erlebte die Situation vermutlich vollkommen anders. »Vermeider« haben Angst, ihre Unabhängigkeit zu verlieren. Wenn Vivian mehr Nähe suchte, verstärkte sie damit wohl sein ungesundes Beziehungsbild, was dazu führte, dass er sich noch mehr zurückzog.

»Wenn man das so sieht«, erklärte ich, »wird deutlicher, wie die ängstlich-vermeidende Rückkopplungsschleife funktioniert. Menschen mit vermeidendem Bindungsstil sind so gut darin, sich ihren Partner vom Leib zu halten, dass sie nur dann in einer echten Beziehung landen, wenn der andere besonders hartnäckig ist.«

»Und das bin ich absolut«, meinte Vivian.

Der Kellner kam und brachte uns Nachschub. Vivian sah nachdenklich aus dem Fenster. Ihr Blick fiel auf ein Paar, das vor dem Café auf einer

Parkbank saß. »Und was ist mit den Kindern, die aufhörten, zu weinen, als ihre Mutter zurückkam?«

»Das sind Kinder mit sicherem Bindungsverhalten. Sie vertrauen darauf, dass ihre Mutter ihre Bedürfnisse erfüllt. Menschen mit sicherem Bindungsstil sind die idealen Partner. Sie sind verlässlich und vertrauenswürdig. Normalerweise vermeiden sie Dramen, und falls es doch einmal dazu kommt, steuern sie gegen, bevor sich das Ganze zur Katastrophe auswächst. Sie sind flexibel, können verzeihen und haben eine gute Kommunikation. Ihr Verhalten gibt keine Rätsel auf. Sie setzen gesunde Grenzen und haben kein Problem mit Nähe. Dieser Bindungstyp sagt von sich gewöhnlich, in Beziehungen zufriedener zu sein als Menschen mit ängstlichem oder vermeidendem Bindungsverhalten.«

»Ich glaube, einen solchen Partner hatte ich noch nie«, überlegte Vivian. »Die bilden wahrscheinlich höchstens ein Prozent der Bevölkerung, oder?«

In Wirklichkeit pflegen etwa 50 Prozent der Menschen einen sicheren Bindungsstil, 20 Prozent gehören zum ängstlichen und 25 Prozent zum vermeidenden Typ. Der Rest fällt in eine Kategorie, die man »ängstlich-vermeidend« nennt. Das scheint zunächst mal eine gute Nachricht zu sein. Doch während der sichere Bindungstyp gut 50 Prozent der Bevölkerung ausmacht, ist er unter Singles eher selten. Weil Menschen mit sicherem Bindungsstil schnell Beziehungen eingehen und sie auch aufrechterhalten können. Daher finden sich im Datingpool eher ängstliche und vermeidende Bindungstypen.

Als ich das Vivian erklärte, seufzte sie. »Ich gebe auf«, meinte sie und leerte ihren Smoothie.

Sagte sie, tat sie aber nicht.

Übung: Welcher Bindungstyp bist du?

Wenn du nun wissen möchtest, zu welchem Typ du gehörst, dann beantworte diese Fragen:

1. Wie gut kannst du mit Nähe und Intimität umgehen? Oder neigst du eher dazu, Nähe zu vermeiden?
2. Fragst du dich ständig, ob dein Partner dich wirklich liebt und an dir noch interessiert ist? Machst du dir ständig Sorgen um die Beziehung?

Du gehörst vermutlich zum ängstlichen Bindungstyp, wenn du dich zwar nach Nähe sehnst, aber unsicher bist, ob deine Beziehung eine Zukunft hat und dein Partner an dir noch interessiert ist. Zum vermeidenden Bindungstyp zählst du, wenn du dich bei Nähe zunehmend unwohl fühlst und Freiheit dir wichtiger ist als Bindung. Einen sicheren Bindungsstil pflegst du, wenn du Nähe schätzt, aber auch mal alleine sein kannst und dir nicht ständig Sorgen über die Beziehung machst.

Wenn du mehr wissen möchtest, kannst du (in englischer Sprache) den Fragebogen auf meiner Webseite loganury.com ausfüllen.

SUCH DIR EINEN ZUVERLÄSSIGEN PARTNER

Ihrem resignierten Fazit zum Trotz bemühte sich Vivian in den kommenden Monaten, anders ans Daten heranzugehen. Sie sah sich nach sicheren Partnern um. Das nahm einige Zeit in Anspruch. Sie ging ständig mit Männern aus, die sie »langweilig« fand. Wenn ich nachhakte, stellte sich gewöhnlich heraus, dass der Mann einfach nett zu ihr gewesen war. Ein Beispiel: Sie erzählte einem Mann beim zweiten Date, dass sie in der kommenden Woche nach Seattle fliegen würde. Daraufhin schickte er ihr eine Liste mit Restauranttipps. Als sie mir die Geschichte erzählte, schloss sie mit: »Den will ich garantiert nicht mehr wiedersehen.«

»Wieso das denn?«, fragte ich.

»Er mag mich viel zu sehr. Das ist armselig.«

Ich tat mein Bestes, um ihr zu einem anderen Blick zu verhelfen. Der Mann hatte ihr die Liste geschickt, weil er sie mochte. Das war ein sicheres Signal, kein armseliges. Wir arbeiteten schließlich daran, sie aus der ängstlich-vermeidenden Rückkopplungsschleife herauszuholen.

Wenn du mit Vivians Geschichte etwas anfangen kannst und glaubst, dass auch du zum *ängstlichen Bindungstyp* gehörst, dann ist das nun auch deine Aufgabe. Der verkehrte Schluss wäre allerdings der, dass *jeder* Partner, den du langweilig findest, eine sichere Wahl ist. Vielleicht ist er/sie ja wirklich einfach nur spießig. Aber es ist an der Zeit, dass du die Jagd nach Phantomen aufgibst. Und genau das war Vivians Aufgabe: Versuche, sichere Partner zu daten. Die dir tatsächlich eine SMS schicken, wenn sie sagen, dass sie das tun. Die sagen, was sie denken. Die keine Spielchen spielen und keine Dramen inszenieren oder sie zumindest entschärfen.

Das eben Gesagte gilt auch für euch, liebe Leserinnen und Leser mit vermeidendem Bindungsstil. Sucht euch einen sicheren Partner!

SELBSTREGULIERUNG

Gleichzeitig kannst du daran arbeiten, selbst ein sicherer Partner zu werden. Im Allgemeinen bleiben Bindungsstile ein Leben lang bestehen. Doch gut ein Viertel aller Menschen kann ihn über einen Zeitraum von vier Jahren verändern. Das erfordert eine gewisse Anstrengung, aber es ist machbar.

Vivian jedenfalls war fest entschlossen, ihren Bindungsstil zu ändern. Das hieß, dass sie lernen musste, sich *selbst zu regulieren*, mit schädlichen Impulsen und Emotionen umzugehen. Sie übte sich darin, nicht mit Panik zu reagieren, wenn sie nicht sofort Antwort auf eine SMS oder einen Anruf bekam. Sie lernte, in solchen Momenten ihre Ängste in den Griff zu bekommen, indem sie entweder spazieren ging oder eine Freundin anrief.

(Beides sinnvollere Alternativen als 14 SMS an den Mann zu schicken, den sie am Tag zuvor im Aufzug kennengelernt hatte.)

Und für meine vermeidenden Leser: Achte auf deine Gefühle, wenn du spürst, dass du dich zurückziehen willst. Lerne, um mehr Raum zu *bitten,* statt einfach *darin* abzutauchen. Wenn du merkst, dass du nur noch auf die Fehler deines Partners schaust, versuche es mal andersherum: Mach dir bewusst, welche positiven Eigenschaften er/sie hat. Vergiss nicht: Niemand ist vollkommen, und wenn du Schluss machst, wirst du nur auf die nächste unvollkommene Person treffen.

Den eigenen Bindungsstil ohne Hilfe zu ändern ist schwierig. Es gibt so viele unbewusste Gründe, dass wir so sind, wie wir sind. Gerade wenn du deine Vergangenheit unter die Lupe nimmst, kommen häufig unerwartete oder schwierige Fragen auf. Wie hat sich die Beziehung zur Mutter auf unseren Bindungsstil ausgewirkt? Wenn wir nun eine sichere Bindung an den Partner anstreben, heißt das dann, dass wir die Mutter verraten oder verlassen? Möglicherweise hat gerade der Mensch, dessen Hilfe du am nötigsten gebraucht hättest, dich nicht ausreichend unterstützt. Viele Menschen finden es hilfreich, über solche Fragen mit einem Therapeuten zu reden.

Vivian und ich sprachen nach jeder Kursstunde über ihr Liebesleben. Sie hörte bald auf, Männer »langweilig« zu nennen, wenn sie Interesse an ihr bekundeten. Sie war ganz stolz, als sie es geschafft hatte, einen »Vermeider« wieder loszuwerden. Und was geschah dann? Nach ungefähr sechs Monaten lernte sie einen gut aussehenden Mann kennen, der gerade aus Houston nach San Francisco gezogen war. Nach ihrem ersten Date an einem Freitagabend rief er sie an und sagte: »Ich mag dich ehrlich. Ich würde dich morgen gerne wiedersehen.« Statt dies als »armselig« einzustufen, ging Vivian diesmal mit dem Mann am nächsten Tag frühstücken, so wie er das vorgeschlagen hatte. Das Frühstück wurde zum Spaziergang. Der Spaziergang wurde zum Treffen mit Vivians Freunden in einem Bräuhaus. Von dem die beiden dann ein wenig angetrunken im Taxi zu ihm nach Hause fuhren. Wo sie dann am nächsten Morgen lange schliefen. Zwei Jahre später kuscheln sie sich immer noch aneinander.

DIE QUINTESSENZ

1. **Die Bindungstheorie ist ein gut untersuchtes Schema, um Beziehungen besser zu verstehen.** Sie erklärt, warum du dich von bestimmten Menschen angezogen fühlst, warum Beziehungen in der Vergangenheit nicht funktioniert haben und warum du in negativen Verhaltensmustern feststeckst.

2. Du gehörst zum **ängstlichen** Bindungstyp, wenn du Nähe ersehnst, aber unsicher bist, ob deine Beziehung Zukunft hat oder dein Partner sich für dich interessiert. Ein *vermeidender* Bindungstyp bist du, wenn du dich mit Nähe unwohl fühlst und deine Unabhängigkeit dir wichtiger ist als die Beziehung. Einen *sicheren* Bindungsstil hast du, wenn du Nähe schätzt, aber auch gerne mal allein bist und klare Grenzen ziehen kannst.

3. **Menschen vom sicheren Bindungstyp stellen etwa 50 Prozent der Bevölkerung, sind aber im Datingpool unterrepräsentiert.** Dieser Typ bindet sich leicht und bleibt auch gebunden. *Ängstliche oder vermeidende Bindungstypen hingegen daten sich häufig gegenseitig und verstärken so ihre schlimmsten Tendenzen.*

4. Wenn du zum ängstlichen oder vermeidenden Bindungstyp gehörst, **kannst du deine Beziehungen verbessern, indem du dir einen sicheren Partner suchst und lernst, dich selbst zu regulieren, d. h. deine negativen Impulse und Emotionen in den Griff zu bekommen.**

7

KONZENTRIERE DICH AUF DAS, WAS WIRKLICH ZÄHLT

Wie du einen Lebenspartner findest, kein Date für den Abschlussball

Brian sah aus wie der schnuckligere Bruder von Keanu Reeves.

Wir lernten uns beim Burning-Man-Festival kennen, bei dem Kunst und Party sich die Waage halten. Am ersten Abend kam er, ganz in weißes Leinen gehüllt und mit einer Staubbrille um den Hals, auf mich zu und flüsterte: »Kann ich dich küssen?« Ich nickte und rückte den cremefarbenen Webpelzhut zurück, den ich zu meinem gefleckten Body trug, um meinen Schneeleoparden-Look zu vervollständigen. Wir küssten uns zur Musik, die Paul Oakenfold auflegte. Um uns herum tanzten Tausende Burner. Als der Beat langsamer wurde, johlten alle, und wir küssten uns noch inniger.

Später gab uns ein Fremder im Zaubererkostüm ein Polaroidfoto von diesem Kuss mit den Worten: »Ihr habt einfach so verliebt ausgesehen.« Und ich war mir sicher, dass wir das waren. Ich war von Brian hin und weg und verliebte mich bis über beide Ohren vor der Kulisse der Mondlandschaft in der Wüste Nevadas.

Zurück in San Francisco, war mein Interesse an Brian nicht erloschen. Eines Abends saßen wir auf einer Bank vor der Google-Zentrale, in der wir beide arbeiteten, und tauschten Geschichten über die »Dekompression«

aus, die Erfahrung, nach dem Burning-Man-Festival wieder ins normale Leben einzutauchen. Brian trug keinen weißen Leinenanzug mehr, sondern Jeans und T-Shirt.

An einem Kiosk holten wir ein paar Bier und nahmen dann den Google-Shuttlebus zurück nach San Francisco. Ich lächelte selig, als ich mich auf den Sitz neben ihm fallen ließ. Wir hörten Musik und teilten uns die Air-Pods. Der linke saß in seinem Ohr, der rechte in meinem. Und Brian wählte *The Trapeze Swinger* von *Iron & Wine*. Ich schloss die Augen und dachte zurück an diesen unfassbar glücklichen Moment, als wir zusammen in der Wüste tanzten. »So fühlt sich also Liebe an«, dachte ich.

Brian war heiß, spontan und wahnsinnig witzig. Aber auch durch und durch unzuverlässig. Ich wusste nie, ob er mir antworten würde, wenn ich ihm eine Textnachricht schickte. Oder tatsächlich auch auftauchen würde, wenn wir ein Treffen ausgemacht hatten. Er wusste, wie verrückt ich nach ihm war. Er tat an einem Tag total interessiert, am nächsten hielt er mich auf Distanz. Und bestimmte Fragen stellte ich mir erst gar nicht: »Ist er gütig und rücksichtsvoll?« Oder: »Vertraue ich seinem Urteil?« Und: »Würde er daran denken, die Kinder zum Zahnarzt zu bringen?« (Wohl eher nicht, legte man seine Einstellung zum Zahnarzt zugrunde.)

Aus der Rückschau frage ich mich, warum ich, die einen Partner für eine langfristige Beziehung suchte, so verzweifelt versucht habe, Brian zu einer Langzeitbeziehung zu bewegen. Warum verknallte ich mich immer wieder in Typen wie ihn? Die Art Beziehung, die ich mir wünschte, blieb so in weiter Ferne. Statt beim Daten nach zuverlässigen Partnern Ausschau zu halten, suchte ich nur nach dem kurzfristigen Kick.

HEISSES DATE VERSUS PARTNER FÜRS LEBEN

Vielen von uns fällt es schwer, sinnvolle Zukunftsentscheidungen umzusetzen – nicht nur in puncto Dating. Zum Beispiel, wenn wir Hausarbeit aufschieben (obwohl wir wissen, dass wir sie schließlich doch erledigen müssen), wenn wir nicht zum Sport gehen (obwohl wir wissen, dass Fitness unsere Lebenserwartung erhöht) und wenn wir zu viel Geld ausgeben (wohl wissend, dass wir es sparen sollten). In diesen Momenten werden wir zum Opfer des sogenannten *Present Bias*, der Tendenz, die gegenwärtige Situation stärker zu gewichten als zukünftige Umstände.[43]

Viele von uns daten nicht mit Blick auf eine langfristige Beziehung. Ich jedenfalls tat das nicht, als ich mit Brian ausging. Ich nenne es »das heiße Date für den Abschlussball«. Und was ist nun ein heißes Date für den Abschlussball? Jemand, der auf Fotos umwerfend aussieht, mit dem du eine Nacht lang Spaß hast und bei Freunden richtig cool rüberkommst. Bei den meisten von uns liegt die Highschoolzeit schon länger als zehn Jahre zurück, und doch folgen wir beim Daten immer noch den gleichen Auswahlkriterien wie damals beim Abschlussball. Aber hättest du dein heißes Date von damals denn wirklich heiraten wollen? Würde dieser Typ sich denn um deine alternden Eltern kümmern? Oder mit dir zur Lehrersprechstunde deiner Tochter gehen? Oder dich gesund pflegen, wenn dich Montezumas Rache trifft?

Natürlich stellt man sich diese Fragen nicht gleich beim ersten Rendezvous. Die Antworten darauf haben wenig damit zu tun, ob du die Frau unbedingt küssen oder wieder mit ihr ausgehen möchtest. (Wer will schon beim ersten Date an Durchfall denken?!) Aber wenn du dich nach einer langfristigen Beziehung umschaust, dann brauchst du einen Partner, der in guten *und* in schlechten Tagen für dich da ist. Auf den du dich verlassen kannst. Mit dem du deine Entscheidungen treffen kannst. Den *Lebenspartner*.

Die großartige Paartherapeutin Esther Perel zählt zu meinen Mentorinnen. Sie hat mir den Unterschied zwischen einer *Liebesgeschichte* und einer *Lebensgeschichte* klargemacht. Es gibt viele Kandidaten für ein Schäferstündchen, aber nur wenige, mit denen man sich ein gemeinsames Leben aufbauen könnte. Wenn du darüber nachdenkst, wem du dein Jawort geben sollst, dann – so Esther – solltest du dich nicht fragen: »Wie würde die Liebesgeschichte mit dieser Person aussehen?« Sondern: »Kann ich mir ein Leben mit ihm oder ihr vorstellen?«[44] Das ist der grundlegende Unterschied.

Viele von uns verknallen sich in der Pubertät in das heiße Date für den Abschlussball. Ist doch klar! Als Teenager überlegt man eher, mit wem man knutschen möchte, und nicht, mit wem man ein Kind haben will.

Aber du bist eben nicht mehr 15. Wenn du tatsächlich eine langfristige Beziehung mit einem verlässlichen Partner eingehen möchtest, musst du aufhören, dich nach heißen Dates umzusehen, und dir stattdessen Gedanken machen, wie dein Lebenspartner aussehen sollte.

WANN DU DAS HEISSE DATE IN DIE WÜSTE SCHICKEN SOLLTEST

Wann wird es Zeit für diesen Kurswechsel? Auf diese Frage gibt es keine allgemeingültige Antwort. In einem Gespräch mit dem Verhaltensökonomen Dan Ariely haben wir eine Faustregel für Menschen mit Kinderwunsch entwickelt: Du solltest deine Erwartungen an deinen Partner ungefähr sechs bis acht Jahre, bevor du Kinder haben möchtest, ändern.[45] Das ist nun allerdings kein wissenschaftlich untermauertes Datum, sondern ein ungefährer zeitlicher Rahmen, wann diese Entscheidung fallen sollte.

Ich denke, dass viele meiner Leser – wie auch meine Klienten – sich bereits in diesem Zeitrahmen bewegen. Ich möchte dir keinen Druck machen, sondern dich nur ermuntern, dich und deine Wünsche ernst zu nehmen und mit jemandem auszugehen, den du dir als ernsthaften Partner vorstellen kannst.

Sei ehrlich zu dir selbst. Neigst du zu heißen Dates? Eine Klientin erzählte mir einmal, sie habe sich mehrmals mit einem Mann getroffen, der alleine lebte. Als sie ihn zu Hause besuchte, musste sie das Badezimmer aufsuchen. Wo sie Barthaarschnipsel im Waschbecken und einen überquellenden Abfalleimer erblickte, Toilettenpapier aber fehlte. Diese Frau ist beruflich erfolgreich und talentiert. Sie ist 34 und sagte mir, sie wolle »viele Kinder« haben. Ich will ja nicht behaupten, dass ein Typ mit unordentlichem Badezimmer keinen guten Ehemann und Vater abgeben würde. Aber wenn sie 34 ist und einer halben Fußballmannschaft das Leben schenken möchte, dann muss sie langsam loslegen. Und wer lässt sich wohl eher auf das Projekt »Familie« ein: ein Typ mit sauberem Badezimmer oder einer, der sich immer noch so verhält, als lebe er im Studentenwohnheim? Ich riet ihr, ihrem heißen Date Lebewohl zu sagen und ihre Energie auf die Suche nach einem Lebenspartner zu konzentrieren.

Um den zu finden, solltest du aber als Erstes deine Vorurteile erkennen und bewusst daran arbeiten.

NICHT ALLES, WORAUF WIR AM MEISTEN WERT LEGEN, IST WICHTIG

Ich biete nicht nur Datecoaching an, sondern bringe meine Klienten auch in Kontakt mit potenziellen Partnern. Ich habe damit angefangen, als ich merkte, dass viele meiner Freunde und Klienten mit Dating-Apps so ihre Probleme hatten. Ich treffe mich mit Dutzenden Leuten, um zu erfahren, was sie in einer Partnerschaft suchen. Hunderte haben den Fragebogen auf meiner Seite »Logan's List« ausgefüllt. So verstand ich besser, was *nach Ansicht der Befragten* bei einem ernsthaften Partner am wichtigsten ist. Und konnte es damit vergleichen, was die Wissenschaft uns über die *tatsächliche* Bedeutung bestimmter Eigenschaften für langfristige Beziehungen sagt.

Viele dieser Erkenntnisse verdanken wir John Gottman.[46] Er hat fast vier Jahrzehnte damit zugebracht, Liebesbeziehungen unter die wissenschaftliche Lupe zu nehmen. Jahrelang haben er und sein Kollege Robert Levenson Paare in ein Beobachtungslabor eingeladen. In diesem »Love Lab«, wie es von den Medien genannt wurde, zeichneten die Forscher deren Beziehungsgespräche auf. Man bat die Paare, zu erzählen, wie sie sich kennengelernt hatten bzw. wie ein kürzlich stattgefundener Streit verlaufen war. Gottman ließ Paare ein Wochenende in einer Wohnung verbringen, die mit Kameras gespickt war, um herauszufinden, wie sie im Alltag miteinander umgingen.

Jahre nach diesem Experiment befragte Gottman die Paare dann nochmals, um zu erfahren, wie es mittlerweile um die Beziehung stand. Die damals aufgenommenen Paare teilte er in zwei Kategorien ein: Die »Meister« waren immer noch glücklich verheiratet, die »Katastrophen« hingegen führten eine unglückliche Ehe oder hatten sich getrennt. Anschließend analysierte Gottman noch einmal die Aufnahmen von damals, weil er herausfinden wollte, welche Verhaltensmuster beiden Gruppen eigen waren.

Gottmans Erkenntnisse und auch die anderer Beziehungsforscher liefern eindeutige Merkmale, anhand derer sich eine erfolgreiche Langfristbeziehung vorhersagen lässt. Seine wissenschaftliche Arbeit gibt uns klare Kriterien dafür, was einen guten Lebenspartner ausmacht. Nun sind es aber nicht diese Eigenschaften, an denen meine Klienten für gewöhnlich interessiert sind. Sie konzentrieren sich vielmehr auf kurzfristige Anziehung oder die Aspekte, die ein Date zu einem heißen Date machen.

WAS WENIGER WICHTIG IST, ALS WIR GLAUBEN

Wir unterschätzen nämlich nicht nur die Qualitäten, die für langfristige Beziehungen erforderlich sind, wir legen auch zu viel Wert auf völlig unbedeutende Eigenschaften. Grund dafür ist ein Fehlschluss, den man *Fokussierungsillusion* nennt: unsere Neigung, die Bedeutung einiger Faktoren überzubewerten, wenn wir bestimmte Ergebnisse, wie zum Beispiel ein glückliches Leben, anvisieren.[47]

Die Verhaltensökonomen Daniel Kahneman und David Schkade haben dieses Phänomen untersucht. Sie fragten Studenten aus Michigan und Ohio – wo es häufig kalt ist –, wo sie glücklicher wären: im Mittleren Westen oder in Kalifornien. Dann stellten sie kalifornischen Studenten genau die gleiche Frage.

Beide Gruppen gaben an, sie wären in Kalifornien glücklicher. Doch die allgemeine Zufriedenheit mit dem eigenen Leben war bei den Kaliforniern kaum höher als bei den Leuten aus dem Mittleren Westen.

Es stellte sich heraus, dass beide Gruppen überschätzten, welche Auswirkungen das warme Klima auf die tägliche Zufriedenheit hat. Das lag daran, dass das Klima ein »gut beobachtbarer und markanter« Unterschied zwischen den beiden Orten ist. Die Studenten ignorierten alle anderen Faktoren, die zum Glück beitragen und die auf beide Gruppen gleichermaßen zutrafen: Sorgen über Noten, der soziale Status, Familienprobleme, Geld, Karriereaussichten und dergleichen Dinge mehr. All das bleibt ja gleich, ganz egal, wie gut das Wetter ist. Doch als man die beiden Gruppen bat, das Leben an beiden Orten miteinander zu vergleichen, konzentrierten die

Studenten sich auf das Wetter – weil danach gefragt wurde – und überschätzten so dessen tatsächliche Bedeutung.

Kahnemann fasst seine Resultate wie folgt zusammen: »Nichts im Leben ist so wichtig, wie Sie denken, während Sie darüber nachdenken.« Allein über etwas nachzudenken, lässt Unterschiede deutlicher hervortreten.

Wir fallen auch dann auf die Fokussierungsillusion herein, wenn wir nach einem potenziellen Partner suchen. Bringe ich Klienten mit möglichen Partnern zusammen, nennen sie im Fragebogen oft Dinge wie: »Ich brauche unbedingt jemanden, der gut tanzen kann.« Sie konzentrieren sich auf die Tatsache, dass sie selbst gerne tanzen. Die Fokussierungsillusion sorgt dafür, dass sie die Bedeutung dieser Tatsache überschätzen, nur weil sie darüber *nachdenken*. Die Wahrheit ist: Selbst wenn sie gelegentlich bei der Salsa-Night das T-Shirt durchschwitzen, ist es doch unwahrscheinlich, dass sie pro Monat mehr als ein paar Stunden auf dem Tanzboden verbringen. Dennoch konzentrieren sie sich bei der Partnersuche auf solch unbedeutende Details und ignorieren weit wichtigere Aspekte, die für eine gute und dauerhafte Beziehung wichtig sind. (Dazu gleich mehr.)

Dasselbe gilt für Kriterien wie Geld, Aussehen und so weiter. Tatsächlich zählen diese Aspekte weniger, als wir glauben.

1. Geld

Versteh mich nicht falsch, Geld ist wichtig. Leben Paare unter der Armutsschwelle und schaffen es finanziell kaum bis zum Monatsende, leidet auch ihre Ehe darunter. Psychologen von der Texas Tech University untersuchten Paare, die eine Therapie machten, und fanden heraus, dass solche mit geringem Einkommen auch mit ihrer Beziehung unzufriedener waren als Paare mit mittlerem Verdienst.[48] Paare mit geringem Einkommen setzten den Grad ihrer Zufriedenheit genauso niedrig an wie geschiedene Paare im Monat vor der Scheidung.

Es ist kein Geheimnis, dass finanzielle Probleme Beziehungsstress verursachen.[49] Tatsächlich gehören sie zu den häufigsten Scheidungsgründen. Wenn du genug finanzielle Ressourcen hast, stehst du auch nicht ständig vor schwierigen Entscheidungen, zum Beispiel, ob du lieber deiner Ältesten eine Zahnspange machen lässt oder für den Jüngsten Mathe-Nachhilfe bezahlst. Die Forscher von der Harvard Business School haben herausgefunden, dass Paare, die zeitintensive Hausarbeiten wie Kochen oder Saubermachen outsourcen können, ihre Beziehung als zufriedenstellender beurteilen, weil sie mehr Qualitätszeit miteinander verbringen können.[50]

Das soll nun nicht heißen, dass du dich für den Partner mit der meisten Kohle entscheiden sollst. Es ist schwierig, genau anzugeben, ab welchem Zeitpunkt mehr Geld die Zufriedenheit nicht weiter steigert. Gleichwohl haben die Verhaltensökonomen Daniel Kahneman und Angus Deaton herausgefunden, dass das *emotionale Wohlbefinden* (Ökonomensprache für »Glück«) nicht weiter steigt, wenn das Salär über 75 000 Dollar pro Jahr liegt.[51]

Andere wissenschaftliche Untersuchungen haben ergeben, dass das Ausmaß, in dem Geld dich glücklicher macht, letztlich davon abhängt, wie reich die Menschen in deiner Umgebung sind.[52] Anders ausgedrückt: Es kommt nicht unbedingt darauf an, wie groß dein Haus real ist. Vielmehr zählt, wie groß dein Haus *im Vergleich* zum Nachbarhaus ist.

Das liegt daran, dass wir uns an unsere Lebensumstände gewöhnen. Den Prozess der *Adaptation* – in dem sich Menschen an ihre Umwelt anpassen – lassen wir meist außer Acht. Ganz egal, wie wunderbar uns etwas vorkommen mag, der Neuigkeitswert nimmt mit der Zeit ab und damit auch unsere Aufmerksamkeit. Da wir diesem Gegenstand keine Aufmerksamkeit mehr schenken, macht er uns auch nicht mehr so glücklich oder unglücklich wie damals, als wir uns ganz darauf fokussierten. Das erklärt auch die Ergebnisse einer 1978 durchgeführten Studie des Psychologen Philip Brickman: Er und sein Team befragten Lotteriegewinner ein Jahr nach ihrem Gewinn.[53] Tatsächlich sind Lotteriegewinner auf Dauer weniger glücklich, als man meinen möchte. Tatsächlich sind sie ungefähr genauso glücklich wie Nicht-Lotteriegewinner, ja, sie haben sogar mehr Schwierigkeiten, die kleinen Freuden des Lebens zu genießen als Menschen, die noch nie etwas gewonnen haben. Die Lotteriegewinner haben sich an ihre Lebensumstände *adaptiert,* und ihr Reichtum wirkt sich weniger stark auf ihre Lebenszufriedenheit aus als gedacht.

Extra-Tipp fürs Dating

Wenn wir eine Entscheidung treffen, konzentrieren wir uns gewöhnlich auf den unmittelbaren Gewinn oder Verlust, den sie uns bringt. Aber vergiss nicht: Wir sind schlechte Wahrsager! Wir können im Allgemeinen nicht vorhersehen, wie sich diese Gefühle mit der Zeit verändern. Geld ist wichtig, aber nur bis zu einem gewissen Grad. Es ist sinnvoll, diesem Aspekt für eine künftige Beziehung Beachtung zu schenken, aber du solltest ihn nicht über alles stellen.

2. Gutes Aussehen

Es ist kein großes Geheimnis, dass Aussehen unser Leben in vielerlei Hinsicht bestimmt. Attraktive Menschen verdienen mehr[54], und wenn sie zum Beispiel für ein politisches Amt kandidieren, schlagen sie gewöhnlich ihre weniger attraktiven Konkurrenten.[55] Viele Studien zeigen, dass attraktive Menschen als überzeugender, vertrauenswürdiger, kontaktfreudiger, sozial kompetenter und mächtiger, sexuell aktiver, gesünder, intelligenter und generell liebenswerter wahrgenommen werden.[56]

Beim Daten gibt es sogar einen historischen und entwicklungsgeschichtlichen Grund dafür, gutes Aussehen zu bevorzugen. Denn zu Beginn der Menschheitsgeschichte war das Leben ein einziger Kampf. Merkmale körperlicher Attraktivität – reine Haut oder kräftiges Haar – signalisierten Gesundheit und Vitalität.[57] Für die Partnerwahl war dies wichtig, denn es hieß nicht nur, dass diese bevorzugten Merkmale an die Nachkommen weitergegeben wurden, sondern auch, dass die Eltern lange genug am Leben blieben, um diese großzuziehen. Kein Wunder also, dass unser Gehirn unsere Aufmerksamkeit auf die Hotties lenkt.

Dank moderner Medizin und industrialisierter Landwirtschaft haben wir heutzutage mit diesen Problemen nicht mehr zu kämpfen. Unsere Nachkommen haben beste Überlebenschancen. Es ist also sinnlos geworden, die reproduktive Fitness – die Fähigkeit, seine Gene an künftige Generationen weiterzugeben – zum wichtigsten Faktor der Partnerwahl zu machen. Deinem Kind wird es im Leben gut gehen, selbst wenn der Papa in der Jugend Akne hatte.

Wer sich rein aufs Aussehen konzentriert und andere Eigenschaften ausklammert, vernachlässigt eine weitere Erkenntnis: dass nämlich die Lust mit der Zeit nachlässt. Der Sozialwissenschaftler Ty Tashiro beschreibt in seinem Buch *The Science of Happily Ever After* eine auf 14 Jahre angelegte Longitudinalstudie an Ehepaaren, die nach ihrem Eheglück befragt wurden.[58] Dabei stellte sich heraus, dass innerhalb von sieben Jahren die Lust (sexuelle Anziehung) doppelt so schnell abnahm wie das Gefühl, den anderen schlicht gut leiden zu können (Freundschaft, Loyalität und Güte).[59]

Die Anthropologin Helen Fisher erklärt, warum das so ist.[60] Lust ist zu Anfang unglaublich intensiv, nur um dann immer weiter abzunehmen. Wenn wir uns verlieben, fühlt sich das an, als seien wir nach dem Partner förmlich süchtig, als wäre er eine Droge. Fischer fand außerdem heraus, dass bei Kokainkonsumenten und bei Verliebten die gleichen Gehirnregionen aktiv sind.

Dass die Lust mit der Zeit abnimmt, ist auch entwicklungsgeschichtlich ein sinnvoller Zug. Unsere »Sucht« nach dem Partner hält uns lange genug bei der Stange, um ein Kind zu zeugen und es gemeinsam aufzuziehen, bis es ungefähr vier Jahre alt ist. Alt genug, um eine gewisse Unabhängigkeit zu erreichen (zumindest damals in der Savanne) und zu überleben. Sobald dies geschafft ist, lässt die Lust nach. Unser Gehirn macht uns frei, uns neu zu verlieben und mit einem anderen Partner wieder Kinder zu zeugen. Dadurch steigen unsere Chancen, dass zumindest eines unserer Kinder das Erwachsenenalter erreicht und unsere DNS weitertragen kann.

Wenn du deine Beziehung in einer Phase betrachtest, in der du quasi ständig Sex hast, wie kannst du feststellen, wie sie sein wird, wenn dieser Trieb nachlässt?

Und wenn du hinter gutem Sex her bist, dann habe ich eine schlechte Nachricht: Es gibt keine Garantie, dass ein attraktiver Mensch im Bett tatsächlich gut *ist*. Es gibt Fähigkeiten, die schöne Menschen nicht entwickeln, einfach weil sie das nicht nötig haben.

Genau darum geht es in einer Episode der Sitcom *30 Rock*, die *The Bubble* hieß.[61] Jon Hamm spielt darin einen Mann, den seine Attraktivität von anderen Menschen isoliert. Er ist ein ehemaliger Tennisprofi, der keinen Aufschlag mehr hinbekommt, ein Arzt, der den Heimlich-Handgriff nicht beherrscht, und wie die von Tina Fey gespielte Figur beklagt: »Er ist beim Sex genauso schlecht wie ich.« Ihr charmanter Boss kennt das Problem aus erster Hand: »Das ist einfach die Gefahr, wenn man so gut aussieht«, sagt er zu ihr. »Wenn du in der Blase bist, sagt dir niemand die Wahrheit.« Tja, die bestaussehenden Menschen sind nicht unbedingt die besten Liebhaber.

Wie war das doch noch mal mit der Adaptation? Selbst wenn du den attraktivsten Menschen auf der Welt ehelichst, wirst du dich an sein Aussehen irgendwann gewöhnt haben. Die anfängliche Lust nimmt ab. Ein Großteil unseres Sexualtriebs beruht auf dem Neuigkeitswert eines Partners. Ganz egal, wie heiß dein Partner sein mag: Es ist wahrscheinlich, dass dein sexuelles Interesse an ihm oder ihr irgendwann erlischt, einfach weil er nicht mehr das Neueste vom Neuesten ist. Oder um eine der neuesten Internetweisheiten zu paraphrasieren: »Zu jedem heißen Typ gehört jemand, der keine Lust auf Sex mit ihm hat.«

Jegliche Vernarrtheit ist irgendwann vorbei! Die Lust lässt nach![62] Das Einzige, was zählt, ist, dass du dich von jemandem angezogen fühlst, nicht, dass du die bestaussehende Person datest.

Extra-Tipp fürs Dating

Körperliche Attraktivität kann die Frage überdecken, ob man auch langfristig zusammenpasst. Frag dich lieber, ob *du* dein Gegenüber anziehend findest. Und nicht, wie die *Gesellschaft* sein Aussehen einschätzt. Lust sollte dir nicht den Blick auf die wichtigen Langzeitfaktoren vernebeln.

3. Eine dir ähnliche Persönlichkeit

Meine Klienten klagen oft darüber, wie schwer es ist, jemanden zu finden, dessen Persönlichkeit zu ihnen passt. Sätze wie die folgenden bekomme ich daher immer wieder zu hören: »Ich bin so ein extrovertierter Typ, und er ist so introvertiert. Das würde nie klappen.« Oder: »Ich bin wirklich neurotisch, und nichts scheint ihn je zu stören. Wir passen einfach nicht zusammen.«

Diese Problematik ist gerade bei meinen älteren Klienten sehr häufig. Wenn wir jünger sind und eine Beziehung eingehen, ist das ein wenig so, als würden wir ein Start-up gründen – zwei Menschen, die sich gemeinsam etwas aufbauen wollen. Wir sind flexibler, weil wir noch nicht so genau wissen, was wir uns eigentlich wünschen. Wenn wir älter sind und über Ehe und Familie nachdenken, dann ähnelt das eher einer Firmenfusion: Zwei völlig unterschiedliche Wesen lernen sich kennen. Je älter wir sind, desto festgefahrener sind wir in unseren Gewohnheiten, desto mehr sehnen wir uns nach einem Menschen, der sich nahtlos in unser Leben einfügt. Wir nehmen an, dass dieses Einfügen sich umso leichter vollzieht, je ähnlicher uns der andere ist.

Aber diese Annahme ist falsch. Forschungsarbeiten sagen uns, dass Ähnlichkeiten in der Persönlichkeitsstruktur die Wahrscheinlichkeit einer glücklichen Partnerschaft nicht erhöhen. Eli Finkel, Professor für Sozialpsychologie an der Northwestern University, beschäftigt sich wissenschaftlich mit dem Thema Ehe und Beziehung. Er hat mir bei einem Interview gesagt: »Es gibt keinen Zusammenhang zwischen der Ähnlichkeit der Partnerpersönlichkeiten und dem Glück in einer Beziehung.«[63] Anders ausgedrückt: Wir verkleinern nur unnötig den Pool unserer potenziellen Partner, wenn wir fälschlicherweise Menschen ausschließen, die nicht so sind wie wir.

Die Frage ist doch: Würdest du wirklich mit dir ausgehen wollen? Auf mich persönlich bezogen kann ich mit Sicherheit sagen, dass mir das keinen Spaß machen würde.

Einer meiner Klienten ist Mittelpunkt jeder Party. Er organisiert Großveranstaltungen und hat eine wirklich einnehmende Persönlichkeit. Und er ging mit jemandem, der ruhig und liebevoll war, aber vor 22 Uhr abends im Bett sein wollte. Und so fragte er sich: »Wäre mein Leben nicht besser, wenn ich mich mit jemandem zusammentäte, der eher so ist wie ich?«

Ich sagte ihm, dass zwei Menschen von seiner Sorte nicht in einen Raum passen würden, geschweige denn in eine Beziehung! Mit einem ähnlichen Partner gäbe es nur ständig Gerangel darum, wer im Mittelpunkt der allgemeinen Aufmerksamkeit steht. »Kennen Sie die Realityshow *The Amazing Race*?«, fragte ich ihn. Dabei reisen Paare oder Freunde einmal um die Welt, wobei sie an den verschiedenen Aufenthaltsorten bestimmte Aufgaben lösen müssen. »Die Paare, die sich zu ähnlich sind, streiten sich ständig«, erzählte ich. »Sie bleiben immer an den gleichen Dingen hängen. Die erfolgreichsten Duos ergänzen einander, eben weil sie nicht die gleichen Charakterzüge aufweisen. Wenn sie einen Flug verpassen, sucht einer eine andere Route und beruhigt seinen panischen Partner. Das macht sie zu Gewinnern. Sie wollen doch sicher dasselbe für ihre Lebenspartnerschaft?«

Im folgenden Jahr arbeitete er daran, die Eigenschaften seiner Partnerin zu akzeptieren, statt sich zu wünschen, sie wäre ihm ähnlicher. Vor Kurzem haben die beiden beschlossen, ein Baby zu bekommen.

Extra-Tipp fürs Dating

Such dir jemanden, der dich ergänzt, nicht einen siamesischen Charakterzwilling.

Genetik!

Viele Menschen geben an, dass sie einen Partner mit einer ähnlichen Persönlichkeit suchen. Doch als die Sozialpsychologen William Chopik und Richard Lucas von der Michigan State University 2500 Paare befragten, die im Durchschnitt 20 Jahre zusammen waren, ergab sich, dass Paare mit ähnlicher Persönlichkeit ihre Ehe nicht als zufriedenstellender einschätzten als andere.[64]

Und was die Genetik angeht, können wir davon ausgehen, dass wir Menschen vorziehen, die uns genetisch ***nicht ähneln***. Eine Theorie besagt zum Beispiel, dass wir den Geruch von genetisch anderen Menschen vorziehen, weil wir dann zwei eher unterschiedliche Gensätze weitergeben, was unsere Nachkommen gesünder macht und daher ihre Überlebenswahrscheinlichkeit erhöht.[65]

Der Schweizer Biologe Claus Wedekind ging dieser Theorie in seiner bekannten T-Shirt-Studie nach.[66] Er sammelte DNS-Proben von weiblichen und männlichen Studierenden. Um ihren Geruch zu speichern, bat er männliche Studenten, zwei Abende lang dasselbe Baumwoll-T-Shirt zu tragen und alle schweißtreibenden Aktivitäten wie Sex zu vermeiden. Dann ließ er die Studentinnen an sechs T-Shirts schnuppern: drei von genetisch ähnlichen Männern, drei von genetisch total verschiedenen. Danach sollten sie den Geruchseindruck bewerten, und zwar nach Intensität, Gefallen und Sexyness. Dabei stellte er fest, dass Frauen den Geruch von Männern bevorzugten, die ihnen genetisch ***weniger ähnlich*** waren. (Interessanterweise kehrt der Effekt sich um, wenn Frauen orale Empfängnisverhütungsmittel nehmen.[67] Das kann schwierig werden, wenn ein Paar heiratet, die Frau die Pille absetzt und sich plötzlich von ganz anderen Menschen angezogen fühlt.)

4. Gleiche Interessen

Als mich einmal eine Freundin auf eine längere Autofahrt mitnahm, unterhielten wir uns darüber, dass sie und ihr Mann Tennis liebten. Wir plauderten und plauderten, bis wir tanken mussten. Sie stieg aus, holte ihr Handy hervor und suchte darauf herum, während sie auftankte. Als sie wieder einstieg, hielt sie mir das Handy unter die Nase und sagte: »Guck mal, sind meine Schwiegereltern nicht süß?« Auf dem Display war ein schlecht fotografiertes Selfie von einem Paar in den Sechzigern zu sehen.

Dann ließ sie den Wagen an und meinte: »Eigentlich ist es komisch, dass die Eltern meines Mannes schon so lange verheiratet sind. Sie haben wirklich gar nichts gemeinsam.«

»Die Leute halten ein gemeinsames Hobby meist für wichtiger, als es ist«, erwiderte ich. »Möglicherweise schätzt du auch die Dinge falsch ein, die die beiden verbinden.« Zu diesem Zeitpunkt hatte ich ihr schon von den Gottmans erzählt. (Neben Anekdoten über den Komiker Weird Al zählen die Gottmans zu den Geschichten, die ich auf jeder längeren Autofahrt vor dem ersten Tankstopp zum Besten gebe.)

John Gottman, den ich bereits erwähnt habe, ist mit Julie Gottman verheiratet, einer bekannten klinischen Psychologin. John hat viele Jahre seines

Lebens in Labors zugebracht, um die Mikro-Ausdrucksformen von Paaren zu studieren. Kein Wunder also, dass er sich als »begeisterten Stubenhocker« bezeichnet. Er witzelt gerne, dass er zu den Leuten gehört, die jederzeit tausend Möglichkeiten aufzählen können, wie man bei einem Picknick ums Leben kommt. Julie teilt Johns Leidenschaft, Paaren zu helfen. Aber Julie liebt es, Zeit draußen in der Natur zu verbringen. Als Studentin am College fuhr sie Skirennen. Für ihren 50. Geburtstag hatte sie sich etwas Besonderes ausgedacht: Sie wollte zum Everest Base Camp wandern. Stell dir vor, wie John, den der bloße Gedanke ans Picknicken die Flucht ergreifen lässt, eine Trekkingreise quer durch den Himalaja unternimmt.

Natürlich waren John und Julie diese Unterschiede bewusst, bevor sie heirateten. Aber beide wussten aufgrund ihrer Arbeit auch, dass Paare nicht unbedingt gleiche Interessen haben müssen, um eine gute Langzeitbeziehung hinzubekommen. Und so sind John und Julie seit mittlerweile 30 Jahren glücklich verheiratet.

Der Knackpunkt am Ganzen ist schlicht der: Es ist in Ordnung, verschiedene Interessen zu haben, solange die Zeit, die du in deine Hobbys investierst, dich nicht davon abhält, Zeit mit deinem Partner zu verbringen. Wenn du ein Weinliebhaber bist und deine Partnerin nicht, so macht das gar nichts. Du musst keine Sommelière heiraten. Was hingegen zählt: Dass deine Partnerin, wenn du deinen Wein genießt oder nach Frankreich fährst, um den neuesten Pinot Blanc zu verkosten, dir kein schlechtes Gewissen macht oder Vorwürfe rauslässt wie: »Wieso musst du nur ständig trinken?« Eine gute Beziehung hat Raum für unterschiedliche Menschen mit unterschiedlichen Hobbys.

Extra-Tipp fürs Dating

Du musst nicht endlos suchen, bis du endlich jemanden gefunden hast, der die gleichen Hobbys pflegt wie du. Unterschiedliche Interessen gehen in Ordnung, wenn ihr euch gegenseitig den Raum und die Freiheit lasst, diese Hobbys auszuleben.

Der »andere« Partner

Es gibt eine Technik, wie man in einer Beziehung mit unterschiedlichen Interessen umgeht: der ***andere*** Partner (***other significant other*** – ein von Eli Finkel geprägter Begriff[68]). Heutzutage gehen Paare meist davon aus, dass der Partner in der Liebe sämtliche Ansprüche erfüllen sollte. Sie erwarten die personifizierte Vielseitigkeit. Pflegten sie früher ihre Interessen in den sozialen Medien durch Kontakt mit mehreren Personen, so konzentriert sich nun alles auf den Lebenspartner.

Dadurch gerät die Beziehung aber unvermeidlich unter Druck. Haben wir jedoch andere Partner, um unseren Interessen nachzugehen, dann lässt der Druck auf die Beziehung nach. Um ein Bild zu gebrauchen: Wenn du jemandem zu viele Hüte überstülpst, wird er sich irgendwann den Kopf anstoßen. Besser setzt du die Baseballkappe deiner sportbegeisterten Cousine auf und rufst sie an, wenn du über die Liga fachsimpeln willst. Den Cowboyhut dagegen kriegt ein Freund, der auf Countrymusik steht und gerne mit dir zum Two-Step das Tanzbein schwingt.

Die wissenschaftlichen Erkenntnisse der Sozialpsychologen Elaine Cheung, Wendi Gardner und Jason Anderson stützen diese Methode.[69] Wenn du mehrere Menschen hast, an die du dich um emotionale Unterstützung wenden kannst – und nicht nur einen oder zwei –, steigt damit auch dein Wohlbefinden. Wenn du sauer bist, kannst du mit deiner Mitbewohnerin reden. Bist du hingegen traurig, rufst du deine Schwester an.

Dieses Konzept lässt sich auch auf Beziehungen übertragen: Überleg dir mal, welche Dinge du deinem Partner zumutest, die er bzw. sie nicht mag, zum Beispiel große Partys, weil er/sie sich viel lieber mit weniger Leuten trifft. Oder wenn du deinen Liebsten mit ins Museum schleppst, obwohl er sich kein bisschen für Kunst interessiert. Weil er nicht all deine Interessen teilt, muss er deshalb kein schlechter Partner sein! Halte stattdessen im Familien- bzw. Bekanntenkreis nach jemandem Ausschau, der diese Dinge mit dir genießen mag. Auf

Dauer wirst du damit glücklicher, weil deine Bedürfnisse rundum Erfüllung finden. Und dein Partner ist glücklicher, weil er sich auf jene Rollen konzentrieren kann, die seinen Fähigkeiten und Interessen entsprechen.

WAS IST WICHTIGER, ALS WIR DENKEN?

In der Arbeit mit meinen Klienten kommt ein Anliegen wirklich selten zur Sprache: Dass sie jemanden suchen, der emotional stabil ist oder schwierige Entscheidungen treffen kann. Mitunter geht es um Güte, aber natürlich auch erst, *nachdem* sie mir mitgeteilt haben, wie groß er oder sie sein muss bzw. darf. Dabei ist wissenschaftlich erwiesen, dass solche Eigenschaften viel eher eine gute Langzeitbeziehung garantieren als gemeinsame Interessen oder äußere Merkmale.

Meine Klienten wissen sehr wohl, dass diese Aspekte durchaus zählen. Sie unterschätzen allerdings deren Bedeutung, wenn sie ein Date beurteilen. (Einer der Gründe dafür ist sicherlich, dass diese Eigenschaften schwer einzuschätzen sind oder sie treten erst nach einer gewissen Zeit zutage. Das erklärt auch, weshalb Dating-Apps sich eher auf leichter zu bewertende, aber letztlich nachrangige Eigenschaften konzentrieren. Mehr dazu im nächsten Kapitel.) Wenn du also einen Lebenspartner finden willst, solltest du dich nach einem Menschen mit folgenden Qualitäten umsehen:

1. Güte und emotionale Stabilität

Der Psychologe Ty Tashiro setzt sich in seinem Buch *The Science of Happily Ever After* damit auseinander, welche Eigenschaften nachgewiesenermaßen für langfristige Beziehungen ausschlaggebend sind.[70] Seiner Ansicht nach gehören Güte und emotionale Stabilität zu den wichtigsten, aber auch zu den meistunterschätzten Merkmalen.[71] Nun ist aber emotionale Stabilität gerade die Fähigkeit, sich selbst regulieren zu können und Ärger bzw. Impulsivität nicht nachzugeben.

In seinem TED-Talk von 2017 sagt Tashiro: »Gütige Partner sind einfach wunderbar. Sie sind großzügig, mitfühlend und wollen Sie unterstützen.«[72] Güte und emotionale Stabilität stellen sicher, dass wir unsere Partner liebevoll und mitfühlend behandeln. John und Juli Gottman konnten in ihren Forschungsarbeiten zeigen, dass dies der Schlüssel zu einer guten Langzeitbeziehung ist.

Extra-Tipp fürs Dating

Ob der Mensch, mit dem du ausgehst, gütig ist, kannst du daran erkennen, wie er Leute behandelt, von denen er absolut nichts hat oder erwarten kann. Ist er nett zum Kellner? Steht er in der U-Bahn auf und macht seinen Platz für einen älteren Herrn frei? Hat er Geduld mit neuen Mitarbeitern, die noch eingearbeitet werden müssen? Begegnet er Freunden und Eltern mit Mitgefühl?

Emotionale Stabilität zeigt sich in Stresssituationen. Tickt dein Datingpartner aus oder bleibt er cool? Emotional stabile Partner handeln gelassen. Sie nehmen sich Zeit, um auf die Situation mit Umsicht *einzugehen,* statt einfach nur zu *reagieren*. Wenn ich dies meinen Klienten erkläre, zitiere ich immer Victor Frankl, Holocaust-Überlebender und Psychologe. Er sagte einmal: »Zwischen Reiz und Reaktion gibt es Raum. In diesem Raum kannst du deine Antwort wählen. Und unsere Antwort ist die Grundlage für unser Wachstum und unsere Freiheit.« Menschen mit emotionaler Stabilität können diesen Raum nutzen.

2. Loyalität

Sicher kennst du auch diese Schönwetterfreunde, die gern mit dir zusammen sind, wenn das Leben super läuft, aber deine Nummer verlegt haben, wenn du Hilfe brauchst. Für bestimmte Aktivitäten sind Schönwetterfreunde akzeptabel, ein Schönwetterpartner aber ist es nicht. Du brauchst jemanden, der dir in guten *und* in schlechten Tagen beisteht. Diese Loyalität ist ein ganz entscheidender Punkt.

Ich denke oft an einen Text, den meine Schwester bei ihrer Hochzeit vorgelesen hat. (Ich frage mich noch heute, warum sie damals meine

Unterstützung nicht wollte. Wer würde sich keine moderne Kupplerin unter dem Traubaldachin einer jüdischen Hochzeitsfeier wünschen?) Er stammt aus einem Artikel von Robin Schoenthaler, einer Ärztin, die Krebspatienten behandelt.[73]

In dem Artikel erklärt Schoenthaler, dass sie Tausende von Paaren in der Krise beobachten konnte. Das habe ihr gezeigt, was in einer Beziehung wirklich zählt: »Es ist eine Ehre, solche Paare begleiten zu dürfen. Die Kehrseite der Medaille aber zeigt sich, wenn meine Single-Freundinnen mir ihr Anforderungsprofil fürs Onlinedating zeigen: ›Lange Strandspaziergänge und Liebe zu Katzen ein Muss‹, heißt es da. Oder: ›Du solltest französisches Essen, Kajak fahren und Reisen lieben.‹ Ein Dauerhit ist ja: ›Gehe gerne zum Fischen. Du solltest dich nicht vor Würmern ekeln.‹ Da würde ich am liebsten auf die nächste Seifenkiste steigen und berichten, was ich als Krebsärztin Tag für Tag erlebe: ›Einen Partner mit Angelruten zu finden ist kurzfristig vielleicht okay. Für langfristige Beziehungen aber solltest du dir jemanden suchen, der deine Handtasche hält, während du in der Krebsklinik behandelt wirst.‹«

Meine Schwester hat einen wunderbaren Partner gefunden, der ihre Handtasche halten wird, wann immer es nötig ist. Anders ausgedrückt: Sie hat jemanden, der da ist, wenn sie ihn braucht, der sich um sie kümmert, wenn sie niedergeschlagen ist. Such dir jemanden, der loyal zu dir steht. Jemanden, der dir den Rücken stärkt, ob du nun einen Designpreis gewonnen hast oder dich für die Chemo anstellen musst.

Extra-Tipp fürs Dating

Du findest heraus, ob jemand loyal ist, wenn er oder sie Freunde aus verschiedenen Lebensphasen hat. Wie viele alte Freunde hat er? Will sie mit dem Studienkollegen nichts mehr zu tun haben, weil er Depressionen hat? Oder trifft sie sich immer noch mit ihm zu sonntäglichen Kinomatineen? Verlassen sich alte Freunde auf ihn, wenn sie jemanden zum Reden oder Unterstützung in anderer Form brauchen? Natürlich ist damit das letzte Wort noch nicht gesprochen, denn manche Leute ziehen einfach häufig um oder leben an Orten, wo es für sie schwer ist, Anschluss zu finden. Aber im Allgemeinen kann man davon ausgehen, dass jemand, der alte Freundschaften pflegt, auch loyal ist und das auch in einer partnerschaftlichen Beziehung sein wird.

3. Die Bereitschaft zu wachsen

Die Psychologin Carol Dweck von der Universität Stanford hat sich jahrelang mit dem inneren Wachstum beschäftigt.[74] Menschen, die bereit sind, sich zu entwickeln, sind überzeugt davon, sich sowohl bei ihren Kompetenzen als auch bei ihrer Denkfähigkeit noch weiterentwickeln zu können. Sie lernen einfach gerne. Herausforderungen motivieren sie, Scheitern ist für sie ein Zeichen, dass sie ihre Fähigkeiten verbessern müssen. Sie sind resilient und bereit, Risiken auf sich zu nehmen. Menschen mit einem fest zementierten Selbstbild glauben genau das Gegenteil: Dass Talent und Intelligenz bei der Geburt vergeben werden und man sich nur blamieren kann, wenn man ein Risiko eingeht.

Du solltest dich für einen Partner entscheiden, für den Wachstum kein Fremdwort ist. Denn wenn es einmal Probleme gibt – und diese werden kommen –, wird er sich der Situation gewachsen zeigen und nicht gleich die Flinte ins Korn werfen. Ein Mensch, der bereit ist, zu wachsen, arbeitet daran, die Lage zu verbessern, und geht nicht davon aus, dass sowieso alles sinnlos ist.

Extra-Tipp fürs Dating

Entwicklungswillige Menschen erkennst du daran, wie sie mit bestimmten Situationen umgehen.

Wie du die Bereitschaft zur Veränderung erkennst		
Situation	**Festgelegt**	**Wachstum**
Herausforderungen	Geht ihnen aus dem Weg	Stellt sich ihnen gerne
Rückschläge	Gibt auf	Hält durch
Lernen	Rechnet damit, sich zu blamieren	Rechnet damit, sich weiterzuentwickeln
Umgang mit der Leistung anderer	Fühlt sich bedroht	Fühlt sich inspiriert
Umgang mit sich selbst	Hat einen lautstarken inneren Kritiker und verdammt sich regelmäßig selbst	Begegnet sich selbst mit Mitgefühl

4. Persönlichkeit, die das Beste in dir hervorbringt

Letztendlich geht es in einer Beziehung nicht darum, wie jeder von euch für sich ist, sondern was passiert, wenn ihr zusammen seid. Was bringt dieser Mensch bei *dir* hervor? Sorgt seine Güte dafür, dass du dich entspannen kannst, weil sich jemand um dich kümmert? Oder reagiert er ängstlich und macht damit auch dir Angst? Du solltest ein Verständnis dafür entwickeln, welche Seiten dieser Mensch bei dir zum Vorschein bringt, denn genau so wirst du sein, solange du mit ihm zusammen bist.

Eine Klientin von mir lernte einen Mann kennen, der auf dem Papier absolut perfekt wirkte. Er hatte alles, was ihr wichtig war, vor allem, was Intelligenz und beruflichen Erfolg anging. Unglücklicherweise machte er sie klein, wenn die beiden zusammen waren. Er fragte sie zum Beispiel, wieso sie ein bestimmtes Rezept nachkochen wolle, wenn sie nicht die nötigen Kochkenntnisse habe. Oder er machte sich über die gerahmten Picasso-Poster lustig, die sie an der Wand hängen hatte. Nach jedem Zusammensein mit ihm stellte sie ihre Entscheidungen infrage und schließlich auch sich selbst als Person. Anfangs glaubte sie noch, dass seine Kritik sie stärken würde. Er würde, so erklärte sie mir, ja nur versuchen, sie zu mehr Wachstum zu motivieren. Doch durch unsere gemeinsame Arbeit erkannte sie, dass er in Wirklichkeit sehr *unsicher* war und dass dies bei ihr wiederum Unsicherheit auslöste. Unter dem Strich zählte nicht, wie er sich auf dem Papier präsentierte. Wenn sie mit ihm zusammen war, litt ihr Selbstwertgefühl. Und sie entschied sich gegen ein Leben voller Selbstzweifel und beendete die Beziehung.

Einer meiner Freunde wiederum erzählte mir, dass seine Freundin ihm das Gefühl gebe, kompetent zu sein. Sie bat ihn um seinen Rat und nahm ihn dann auch noch an. Sie verlässt sich auf ihn, und das gibt ihm das Gefühl, ein fähiger und besonderer Mensch zu sein. Er ist glücklich mit dieser Seite an sich, die seine Freundin zum Vorschein bringt.

Extra-Tipp fürs Dating

Achte genau darauf, wie du dich fühlst, wenn du mit deinem potenziellen Lebenspartner zusammen bist. Energiegeladen? Ernüchtert? Gelangweilt? Gefordert? Glücklich? Begehrt? Klug? Dumm? Such dir jemanden aus, der das Beste in dir hervorbringt.

Oder du gehst mit deinem potenziellen Partner und deinen Freunden aus, um eine dritte Meinung einzuholen. Aber frag nicht: »Was hältst du von ihm/ihr?« Sondern: »Welchen Eindruck hast du von mir, wenn ich mit ihm/ihr zusammen bin?«

5. Eine gute Streitkultur

Natürlich ist ein Streit nicht lustig, aber er muss auch nicht in einer Katastrophe enden. Hattest du keine Vorbilder, die dir eine gute Streitkultur vorgelebt haben, musst du dir trotzdem keine Sorgen machen. Streiten kann man lernen.

Jeder Streit – sei es nun eine kleine Reiberei oder ein ausgewachsenes Match der lautesten Stimmlagen – bietet eine gute Gelegenheit, Differenzen sofort auszuräumen und erst gar keine Ressentiments entstehen zu lassen.

Einer meiner Freunde erklärte einmal, er sei stolz, mit seiner Freundin nie zu streiten. Sie hatte die Wohnung umgeräumt, und er hatte den Eindruck, dass danach für ihn kein Raum mehr vorhanden war. Seine Interessen und seine Sachen hatten darin keinen Platz. Er wollte ja mit ihr darüber reden, aber weil er glaubte, nur eine konfliktfreie Beziehung sei eine gesunde, unterließ er es. Mit der Zeit wuchs sein Groll auf seine Freundin. Dass in ihrem gemeinsamen Raum kein Platz mehr für ihn war, schien ihm sinnbildlich für die gesamte Beziehung. Er sah sich darin einfach nicht mehr. Bald hörte er auf, in die Beziehung zu investieren, und verbrachte mehr und mehr Zeit in der Arbeit, wo er ein eigenes Büro hatte. Als er das Thema endlich ansprach, war es zu spät. Zwischen den beiden hatten sich zu viele Ressentiments aufgebaut, war zu viel Distanz entstanden. Und so trennten sie sich nach fünf gemeinsamen Jahren.

Der erste Schritt zu einer gesunden Streitkultur ist es, sich klarzumachen, dass es in jeder Beziehung zwei Arten von Problemen gibt: lösbare und dauerhafte. Letztere sind die Beziehungsaspekte, die euch begleiten, aber nicht gelöst werden können. John Gottman fand heraus, dass 69 Prozent aller Beziehungskonflikte dauerhafter Natur sind.[75]

Klassische Beispiele hierfür sind: Einer will ausgehen, der andere einen ruhigen Abend zu Hause verbringen. Einer der Partner ist ordentlich, der andere eher ein Chaot. Auch unterschiedliche Ansichten in puncto Arbeit, Familie, Ehrgeiz, Geld und Sex bzw. dessen Häufigkeit gehören dazu.

Nehmen wir mal an, du kommst oft fünf (okay, sagen wir zehn) Minuten zu spät, aber dein Goldstück ist in einer Familie aufgewachsen, in der es immer hieß: »Vor der Zeit ist rechtzeitig, rechtzeitig ist zu spät, und zu spät heißt: Du brauchst gar nicht erst zu kommen.« Da sind Konflikte von wegen »Pünktlichkeit« vorprogrammiert. Ihr könnt vielleicht Lösungen finden, um mit dem Problem *umzugehen* (zum Beispiel zu unterschiedlichen Zeiten zum Flughafen aufbrechen), aber *lösen* werdet ihr es vermutlich nicht. Das Ziel hierbei ist *nicht*, den anderen zu bekehren oder einen Deal auszuhandeln. Euer Ziel ist es, produktiv mit diesem Unterschied umzugehen.

Oder wie der Paartherapeut Dan Wile in seinem Buch *After the Honeymoon* schreibt: »Wenn Sie sich langfristig für einen Partner entscheiden,

entscheiden Sie sich auch für eine bestimmte Anzahl unlösbarer Probleme.«[76] Es geht also nicht darum, einen Menschen zu finden, mit dem du nie in Streit gerätst, sondern mit dem Partner eine gute *Streitkultur* zu pflegen, damit ein Streit nicht das Ende der Beziehung bedeutet. Es gehört zu einer guten Streitkultur, dass ihr nach einer Auseinandersetzung wieder zueinanderfindet. John Gottman beschreibt das als »Reparaturversuche« und meint damit Aussagen oder Handlungen, die verhindern, dass ein Streit eskaliert. Paare, die eine gute Beziehung führen, entschärfen den Streit zwischendrin durch einen Witz, sie geben an dem einen oder anderen Punkt nach oder sie sagen dem Partner, was sie an ihm gut finden.

Extra-Tipp fürs Dating

Vergiss nicht, dass Auseinandersetzungen mit deinem Partner unvermeidlich sind. Also gib acht, wie du streitest. Machst du klar, worum es dir eigentlich geht? Fühlst du dich verstanden? Versucht dein Partner, die Auseinandersetzung zu deeskalieren? Es geht nicht darum, Streit zu vermeiden, sondern eine Auseinandersetzung konstruktiv zu führen.

6. Die Fähigkeit, schwierige Entscheidungen gemeinsam zu treffen

Du und dein Partner werdet euch an bestimmten Punkten schwierigen Entscheidungen gegenübersehen. Was macht ihr, wenn einer von euch einen Superjob in einer anderen Stadt angeboten bekommt? Oder wenn euer Kind mit einer Behinderung zur Welt kommt? Wenn eure Eltern rund um die Uhr Pflege brauchen? Du brauchst also einen Partner, der in der Lage ist, mit solchen Fragen umzugehen.

Einer meiner Klienten ging mit einer Frau aus, die schon im ersten Monat ihres Beisammenseins ihren Job verlor: Sie musste den Verlust ihres Traumjobs wegstecken *und* sich neue Arbeit suchen. Sonst müsste sie sich überlegen, ob sie überhaupt in San Francisco bleiben wollte oder nicht lieber zurück an die Ostküste ging. Das war nun durchaus eine Herausforderung, aber mein Klient meinte, diese Zeit habe ihm gezeigt, wie sehr sie in schweren Zeiten an einem Strang zogen. Natürlich war das Ganze nicht eben spaßig, aber es zeigte, wie gut sie zusammenpassten, und stärkte letztendlich die Beziehung.

Extra-Tipp fürs Dating

Um herauszufinden, wie gut ihr gemeinsam Entscheidungen treffen könnt, ist es tatsächlich am besten, genau das zu tun. Echte Entscheidungen (und nicht die Frage, ob ihr heute was beim Thailänder oder beim Chinesen bestellt) sind ein Stresstest für die Beziehung. Das soll jetzt keine Aufforderung sein, künstlich eine Krise herbeizuführen (mit einer SMS wie: »HILFE! Meine Oma wurde entführt!«).

Aber ich würde dir empfehlen, darauf zu achten, wie ihr euch in einer für euch beide nicht alltäglichen Situation verhaltet. Was passiert, wenn ihr versucht, gemeinsam ein kompliziertes Gericht zuzubereiten? Oder ins Ausland zu reisen? Oder wenn ihr mit dem Auto unterwegs seid und mitten in der Wildnis eine Panne habt? Was macht ihr, wenn jeder von euch nächstes Wochenende zu einer anderen Hochzeit eingeladen ist? Wie reagiert ihr, wenn ihr euch zwischen zwei gleich guten (oder schlechten) Alternativen entscheiden müsst?

Dan Ariely hat dafür den »Kanutest« ersonnen.[77] Teilt euch ein Kanu. Genau, ein echtes! Findet ihr einen gemeinsamen Rhythmus? Kommt einer von euch gut mit der Führungsrolle zurecht, während der andere sich nach ihm richtet? Oder wollt ihr beide immer führen? Und am allerwichtigsten: Neigst du dazu, die Schuld deinem Partner zu geben, wenn etwas schiefgeht? Achte darauf, wie ihr mit Wildwasserwellen umgeht, denn das zeigt, ob ihr auch im Alltag damit zurechtkommt, wenn die Wogen hochschlagen.

LASS DAS HEISSE DATE DORT, WO ES HINGEHÖRT

Wie du siehst, sind Eigenschaften, die beim ersten Date auffallen, für eine Langzeitbeziehung meist unwichtig. Die wirklich wichtigen Eigenschaften zeigen sich häufig erst, wenn du bereits eine Beziehung eingegangen bist oder zumindest ein paar Mal mit jemandem aus warst. Daher solltest du deine Herangehensweise ganz bewusst ändern und dich auf jene Eigenschaften konzentrieren, auf die es ankommt.

Ich weiß, das ist nicht einfach. Und zwar aus eigener Erfahrung.

Vor sehr langer Zeit – etwa vier Monate nach dem Burning-Man-Festival – schickte ich Brian an einem Samstagabend eine SMS, um zu fragen, was er an diesem Abend vorhatte.

»Ich gehe zu Bootie«, schrieb er zurück. Das ist eine Tanzparty, bei der die DJs sich als Roboter oder Piraten verkleiden und Drag Queens auf der Bühne tanzen. Ich wäre gerne mitgegangen, aber er lud mich nicht dazu ein.

Mein Gegenvorschlag: Ich würde ihn davor zum Essen ausführen. Ich glaubte, er würde mich einladen, wenn ich ihn sanft daran erinnerte, wie viel Spaß wir miteinander in der Wüste gehabt hatten.

Nach dem Essen wollte er noch Freunde sehen, und ich schloss mich ihm an. Nach ein paar Drinks bestand ich darauf: Ich würde mitkommen.

Wir standen draußen, seine Freunde gingen schon mal in den Club. Es war kalt. Ich trug einen kurzen Lederrock und ein Seidentop, das ich locker in den Bund gestopft hatte. (Ich hatte speziell dieses Outfit gewählt in der Hoffnung, dass er mich einladen würde. Natürlich hatte ich nicht daran gedacht, wie kalt die Sommernächte in San Francisco mitunter sein können.) Ich trappelte von einem Bein aufs andere.

Er legte seine Hände auf meine eiskalten Schultern und sah mir tief in die Augen. »Bitte geh nicht mit. Ich will mit meinen Freunden ausgehen und Mädchen kennenlernen. Du solltest nach Hause gehen.«

Ich weinte und bettelte, aber 30 Minuten später war er weg und folgte seinen Freunden in den Club.

Was hatte ich falsch gemacht? Kein Datingratgeber hatte vernünftige Vorschläge für die Momente im Leben, in denen du verlassen auf der Straße vor einem Club stehst, während Eyeliner und Rotz über dein Gesicht rinnen und du sehnsüchtig jemandem nachsiehst, der dir ständig doppelbödige Botschaften schickt und dir das Gefühl gibt, eine absolute Idiotin zu sein.

Und das war keineswegs das erste Mal, dass ich jemandem wie Brian hinterherrannte. Ich wusste, dass ich mir ständig die falschen Typen rauspickte, aber ich hatte keine Ahnung, wie ich das abstellen konnte. Eine Woche später war ich immer noch verzweifelt und engagierte deshalb Nadia, die ihrerseits ein New-Age-Datingcoach war. (Damals hatte ich beruflich noch nichts mit den Fragen der Liebe zu tun.)

Nadia und ich saßen im Schneidersitz auf einem Teppich in ihrem Büro/Wohnzimmer/Zengarten/Energiefeld. Bei ihr fand ich endlich Hilfe: Ich verstand, dass ich Brian toll fand, weil er witzig und aufregend war. Aber er war nun mal so ganz und gar nicht, was ich an einem Ehemann schätzen würde. Und ich fand es schrecklich, wie viel Angst er in mir auslöste. Nadia sagte mit ihrem strengen russischen Akzent: »Deine Hausaufgabe ist es herauszufinden, wie du dich in einer Beziehung *fühlen* willst.«

Beim nächsten Treffen brachte ich meine Antwort mit: »Ich möchte, dass ich mich in der Beziehung mit einem Mann witzig, klug, geschätzt und sicher fühle.«

Nadia nickte bestätigend.

Auf dem langen Weg nach Hause war ich frustriert. Ich wusste Nadias Hilfe zu schätzen, war aber nach wie vor verrückt nach Brian. Selbst in diesem Augenblick fragte ich mich noch, wo er sich aufhielt und an was (oder wen) er gerade dachte.

Ich griff nach meinem Handy und überlegte, ob ich ihm eine Textnachricht schicken sollte. In diesem Augenblick poppte eine SMS auf. Von Scott, einem Mann, den ich beruflich kannte.

Wir hatten uns vor acht Jahren kennengelernt, als wir an der Uni mit ein paar gemeinsamen Freunden zu Mittag gegessen hatten. Im letzten Sommer hatte er sich mir an der Bushaltestelle der Google-Zentrale noch einmal vorgestellt. Bald darauf hatte ich ihn zum Mittagessen eingeladen – dieses Mal zu einem Treffen der Harvard-Absolventen bei Google. Bei dieser Gelegenheit hatte ich ihm erzählt, dass ich gerne *R* (eine Programmiersprache für statistische Berechnungen) lernen wollte. Er meinte, er hätte gerade seinen Doktor in Mathe gesteckt, und bot mir an, mich zu unterrichten.

Wir trafen uns daraufhin einmal die Woche in der Google-Zentrale. Er war ein großartiger Lehrer – nett, geduldig und witzig. »Nachdem du jetzt gelernt hast, wie du bestimmte Werte in *R* darstellen kannst: Was kannst du mir über die Verteilung der Eruptionen des Old-Faithful-Geysir sagen?«

»Dass sie bimodal ist?«

»Ja!«, rief er, und wir klatschten uns ab.

Unglücklicherweise machte er unserem Flirtversuch jäh den Garaus, als er erwähnte, dass er Reisen in exotische Länder hasste und das Burning-Man-Festival schrecklich fand. Ich schrieb ihn also erst mal ab.

Aber das ist Geschichte. Auf dem Heimweg wurde mir bewusst, dass Scott viele jener Eigenschaften besaß, die ich Nadia gegenüber als wünschenswert bei einem Partner aufgezählt hatte. Und in seiner Gegenwart fühlte ich mich klug, witzig, geschätzt und sicher.

Als ich Scott durch meine neue Brille betrachtete, begriff ich, dass meine Vorauswahlkriterien recht oberflächlich waren. Sie lenkten mich ab. Ich fand es toll, wie ich mich in seiner Gegenwart fühlte, obwohl er kein Interesse daran hatte, die ganze Nacht in der Wüste Party zu machen. In den folgenden Jahren stellte ich fest, dass Nadias Ratschläge nicht nur klug waren, die Wissenschaft untermauerte sie auch mit Tonnen von Forschungsergebnissen.

An jenem schicksalhaften Samstag, an dem ich den Dolores-Park durchquerte und auf die Skyline von San Francisco hinuntersah, antwortete ich auf Scotts Einladung mit einem »Ja«.

Unser Mittagessen wurde zu einem allwöchentlichen Dauerdate, das bald ein tägliches wurde. Wir riefen uns an, um uns von schrecklichen Datingerlebnissen mit anderen zu berichten. Er und seine Freunde nahmen in der Nähe meines Hauses ein YouTube-Video auf, in dem sie sich über das Silicon Valley lustig machten: *Silly Vally.* Und wir trafen uns immer kurz vor oder nach den Aufnahmen für ein paar Minuten.

Eines Tages, als wir uns wieder mal nach einem Mittagessen verabschiedeten, hob er eine weiße Blüte auf, die von einem Baum geschwebt war, und steckte sie mir ins Haar.

»Fühlt sich an, als würden wir ein Haiku leben«, sagte er. Ein Zengedicht.

Ich sagte ihm, ich hätte Freitagabend noch nichts vor. Er lud mich ein. (Rein technisch betrachtet, hatte ich ihn um das Date gebeten.)

Scott war kein bisschen wie Brian. Er ließ von Anfang an keinen Zweifel daran, dass er an mir interessiert war. Und ich war jedes Mal total aufgeregt, wenn ich mit ihm ausging. Nicht ein einziges Mal ertönte in meinem Hinterkopf diese bang fragende Stimme: »Ob er mich auch wirklich mag?« Ich wusste, dass er das tat. Er schickte mir SMS, in denen stand: »Ich freue mich auf den Abend mit dir.« Oder: »Ich finde dein Gehirn einsame Spitze.« Und: »Mit dir würde ich am liebsten alles machen.«

Zwei Wochen nach unserem ersten offiziellen Date schickte ich ihm ein paar total genervte SMS, weil ich mich über etwas geärgert hatte, was er zu mir gesagt hatte. Aus meinen früheren Beziehungen wusste ich, dass Streit unvermeidlich war. Ich saß auf dem Sofa und hackte wütend auf mein Handy ein. Mein Herz schlug bis zum Hals, während ich meinen Zorn auf die Tastatur entlud und ihm eine Reihe kurzer, auf Streit gepolte Botschaften schickte. Ich wusste, was als Nächstes kommen würde: Wir würden uns zanken, bis ich schließlich so sauer war, dass ich mein klassisches Protestverhalten an den Tag legte und auf seine Anrufe und SMS nicht mehr reagierte. (Wie war das mit der ängstlich-vermeidenden Rückkopplung?)

Aber tatsächlich geschah etwas anderes. Denn Scott antwortete: »Darüber müssen wir persönlich reden.« Zum ersten Mal ging ich mit jemandem aus, der dafür selbstsicher genug war. Das war eine ganze neue Erfahrung für mich. Wir diskutierten die Sache aus, statt miteinander zu streiten. (Scotts Mutter ist Psychotherapeutin!)

Es ist sechs Jahre her, seit ich Scott bei Google zum Lunch eingeladen hatte.

Wir haben zwei Burning-Man-Festivals zusammen erlebt – er konnte sich schließlich doch damit anfreunden –, waren zum Schnorcheln in Thailand und mittlerweile teilen wir auch eine Wohnung miteinander. Und haben seitdem eine Basilikumpflanze und drei Kakteen ermordet.

Wir sind glücklich. Wir sagen, dass *R* die Sprache unserer Liebe war.

DIE QUINTESSENZ

1. Die Wissenschaft kann uns sagen, was für eine langfristige Beziehung wichtig ist: **Such dir einen Lebenspartner, der vertrauenswürdig und zuverlässig ist und mit dir die lange Distanz geht. Lass die Finger von heißen Dates: Menschen, mit denen du kurzfristig Spaß haben kannst, die dich am Ende aber doch im Stich lassen.**
2. **Oberflächliche Eigenschaften wie Aussehen und Geld sind für langfristige Beziehungen weniger wichtig, als die meisten Leute denken.** Denn Lust lässt mit der Zeit nach, und Menschen gewöhnen sich an ihre Lebensumstände. Dasselbe gilt übrigens für gemeinsame Interessen und Persönlichkeitsmerkmale.
3. **Ein guter Langzeitpartner ist loyal, gütig und emotional stabil.** Ein Mensch, mit dem du wachsen kannst, mit dem du schwierige Entscheidungen treffen und eine gute Streitkultur pflegen kannst.
4. Letztlich geht es in einer Beziehung darum, was passiert, wenn ihr zusammen seid. **Konzentriere dich darauf, was dieser Mensch in dir zum Vorschein bringt.** Denn genau das bist du, wenn du mit ihm zusammen bist.

TEIL II

GEH RAUS!

8

WEISST DU WIRKLICH, WAS DU WILLST?

Wie du die Tücken des Onlinedatings umgehst

Ich habe Scott auf Tinder tatsächlich einmal nach links gewischt.

Ich habe dir ja schon erzählt, wie ich ihn kennengelernt habe – an der Uni –, und wie wir uns dann Jahre später an der Bushaltestelle der Google-Zentrale wieder begegnet sind. Aber ich habe verschwiegen, dass ich sein Bild schon mal auf Tinder gesehen hatte, bevor er mir Nachhilfe im Programmieren gab. Ich blätterte seine Fotos durch und sagte: »Nein.«

Das war 2014, und ich saß im Shuttle-Bus nach San Francisco, mitten im dichten Verkehr der Stadt. Tinder präsentierte mir ein Foto, und ich hatte das Gefühl, den Typ von irgendwoher zu kennen. Wir hatten viele gemeinsame Freunde, also war klar, dass wir an derselben Uni studiert hatten. Und er trug seine Baseballkappe mit dem Schirm nach hinten. Ein ärmelloses T-Shirt. Er blinzelte mit zusammengekniffenen Augen in die Sonne. Der Kumpeltyp halt. Nicht mein Geschmack. Einmal nach links gewischt.

Warum hatte ich diesen Mann – der mich später sehr glücklich machen sollte – abgelehnt, als ich ihn online sah? Was waren die Gründe für einen derartigen Fehlschluss?

Ich dachte, ich wüsste, was ich will und was mich auf Dauer glücklich machen würde. Und ich glaubte, dass mir ein paar Fotos genügten, um jemanden richtig einschätzen zu können.

In beiden Punkten hatte ich mich getäuscht.

Und ich bin nicht die Einzige, die zu falschen Einschätzungen gelangt. Bei vielen meiner Klienten läuft es eigentlich gut. Sie haben alles – eine interessante Persönlichkeit, Freunde, Hobbys und so weiter. Trotzdem bleiben sie Single. Warum? Sie daten falsch. Und daran sind sie nicht einmal selbst schuld. Du übrigens auch nicht. Häufig sind es die Apps, die wir benutzen, die uns zu Irrtümern verleiten.

Michael J. Rosenfeld, Professor für Soziologie an der Universität Stanford, hat Paare befragt, wo sie sich kennengelernt hatten. Die häufigste Antwort lautete: »online«.[78] An zweiter Stelle stand: »in einer Bar oder einem Restaurant«. Und an dritter: »über gemeinsame Freunde«. (Weniger häufige Antworten waren »beim Rodeo«, »während ich mich bei einem Fremden über diese verdammten Dating-Apps beschwert habe« oder »im *Red Lobster*«.)

Das digitale Daten ist in den letzten 20 Jahren förmlich explodiert. Laut Rosenfeld lernten sich 1995 nur zwei Prozent der Paare online kennen, heute sind es 39 Prozent.[79] Und da immer mehr digital daten, lernen immer weniger Menschen ihren Partner durch ihr soziales Netzwerk kennen – Freunde, Familie und Arbeit – oder in ihren jeweiligen Gemeinschaften, zum Beispiel in Schule oder Kirche.

Ähnlich wie alle anderen Social-Media-Giganten können auch einschlägige Apps gute Beziehungen stiften. Aber sie können eben auch zu Fehlschlüssen verleiten, sogenannten *kognitiven Verzerrungen*. Da mittlerweile so viele Menschen online daten – selbst App-Verweigerer gehen mit Leuten aus, die zur Nutzergemeinde zählen –, üben die App-Programmierer einen subtilen, aber erstaunlichen Einfluss auf unser Liebesleben aus. Schließlich schaffen sie die Rahmenbedingungen für unsere Datingentscheidungen. Und dadurch beeinflussen sie auch die Entscheidung selbst.

Die klassische Wirtschaftswissenschaft geht davon aus, dass Menschen gleichbleibende, konstante Vorlieben hegen. Verhaltensökonomen wissen jedoch, dass das nicht stimmt. Tatsächlich unterliegen wir ständig *Umwelt-*

einflüssen. Das Umfeld, in dem wir unsere Entscheidung treffen, beeinflusst uns dabei, egal, ob das ein physischer Ort oder eine digitale Landschaft ist. Wofür wir uns entscheiden, wird stark davon beeinflusst, wie die Optionen präsentiert werden. Wir denken vielleicht, dass unsere Vorlieben gleichbleibend sind. Tatsächlich sind sie aber recht wandelbar.

Hier ein Beispiel, das mit unseren Leibspeisen zu tun hat. Vor einigen Jahren diagnostizierte Google bei seinen Mitarbeitern eine »M&M-Sucht«.[80] Um die Leute zu motivieren, sich in puncto Ernährung für gesündere Alternativen zu entscheiden, machte sich ein Team daran, eine andere Form der Präsentation für die Snacks zu entwickeln. Die bunten Schokolinsen wurden nicht mehr in riesigen, transparenten Behältern angeboten, sondern kamen in beschriftete, undurchsichtige Gefäße, in denen sie weniger verlockend sind. Gesündere Snacks, wie getrocknete Feigen und Pistazien, wurden gleich daneben in Glasschalen angeboten.

Bei den Google-Mitarbeitern handelt es sich samt und sonders um lauter hochintelligente Techies. Sie wussten natürlich, dass auch gesunde Snacks zur Auswahl standen. Doch erst das veränderte *Umfeld* der Präsentation führte dazu, dass allein in der New Yorker Zweigstelle über einen Zeitraum von sieben Wochen 3,1 Millionen weniger M&M-Kalorien konsumiert wurden. Die *Washington Post,* die das Experiment journalistisch begleitete, schrieb: »Das heißt, dass jeder der 2000 Mitarbeiter der Zweigstelle neun Päckchen in Automatengröße weniger verzehrte.« Die Vorlieben der Google-Mitarbeiter waren die gleichen geblieben. Allein die Tatsache, dass die bunten Linsen nicht mehr auf dem Präsentierteller dargeboten wurden, hatte diese Verhaltensänderung bewirkt. Insofern hat das Umfeld die Entscheidung der Mitarbeiter beeinflusst.

Beim modernen Daten stellt die Dating-App unser Entscheidungsumfeld dar. Wir werden beeinflusst von der Art, wie und in welcher Reihenfolge die App uns passende Partner präsentiert. Das ist der Grund, warum manche meiner Klienten einen Vorschlag in der einen App wegwischen, ein paar Wochen später in einer anderen App aber annehmen. Kleine Unterschiede im Umfeld haben enormen Einfluss auf unsere Wahl.

Eines möchte ich aber klarstellen: Ich bin nicht gegen Dating-Apps. Apps haben Millionen glücklicher Paare zusammengebracht, die sich anders wohl nie kennengelernt hätten. Von ihnen profitieren vor allem Singles in sogenannten »engen Märkten« mit einem begrenzten »Angebot«: zum Beispiel die LGBTQ-Community, Menschen in dünn besiedelten Gebieten und Partnersuchende über 50.[81] Außerdem ist Dating-App nicht gleich Dating-App. Ich bin ein großer Fan von Apps, die ihre Anwender dabei unterstützen, sich ins wirkliche Leben hinauszuwagen.

(Nachdem ich dieses Buch zu Ende geschrieben hatte, nahm ich eine Stellung als wissenschaftliche Beraterin bei der Dating-App *Hinge* an. *Hinge* hat sich zum Ziel gesetzt, seine Nutzer weg von der App und zu richtigen Dates zu bewegen – was sich auch im Motto der App ausdrückt: »Gemacht, um gelöscht zu werden«. *Hinge* hat mich engagiert, das zu tun, was ich auch mit diesem Buch versuche: Millionen Menschen in aller Welt beizubringen, wie sie effektiver daten können.)

Aber leider sind viele Dating-Apps darauf programmiert, Informationen so zu präsentieren, dass wir uns auf die falschen Dinge fokussieren.

Das muss aber nicht sein. Ich werde dir zeigen, wie du solche Apps zu deinem Vorteil nutzen und die Tücken des digitalen Datings umgehen kannst.

WIR DATEN FALSCH

Ich schrieb gerade eine E-Mail, als Jonathan an meine Tür klopfte. Er kam 15 Minuten zu spät zu seiner ersten Sitzung. Ich dachte, er würde gar nicht erst kommen.

»Sorry, sorry!«, sagte er und reichte mir seine riesige Hand. »Ich bin in der Arbeit hängen geblieben.«

Jonathan war groß, fit und charmant. Wenn er lächelte oder den Buchstaben »c« aussprach (wie in CEO, was sein aktuelle Berufsbezeichnung war), zeigten sich seine Grübchen. Er stammte aus dem Mittleren Westen und lebte seit fünf Jahren in San Francisco. Den Großteil dieser Zeit war er Single gewesen, von ein paar vielversprechenden Begegnungen mal abgesehen, die sich dann irgendwie doch in Luft auflösten. Nachdem er jahrelang mit Dating-Apps gekämpft hatte, war er nun zu mir gekommen.

Während unserer ersten Sitzungen erfuhr ich, dass Jonathan hohe Maßstäbe an sich selbst anlegte. Er war auch in anderen Bereichen seines Lebens erfolgreich: An der Uni war er Präsident der Studierendenvertretung gewesen. Er hatte mehrere internationale Preise gewonnen, war Rhodes-Stipendiat an der Uni Oxford gewesen und dergleichen mehr. Er war ehrgeizig, aber auch rücksichtsvoll und witzig. (Die Art von Mensch, die uns unsere Eltern immer als leuchtendes Beispiel hingestellt haben.)

Er meinte: »Ich bin ja auf den Apps unterwegs. Ich hatte unzählige Dates. Ich weiß, was ich will, aber ich habe ihn einfach noch nicht gefunden. Ich suche einen fitten Managertyp von mindestens 1,90 Meter. Können Sie mir helfen?«

»Ja, das kann ich«, antwortete ich. »Aber nicht so, wie Sie denken.«

Jonathan brauchte keinen Kontakt zu dem *richtigen* hochgewachsenen Geschäftsmann. Er musste lernen, sein Anforderungsprofil vernünftiger zu gestalten. Also schauten wir uns als Erstes an, wie die Dating-Apps auf ihn wirkten.

Problem Nr. 1: Unser Gehirn konzentriert sich auf messbare und leicht vergleichbare Daten. Apps präsentieren oberflächliche Merkmale und verstärken so diese Tendenz noch.

Wie wir im vorigen Kapitel sehen konnten, sind sich die Wissenschaftler, was das Dating angeht, einig: Kriterien für den langfristigen Erfolg einer Beziehung sind emotionale Stabilität, Güte, Loyalität und die Frage, wie wir uns in Gegenwart eines Menschen fühlen.

Doch in den aktuellen Dating-Apps taucht *keines* dieser Kriterien auf. Wie auch? Es ist schwer genug, Persönlichkeitsmerkmale genau zu messen, und noch schwerer festzustellen, was diese bei dir auslösen. Dating-Apps sind auf die Informationen beschränkt, die sich zuverlässig erfassen und katalogisieren lassen: Größe, Alter, Ausbildung, Beruf. Und dazukommt, ob man ein Händchen dafür hat, von sich selbst schmeichelhafte Fotos einzustellen, auf denen man cool, aber nicht zu abgehoben und sexy, aber auch süß wirkt.

Das ist ein Problem. Oder wie Managementberater sagen: »Du bist, was du misst.« Der Verhaltensökonom Dan Ariely schrieb in der Harvard Business Review: »Menschen passen ihr Verhalten an Messungen an. Alles, was du misst, bringt einen anderen dazu, seine Punktzahl auf dieser Skala zu verbessern. Du bekommst also genau das, was du misst. Punkt.«[82] Wenn du ein Vielflieger-Rabattsystem einführst und den Kunden einbläust, dass diese Zahl wichtig ist, so Ariely, dann werden sie anfangen, völlig absurde Flüge von entlegenen Flughäfen zu buchen, nur um ihre Vielfliegermeilen zu steigern. Anders gesagt: Wir sind beeinflussbar. Zeig uns eine Skala, und wir gehen davon aus, dass sie wichtig ist. Die Menschheit hat bestimmte oberflächliche Merkmale immer schon für wichtig gehalten. Nun aber, wo die Apps diese so prominent präsentieren, schätzt man ihre Bedeutung noch höher ein. Einfach nur, weil diese Merkmale gemessen, präsentiert und hervorgehoben werden können.

Chris Hsee, Professor an der Universität von Chicago, beschreibt das Konzept der *Evaluierbarkeit*: Je einfacher es ist, bestimmte Merkmale zu vergleichen, desto wichtiger scheinen sie uns.[83]

Stell dir mal folgendes Szenario vor (und geh dabei, zumindest für den Moment, davon aus, dass du auf Männer stehst): Ich spreche dich auf der Straße an und sage: »Sie können mit einem dieser beiden Singlemänner ein Date haben. Einer von ihnen ist 1,75 Meter, der andere ist zweieinhalb Zentimeter größer. Aber der Kleinere verdient mehr Geld. Welchen würden Sie wählen?«

Vermutlich würdest du weggehen und dich fragen, warum eine total Fremde dir so eine verrückte Frage stellt. Wenn du aber bleibst, lege ich dir gleich die nächste Frage vor: »Wie viel müsste der kleinere Mann mehr verdienen, damit Sie ihn attraktiver fänden als den größeren?«

An diesem Punkt würdest du wahrscheinlich anfangen, zu lachen, und sagen, dass es unmöglich ist, da eine Zahl anzugeben. Doch aufgrund der Forschungen von Dan Ariely wissen wir, dass dem nicht so ist.[84] Er hat entdeckt, dass es tatsächlich einen quantifizierbaren Zusammenhang zwischen Körpergröße, Einkommen und Erfolg auf den Dating-Apps gibt. Und die Zahl ist nicht gerade mickrig. Ariely nutzte Daten von einer bekannten Dating-App und fand heraus, dass ein Mann 40 000 Dollar mehr verdienen müsste, um einen Größenunterschied von zweieinhalb Zentimetern wettzumachen.

Ja, tatsächlich: 40 000 Dollar.

Das Phänomen der Evaluierbarkeit liefert uns die Erklärung, warum das so ist. Im wirklichen Leben lernst du Männer mit 1,75 oder 1,77 Meter kennen und wirst den Größenunterschied nicht mal bemerken. (Und natürlich weißt du auch nicht, wer wie viel verdient. Außer die Typen reiben es dir sofort unter die Nase, was wirklich recht angeberisch wäre.)

Aber wie wir gerade gehört haben: Je leichter sich eine Eigenschaft vergleichen lässt, desto wichtiger kommt sie uns vor. In den Apps lässt sich die Körpergröße schnell vergleichen. Frauen stehen seit jeher auf große Männer, aber diese Vorliebe wird von der digitalen Welt noch verstärkt. Da sich die Körpergröße auf allen Dating-Apps vergleichen lässt, haben kleine Männer digital deutlich geringere Chancen, Partner zu finden, als im wahren Leben. Kein Wunder also, dass Jonathan die Körpergröße seines potenziellen Ehemannes so wichtig nahm!

Vielleicht fragst du dich ja jetzt, welchen Einfluss das Einkommen darauf hat, ob eine Frau als begehrenswert gilt? Die Antwort: gar keinen! Ein hohes Einkommen wirkt auf Singlemänner, die sich auf Datingwebseiten umschauen, offensichtlich nicht auf die gleiche Weise wie auf Singlefrauen. Männer interessieren sich am meisten für den Body-Mass-Index (BMI). Sie bevorzugen Frauen mit einem BMI von etwa 18,5, was heißt, dass die Frau leichtes Untergewicht hat. Was sie verdient oder wie ihr Bildungsstand ist, interessiert sie kein bisschen. Auch hier gilt: Männer schätzen die Figur potenzieller Lebenspartnerinnen keineswegs als wichtigste Eigenschaft ein, sie kleben nur einfach an der von den Apps vorgegebenen Menge gut vergleichbarer Eigenschaften. (Und ja: schrecklich!)

Was mich zu der Frage zurückführt, warum ich damals Scott auf Tinder nach links gewischt habe. Auch ich wählte meine Partner nach den oberflächlichen Eigenschaften aus, die die Dating-App vorgab. Ich hatte mir ein Bild von meinem idealen Partner gemacht, dem er einfach nicht entsprach. Hättest du mich damals beim Swipen gefragt, was ich mir von einem Partner wünsche, hätte ich wohl kaum geantwortet: »Einen 1,75 Meter großen, rothaarigen Ingenieur, der Veganer ist«. Ich hätte vermutlich mindestens

1,80 Meter angegeben und Scott nie kennengelernt. Und doch – nachdem ich eine ganze Reihe Männer gedatet hatte – habe ich herausgefunden, dass er der Mann ist, der mich am glücklichsten macht. (Und er ist keineswegs der Kumpeltyp, als der er auf den Fotos rüberkam.)

Was ich damit sagen will: Apps führen uns in die Irre, weil sie messbare, vergleichbare Eigenschaften in den Vordergrund stellen. Damit verleiten sie uns dazu, diese Merkmale wichtiger zu nehmen und dafür ausgerechnet jene Qualitäten zu vernachlässigen, die nachgewiesenermaßen am meisten zählen.

Problem Nr. 2: Wir glauben, zu wissen, was wir wollen, aber das stimmt nicht. Die Apps lassen uns gute potenzielle Partner gar nicht erst erkennen.

Meine Klienten kommen häufig an mit langen Listen all der Eigenschaften, die ihr Partner aufweisen soll. Seltsamerweise aber sind die wenigsten wirklich mit *vielen* Menschen ausgegangen. Wir sind unerfahren, vor allem mangelt es uns an Wissen, wer langfristig zu uns passt. Dabei halten wir uns für die absoluten Experten, was unser persönliches Glück angeht.

Das ist ein ganz entscheidender Punkt! Bitte unterstreich den folgenden Satz dick: Viele haben keine Ahnung, mit welchem Partnertyp wir langfristig Erfüllung finden.

Ja, wir *glauben* zu wissen, was wir wollen. Und wir haben da unsere langen Checklisten. Aber das sind vermutlich *nicht* die Eigenschaften des Menschen, in den wir uns dann verlieben. Der Mensch, der schließlich unser Partner wird, ist vielleicht ganz anders, als wir uns das vorgestellt haben. Ich habe schließlich auch nicht nach einem veganen Ingenieur gesucht.

Dass wir nicht wissen, wer uns langfristig glücklich macht, ist kein neues, der Technologie geschuldetes Problem. Aber im wirklichen Leben lernst du eben alle möglichen potenziellen Partner kennen: große und kleine, dicke und dünne, intellektuelle, witzige, introvertierte, religiöse, atheistische und so weiter. Wenn du jemanden in der realen Welt kennenlernst – beim Buchclub, im Töpferkurs, bei der Geburtstagsfeier deines Freundes –, dann triffst du eben nicht nur auf Menschen, die dein sogenannter »Typ«

sind. Mit diesen Leuten ergibt sich vielleicht ein Flirt und am Ende möglicherweise sogar mehr. Und es wird dich angenehm überraschen, wie falsch du mit deiner Vorstellung gelegen hast, dass du unbedingt jemanden brauchst, der größer ist als du oder der religiös erzogen wurde.

Bei Dating-Apps kommt es aber gar nicht erst dazu, dass sich deine Vorstellungen als falsch herausstellen, weil du Leute, die nicht »dein Typ« sind, von vornherein aussortierst.

Ich habe einmal eine Reihe von Leuten interviewt, die ihre Partner offline kennengelernt haben. Ich fragte sie zum Beispiel: »Wenn Sie Ihren aktuellen Partner online kennengelernt hätten, hätten Sie nach links oder nach rechts gewischt?« Und viele gaben an, dass sie ihrem Partner gar nicht begegnet wären, weil ihre App-Einstellungen ihn oder sie ausgefiltert hätten. »Meine Alterseinstellung war ›höchstens ein Jahr älter als ich‹«, erzählte mir einer der Männer. »Ich hatte angegeben, dass ich nur Juden daten wollte. Dabei ist mein aktueller Partner Buddhist«, sagte ein anderer.

Viele digitale Dienstleister verlangen von uns, bei der Anmeldung persönliche Vorlieben anzugeben. *Netflix* zum Beispiel fragt, welche Filme du magst. Dating-Apps wollen wissen, wie dein potenzieller Partner sein darf: Wie jung darf er höchstens sein? Wie alt? Wie groß oder zierlich muss er/sie sein? Ist dir wichtig, mit einem Nichtraucher zusammen zu sein? Oder einem Drogenkonsumenten? Einem Nichttrinker?

Praktisch gesehen ist das durchaus sinnvoll, denn die Apps nutzen diese Vorauswahl, um die Anzahl potenzieller Treffer einzuschränken. Dating-Apps können uns schließlich nicht eine unbegrenzte Zahl an Menschen vorstellen. Irgendwie müssen sie den Kreis einschränken. Aber eben über diese Voreinstellungen machen sich die wenigsten Leute Gedanken. Gerade bei der Anmeldung haben die Menschen es meist eilig, weil sie so schnell wie möglich ihre Matchliste begutachten wollen. Gewöhnlich werden die Fragen ohne viel Nachdenken beantwortet, fast, als würden sie ein Sandwich bestellen: geräucherte Putenbrust, Dijonsenf und gereifter Cheddarkäse. Wenn wir aber in der Dating-App genauso flott ordern, finden wir unser Glück vielleicht nie.

Die Angaben, die wir gemacht haben, entfalten einen massiven Einfluss auf unsere Datingerfahrung, denn sie filtern gute Vorschläge möglicherweise heraus. Das wäre so, als würden wir vor lauter Eile bei der Sandwichbestellung nur das Kästchen »Truthahn« ankreuzen und dann feststellen, dass wir in Zukunft immer nur Truthahn-Sandwiches bekämen.

Natürlich können wir auch nach der Anmeldung unsere Vorgaben in der App ändern, aber die meisten tun das nicht. Das liegt am sogenannten *Status-quo-Fehler,* unserer Tendenz, den Istzustand beibehalten zu wollen – *bloß nichts durcheinanderbringen!*[85] Daher sind Geschäftsmodelle, die eine Anmeldung verlangen, besonders lukrativ. Verlängert sich deine Mitgliedschaft im Fitnessstudio jeden Monat automatisch, dann ist die Wahrscheinlichkeit, dass du deinen Vertrag kündigst, viel geringer, als wenn du jeden Monat entscheiden müsstest, ob du weitermachen willst.

Das Gleiche passiert, wenn die Leute sich bei einer Dating-App registrieren. Sobald sie bei der Anmeldung ihre Angaben zum Wunschpartner gemacht haben, sinkt die Wahrscheinlichkeit, dass sie diese später noch einmal ändern. Die Apps schlagen uns Dates vor, die diesen Kriterien entsprechen – den Typ Mensch, von dem wir *glauben,* dass wir ihn uns wünschen. Wenn du meinst, nie mit einer Frau ausgehen zu können, die größer ist als du, und die Apps dir nur kleinere Damen vorschlagen, dann bekommst du nie die Chance, deine Vorstellung als falsch zu erkennen.

Problem Nr. 3: Apps fördern »Relationshopping« – die gezielte Suche nach potenziellen Partnern analog zum Stöbern nach guten Kaufgelegenheiten

Viele recherchieren heute ausführlich im Internet, bevor sie etwas kaufen. Willst du zum Beispiel einen Fotoapparat erwerben, dann vergleichst du alle möglichen Daten – Auflösung, Bildqualität, Gewicht, Akkulaufzeit, Kosten und so weiter. Dating-Apps schaffen die Illusion, dass wir an die Partnerwahl genauso herangehen können.

Hat die Forschung den Übergang vom Fremden oder Freund zum Partner einst *Relationshipping* getauft, so ist nun vom *Relationshopping* die Rede, das uns nach einem Partner suchen lässt wie nach einem Paar neuer Schuhe.[86] Aber wenn wir mit potenziellen Partnern umgehen wie mit Konsumartikeln, dann bringt uns das mit Sicherheit in Schwierigkeiten.

Ein Team von Verhaltensökonomen um Michael Norton und Dan Ariely hat in einem wissenschaftlichen Aufsatz beschrieben, dass viele Konsumgüter »recherchierbare Güter« seien wie Kameras, Waschmittel und Großbildfernseher – lauter Dinge, die man aufgrund objektiver Daten vergleichen kann.[87] Diese unterscheiden sich von den »Erfahrungsgütern«, die man »beurteilt nach dem Gefühl, das sie auslösen, und nicht nach der Funktion, die sie erfüllen. Zu den Erfahrungsgütern gehören Filme, Parfüm, Welpen und das Essen im Restaurant – durchweg Güter also, die durch Attribute bestimmt sind, die wir ihnen zuschreiben: subjektiv, ästhetisch, ganzheitlich, emotional und ganz auf die Empfindung abgestimmt, die sie hervorrufen. Um eine solche Einschätzung vorzunehmen, braucht es Menschen. Wir können diese Güter nicht aus zweiter Hand einschätzen.«

Wir alle haben schon mal Filme gesehen, die eine schlechte Kritik bekommen haben, obwohl sie uns wirklich gefielen. Oder Wein getrunken, der angeblich fantastisch sein sollte, nur dass unsere Zunge sich danach pelzig anfühlte. Diese Güter unmittelbar zu erfahren, hat uns entweder positiv oder negativ überrascht. Und der Evaluierungsprozess war sehr viel persönlicher als die Auswahl des richtigen Weitwinkelobjektivs.

Menschen, so die Autoren dieses Fachartikels, sind ebenfalls solche »Erfahrungsgüter«. Wir sind nicht wie Kameras. Wir sind eher wie Wein. (Wenn du mich gerne liest, dann bist du vermutlich vollmundig, ein wenig trocken und wirst mit dem Alter immer besser.) Man kann uns nicht verstehen, indem man einfach unsere Einzelteile unter die Lupe nimmt und vergleicht. Doch die Dating-Apps haben lebendige, atmende, dreidimensionale Menschen in zweidimensionale, recherchierbare Güter verwandelt. Sie vermitteln uns den falschen Eindruck, man könne Menschen in ihre Bestandteile zerlegen und sie vergleichen, um das beste Angebot zu entdecken.

Apps enthüllen uns eine Liste von Eigenschaften, die für einen Lebenslauf taugen, aber nicht mehr. Nur wenn wir Zeit mit jemandem verbringen, können wir herausfinden, ob wir diesen Menschen auch als »Erfahrungsgut« schätzen könnten.

Problem Nr. 4: Apps verstärken die Unentschlossenheit

Am ersten Abend, nachdem ich mir *Tinder* heruntergeladen hatte, brachte ich sechs Stunden nur mit Wischen zu. Ja, das ist länger, als es dauert, die erste Staffel der TV-Komödie *Fleabag* am Stück zu gucken. Ich blätterte durch Hunderte, wenn nicht Tausende von Profilen. Als wäre es nicht genug, dass Dating-Apps uns von den Aspekten ablenken, die für eine Beziehung wichtig sind. Sie machen uns auch die Entscheidung schwer, mit wem wir denn nun ausgehen sollen. Unser Gehirn ist einfach nicht dafür geschaffen, unter so vielen Partnervorschlägen eine Auswahl zu treffen.

Erinnerst du dich, was Professor Barry Schwartz über das Auswahlparadox herausgefunden hat? Wir nehmen an, dass wir umso glücklicher sind, je mehr Alternativen uns zur Auswahl stehen, aber meist ist das nicht der Fall.[88] Zu viele Optionen machen uns sogar *weniger* glücklich, weil wir unter der Qual der Wahl leiden. Es überfordert uns, sämtliche Möglichkeiten miteinander zu vergleichen. Irgendwann geben wir resigniert auf und treffen gar keine Entscheidung.

Sheena Iyengar von der Columbia University und Mark Lepper von der Universität Stanford haben diesen Effekt in einer mittlerweile berühmt gewordenen Studie nachgewiesen.[89] In einem Feinschmeckerladen boten sie an einem eigens dafür aufgestellten Tisch selbst gemachte Marmeladen zum Verkosten an. Standen 24 Marmeladen zur Auswahl, machten die Kunden eher von dem Angebot Gebrauch, als wenn sie nur zwischen sechs Marmeladensorten wählen konnten. Doch die Kunden, die von den 24 Sorten probiert hatten, kauften seltener Marmelade als jene Kunden, die nur sechs Sorten zur Auswahl hatten. Die Forscher erklärten dies so: Kannst du nur zwischen sechs Marmeladen wählen, traust du dir eher eine begründete Entscheidung zu, welche dir am besten geschmeckt hat. Dagegen überfordern 24 Sorten den Kunden, sodass er gar keine Entscheidung trifft.

Das heißt: Wenn du den Feinschmeckerladen wieder verlässt, gehst du halt ohne Marmelade nach Hause. In der Welt der Dating-Apps aber bedeutet das, dass du keinen Beziehungspartner findest (keine Marmelade, tut mir leid). Und sich für einen möglichen Partner zu entscheiden, ist sehr viel schwieriger, als eine von 24 Marmeladensorten zu wählen: Du hast ja nicht nur 24 Möglichkeiten zur Auswahl, sondern Tausende. Und darunter sollst du die eine Person finden, mit der du für den Rest deines Lebens zusammenbleiben möchtest. Diese Art von Dating überfordert uns häufig so, dass wir am Ende gar kein Date mehr vereinbaren. Und selbst wenn wir es tun, finden wir nicht heraus, mit wem es uns ernst ist und mit wem nicht.

Und das ist nicht das einzige Problem. Denn Professor Schwartz hat auch entdeckt, dass wir, selbst wenn wir mit dem Überangebot zurechtkommen, letztendlich mit unserer Entscheidung doch nicht wirklich zufrieden sind. (Ein Effekt, der noch verstärkt wird, wenn du zu den Maximalisten gehörst, mit denen wir uns in Kapitel 4 auseinandergesetzt haben.)

Dann plagen uns alle möglichen Zweifel: *Und wenn ich mich doch für jemand anderen entschieden hätte? Wäre das vielleicht doch besser gewesen? Wäre ich dann jetzt glücklicher?* Solche Gedanken führen nur in die dunkle Gasse der Reue, in der sich der Effekt noch verstärkt. Je mehr Alternativen du hast, desto mehr Möglichkeiten gibt es auch, deine Wahl zu bedauern. Das kann bis zur Depression gehen.

In diesem Fall *ist weniger tatsächlich mehr* oder zumindest erfüllender.

Ich habe mittlerweile mit den unterschiedlichsten Menschen gearbeitet, die auf der Datingautobahn unterwegs waren. Ich weiß, dass nicht jeder beim Daten das Auswahlparadox erlebt. Das hängt stark von Faktoren ab wie Alter, Ethnie, Geschlecht, sexuelle Orientierung sowie Wohnort. All diese Faktoren beeinflussen die Größe deines Datingpools. (Viele meiner Klienten *wünschten* sich, sie hätten die Qual der Wahl.) Wenn du aber zu jenen Leuten gehörst, die viele Matches angezeigt bekommen, oder du einfach mal wissen willst, durch wie viele Profile du swipen kannst, dann beginnst du vielleicht gerade, zu begreifen, welchen Einfluss das Auswahlparadox haben kann.

Vergiss nicht: Du bist auf der Dating-App unterwegs, weil du dich im wirklichen Leben mit jemandem treffen willst. Nicht, weil du jeden Abend deines Lebens mit Swipen verbringen möchtest.

Problem Nr. 5: Wenn wir von einem anderen Menschen nur eine grobe Skizze haben, ergänzen wir die Leerstellen mit schmeichelhaften Details. Wir erschaffen ein unrealistisches Fantasiebild von diesem Menschen, das ganz automatisch zu Enttäuschungen führt.

In *Clueless – Was sonst!* – einem meiner absoluten Lieblingsfilme – fragt das Mauerblümchen Tai ihre überaus beliebte Mitschülerin Cher, was sie von Amber, einer anderen Klassenkameradin, halte. Und Cher antwortet: »Sie ist so ein Monet. Als wäre sie ein Bild. Aus der Ferne schön, aber aus der Nähe betrachtet ein einziges Chaos.«

In Anlehnung daran nenne ich diesen Wahrnehmungsfehler den *Monet-Effekt*. Wenn wir nur ein grobes Bild von jemandem haben, füllt unser Gehirn, das auf ein positives Resultat hofft, die Lücken voller Optimismus aus. Dieser Mensch erscheint uns dann viel begehrenswerter, als er in Wirklichkeit ist. Erst später, wenn unsere Fantasiegestalt sich in einen realen Menschen verwandelt, sehen wir ihre Mängel.

In der Geschäftswelt kommt das immer wieder vor. Wenn Unternehmen einen neuen CEO suchen, haben sie zwei Optionen: Entweder sie entscheiden sich für einen internen Kandidaten oder sie stellen einen Externen ein. Forschungsarbeiten belegen, dass Unternehmen, die sich für externe Bewerber entscheiden, unglaublich hohe Erwartungen an die Kandidaten hegen.[90] Aus der Überprüfung einer externen Bewerbung wird man immer nur ungefähre Daten erhalten. Der Bewerber wird unterstreichen, welche Gewinne er bereits erzielt hat. Interne Kandidaten dagegen kennt man besser. Man weiß über ihre Vorzüge *und* ihre Schwächen Bescheid. Der Monet-Effekt erklärt, warum externe CEOs bei Gehaltsverhandlungen häufiger mehr herausholen als interne Kandidaten[91], aber auch schlechtere Leistungen bringen.[92]

Beim Daten passiert genau dasselbe. Wenn du das Datingprofil eines Menschen studierst, ist das so, als würdest du jemanden aus der Ferne wahrnehmen. Du kennst nur ein paar sorgsam ausgesuchte Fotos und einige grundlegende Informationen. Du vereinbarst ein Date, und dabei stören dich vielleicht die hohe Stimme bzw. die schlechten Tischmanieren. Oder ihr habt eine völlig andere Auffassung davon, wann und wo Flachwitze angebracht sind. (Dein Date: immer und überall. Du: höchstens beim Suchtgucken aller Staffeln von *Full House*.)

Doch du betrachtest solche Fehler nicht als das, was sie sind, nämlich als völlig normal, denn jeder hat nun mal so seine Macken, sondern bist maßlos enttäuscht. Das Bild des perfekten Partners, das du dir zusammengesponnen hast, zerbröselt. Du gehst auf die Toilette und kannst gar nicht anders: Gleich gehst du wieder auf Tinder und fängst wieder an, zu wischen. Du hakst dieses Date ab und malst dir ein neues aus. Mit dem nächsten Traumpartner auf deinem Display, der dir wegen des Monet-Effekts total umwerfend erscheint. Aber wenn du dann *diesen* Menschen im wirklichen Leben triffst, merkst du, dass auch er Fehler hat. Und so geht das fort und fort.

Das ist die klassische »Auf der anderen Seite des Zauns ist das Gras immer grüner«-Reaktion. Du glaubst stets, dass das, was noch auf dich wartet, besser ist als das, was du vor der Nase hast. Somit bist du verdammt, immer denselben endlosen Teufelskreis unerfüllter Beziehungen zu durchleben.

Date Smarter

All diese Probleme stehen dir im Weg, wenn du entscheiden willst, mit wem du ein Date vereinbarst. Weil du dich auf Faktoren konzentrierst, die weniger wichtig sind, als du glaubst. Und du vergleichst Menschen auf eine Weise, die ihr eigentliches Potenzial gar nicht erst zum Vorschein kommen lässt. Aber es gibt Möglichkeiten, auch mit Apps smarter umzugehen.

Ändere deine Filter

Die Matchliste deiner Dating-App spiegelt wider, welche Entscheidungen du bei der Anmeldung getroffen hast. Denk ruhig mal zurück. Du hast gerade die App heruntergeladen und bist voller Hoffnung. Die Vöglein zwitschern, und als die App dich um deine Voreinstellungen in puncto Alter und Körpergröße bittet, hast du es eilig. Du weißt ja, dass hier Hunderte potenzieller Partner auf dich warten.

Aus den oben erläuterten Gründen hast du dabei vielleicht Fehler gemacht. Du *dachtest* zwar, dass du weißt, was du von einem Partner willst, aber vielleicht täuschst du dich ja. Daher hätte ich gerne, dass du ein wenig offener bist, welche Kandidaten die App dir vorstellen darf. Also schnapp dir dein Handy und geh die Einstellungen nochmals durch. Jawohl, für alle Apps! Und ja, jetzt sofort! Könntest du vielleicht ein bisschen flexibler werden, was die Altersgrenzen für deine Matches (zu alt bzw. zu jung) angeht? Und würdest du tatsächlich einen ansonsten in jeder Hinsicht tollen Partner nicht daten, nur weil er bei der Körpergröße nicht das von dir gewünschte Gardemaß besitzt?

Auch die nicht numerischen Angaben solltest du dir vielleicht noch mal überlegen. Zum Beispiel: »Muss mindestens einen höheren Universitätsabschluss haben«. Oder: »Muss katholisch sein«. Solche Ja-Nein-Angaben spiegeln deine Sehnsucht nach tieferen Werten wider – wie intellektuelle Neugier oder ein positives Verhältnis zu Traditionen. Doch diese aus Apps herauszulesen ist schwierig.

Mach dich jetzt sofort an die Arbeit. Ernsthaft! Ich warte so lange. (Mich gelüstet ohnehin schon seit einer Viertelstunde nach einem Sandwich mit geräucherter Putenbrust, Dijonsenf und gereiftem Cheddar.)

Ich habe diese Übung zusammen mit Jonathan gemacht. Er änderte seine Angaben zur Körpergröße und bekam sofort mehr Matches. Intelligenz und Humor waren nicht verhandelbar, aber Jonathan sah ein, dass er diese Eigenschaften selbst herausfinden musste, indem er das Profil der Vorschläge durchging, sich mit ihnen austauschte und sie bei realen Dates besser kennenlernte. Im Hinblick darauf sind die Apps nutzlos.

Ändere deine Wischtechnik

Du hast also deine *Einstellungen* upgedatet. Jetzt arbeiten wir am *Auswahlprozess*.

Hinterfrage deine Vorurteile. Als ich mit einer meiner Klientinnen ihre neuesten Matches durchging, stießen wir auf einen Mann, der gut aussah und eine lustige Biografie hatte. Sie wischte nach links. Ich fragte sie nach dem Grund. Sie antwortete: »Weil er Berater ist, und Berater sind nun mal langweilig.« Wie bitte?! Alle Berater? Jeder einzelne von ihnen? Sie ging davon aus, alles Notwendige zu wissen – auf der Basis eines einzigen Faktums, das ihr von dieser Person bekannt war. Kein Mensch ist, was er tut. Und selbst Leute, die den gleichen Job haben, sind vermutlich höchst verschieden.

Hierzu ein weiteres Beispiel: Ich arbeitete mit einer Klientin, die gerne reiste. Sie wünschte sich daher unbedingt einen viel gereisten Partner. In der gemeinsamen Arbeit stellte sich dann heraus, dass sie in Wirklichkeit Neugier und Abenteuerlust meinte und nicht die Anzahl der Länder, die ihr möglicher Partner schon besucht hatte.

Schneller Vorlauf um ein paar Monate. Sie hatte einen wunderbaren Menschen kennengelernt, der noch nie die Landesgrenzen überschritten hatte, weil es ihm dafür an Geld fehlte. Aber er teilte die Werte, die wir für sie gemeinsam erarbeitet hatten. Er lebte sie so, dass er ein eigenes Unternehmen gegründet hatte. Sie verhalf ihm zu seinem ersten Reisepass, und seitdem gehen sie ständig gemeinsam auf Reisen. Hätte sie nur nach Menschen mit unzähligen Visastempeln im Pass gesucht – wie sie es ursprünglich tun wollte –, dann hätte sie ihm keine Chance gegeben.

Nur weil du weißt, wo jemand schon gewesen ist oder wo er sich heute aufhält, hast du noch keine Ahnung, wohin er künftig unterwegs ist.

Also such nach Gründen, Ja zu sagen. Es ist eine große Versuchung, sich beim Daten nur darauf zu konzentrieren, welche Fehler die Leute angeblich haben, um dann ein scheinbar begründetes Nein auszusprechen. Versuch ruhig mal, weniger voreingenommen vorzugehen. Ich habe schon erlebt, wie Leute Matches wegwischten, weil der oder die Betreffende »Lehrer« war (»Ach, der verdient doch nie genug!«) oder »Yogalehrer«. (»Ich will nicht mit jemandem zusammen sein, der Kristalle anbetet und meine Chakren aktivieren will.«)

Du kennst die Leute nicht, die die App dir präsentiert. Du siehst nur einen winzigen Ausschnitt dessen, was diese Menschen wirklich sind – ein paar Fotos und ein paar grundlegende Infos. Wenn jemand ein »Vielleicht« ist, dann swipe ruhig mal nach rechts und guck, was passiert. Und wenn du deine Matches durchgehst, dann achte darauf, was an diesem Menschen attraktiv ist, statt nur nach Eigenschaften zu suchen, die dich abtörnen.

Charakterzüge anhand der Informationen in der App zu erkennen ist eher eine Kunst als eine Wissenschaft. Geh nicht davon aus, dass du immer weißt, was die Leute mit ihren Antworten meinen. Wenn jemand in der Rubrik »Nehme gelegentlich Drogen« mit Ja antwortet, heißt das dann: »Ich ziehe auf Campingtrips gelegentlich einen Joint durch.« Oder: »Hin und wieder spritze ich mir Black-Tar-Heroin.« Heißt das Kreuzchen bei »katholisch« nun, dass die Person katholisch erzogen wurde, aber nicht aktiv praktiziert? Oder dass sie jeden Sonntag bei der Messe in der ersten Bank sitzt?

Nimm nicht an, dass du genau weißt, was die Person meint, wenn sie dieselben vagen Fragen beantwortet, mit denen du zu kämpfen hattest. Triff dich also ruhig mit den Betreffenden und versuche, selbst herauszufinden, was an dieser Antwort dran ist.

Vereinbare ruhig auch mal ein Treffen mit Menschen, die du nicht für hundertprozentig passend hältst. Nur so kannst du herausfinden, was du tatsächlich schätzt, statt einfach nur anzunehmen, dass du ohnehin schon alles Wissenswerte weißt.

Eine meiner Bekannten ließ sich auf Facebook mal darüber aus, wie »traurig und idiotisch« die Onlinedater von heute sind. Als Beleg postete sie ein Profil, das sie kürzlich studiert hatte. Unter der Rubrik »Meine irrationalste Angst« hatte der Mann geschrieben: »Jemanden zu heiraten, dessen Name kein tolles Hochzeitshashtag ergibt.« Sie fand seine Antwort oberflächlich und – ich zitiere aus ihrem Facebook-Post – »symbolisch für den Niedergang des Millennium-Datens«. (Falls du nicht weißt, was ein Hochzeitshashtag ist: Paare machen dabei aus ihrem Namen ein witziges Schlagwort, unter denen die Gäste der Hochzeitsfeier ihre Fotos posten können. Als meine Freundin Dani ihren Liebsten Eric Helitzer heiratete, lautete der Hashtag #highwaytohelitzer – eine Anspielung auf den AC/DC-Song.

Ich und mit mir viele andere, die auf ihren Post antworteten, waren mit dieser Sicht nicht einverstanden. Anfangs widerstand ich noch dem Impuls, mich einzumischen. Andererseits konnte ich das auch nicht unkommentiert lassen. Ich schrieb: »Randnotiz: Ich halte es für einen Fehler, jemanden nur aufgrund einer Antwort auf eine einzige Frage in einer Dating-App so harsch zu beurteilen. Ich habe viele Menschen dabei begleitet, ein Datingprofil zu entwerfen. Die meisten wollen das schnell hinter sich bringen, um zu sehen, welche Vorschläge auf sie warten. Was dir oberflächlich erscheint, empfinde ich als ironisches Augenzwinkern. In meinen Augen war dieser Mann schon auf so vielen Hochzeiten, dass er den Unsinn der Hochzeitshashtags sarkastisch kommentiert. Er ist also vielleicht ein loyaler Typ, der einen großen Freundeskreis hat. Und wenn viele seiner Freunde schon verheiratet sind, strebt er das vielleicht auch an. Seine Antwort lässt auch vermuten, dass er Witze zu schätzen weiß und hofft, jemanden zu ehelichen, dessen Name sich für einen lustigen Hashtag eignet.«

Meine Bekannte antwortete, dass sie Witz bei einem Menschen durchaus zu schätzen wusste und gern bereit sei, ihre Meinung über diesen Mann noch einmal zu überdenken. Am liebsten würde sie noch einmal zurückgehen und dann nach rechts swipen.

Ich will damit nicht sagen, dass du bei jedem Vorschlag nach rechts wischen solltest. Aber sei offen für die Tatsache, dass Menschen in Wahrheit viel interessanter sein können, als ihr Profil dies vermuten lässt.

Reduziere die Anzahl deiner Dates innerhalb eines Zeitraums

An diesem Punkt fragst du dich vermutlich: »Warte mal, ist das nicht das genaue Gegenteil von dem, was du mir gerade empfohlen hast?« Nein. Ich möchte, dass du deine Filter so einstellst, dass du mehr Vorschläge bekommst, und mit diesen Menschen auch ausgehst. Aber – und das ist ein dickes Aber – ich möchte nicht, dass du zur selben Zeit unzählige Menschen datest. Das verschlimmert nur den Monet-Effekt.

Nur zu leicht verfällt man in den Swipe-Modus: Man wischt und wischt und datet und datet. Es ist nicht dein Fehler, dass man nach Apps süchtig werden kann. Ehrlich. Viele Menschen denken, *Tinder* sei absichtlich so konstruiert worden.[93]

Während die Journalistin Nancy Jo Sales für ihren Dokumentarfilm *Swiped: Hooking Up in the Digital Age* recherchierte, fand sie heraus, dass *Tinder* sich an den Arbeiten des Verhaltensforschers B. F. Skinner orientierte. Der hatte Tauben konditioniert, durch Picken auf eine Scheibe Futter zu erhalten.[94] »Das ist die Dynamik des Swipens«, erklärte Sales im Podcast von Kara Swisher: *Recode Decode*. »Du wischst und erhältst entweder einen

Vorschlag oder eben nicht. Und dann machst du einfach weiter, weil du das Spiel cool findest.« Es ist also kein Wunder, dass ich an meinem ersten *Tinder*-Abend ganze sechs Stunden in die App investierte. (Und in einer Woche einmal angeblich 8,5 Dates hatte. Ich versuche immer noch herauszufinden, was dieses halbe Date gewesen sein könnte.)

Nutze die Apps nicht wie ein Computerspiel. Du wirst bessere Entscheidungen treffen, wenn du dich beschränkst und immer nur mit ein paar Leuten gleichzeitig ausgehst. Versuche, diese paar Leute besser kennenzulernen. Wo mehr Flexibilität bei den App-Einstellungen dir ein größeres Menü serviert, ist sparsames Daten gleichbedeutend mit: jeden Gang genießen.

Eine meiner Klientinnen geht nie mit mehr als drei Männern zugleich aus. Für sie ist das die optimale Zahl. So kann sie jedem die Chance geben, dass sich aus der Bekanntschaft etwas entwickelt. Aber sie kann auch vergleichen, wie sie sich mit jedem der Männer fühlt.

Wenn du es übertreibst und mit zu vielen Partnern gleichzeitig chattest, wird es dir am Ende ergehen wie dem Kunden im Feinkostladen, der vor 24 Marmeladensorten steht. Was dir das bringt? Einen einsamen Nachhauseweg, Bauchschmerzen von zu viel Zucker und zum Frühstück trockenen Toast.

WIE DU DIE APPS SINNVOLL NUTZEN KANNST

Bisher ging es in erster Linie darum, wie du die Profile anderer Leute einschätzt. Aber natürlich nimmt die Mitwelt auch dein Profil in der App unter die Lupe. Wenn du nicht die gewünschten Resultate hast, dann habe ich hier ein paar wissenschaftlich abgesicherte Tipps für dich parat, wie du mehr Matches bekommst und damit auch bessere Dates.

Gute Fotos

Oh ja: Fotos sind wichtig. Sie nehmen auf den Apps den meisten Raum ein. Menschen swipen häufig nur aufgrund des optischen Eindrucks und scrollen nur dann nach unten, falls ihnen das erste Foto gefällt.

Die *Hinge*-Wissenschaftler haben herausgefunden, auf welche Fotos Nutzer am positivsten reagieren, und veröffentlichten ihre Ergebnisse 2017 in einem Blogpost.[95] Für diese Analyse haben sie nach dem Zufallsprinzip Profilfotos von tausend Mitgliedern ausgewählt und sie nach bestimmten Eigenschaften (spontan oder gestellt, breites versus schmallippiges Lächeln) klassifiziert. Anschließend wurden die Reaktionen der Nutzer auf diese Fotos ausgewertet. Hier ein paar praktische Tipps, die sich auf diese Resultate stützen:

- Keine Ratespiele darüber, wie du aussiehst oder ob du Single bist. Bilder, auf denen du nicht klar zu erkennen bist oder auf denen mögliche Partner zu sehen sind, erzielten 90 Prozent weniger Likes als solche, auf denen dies nicht der Fall war. Also: keine Sonnenbrille, keine Bilder, auf denen du mit Menschen zu sehen bist, die dein Partner sein könnten. Noch schlimmer? Ein Gruppenfoto ohne Angabe, wer von diesen Leuten du bist. Ich nenne dies die »Wo ist Walter?«-Bilder. Poste nicht mehr als ein Gruppenfoto, und das mit einem klaren Hinweis, welches Gesicht das deine ist.
- Frauen können ihre Matches um 70 Prozent steigern, wenn sie Fotos posten, auf denen sie allein zu sehen sind, den Blick vom Betrachter weg richten oder strahlend lächeln.
- Männer steigern ihre Chancen mit einem Foto, auf dem sie allein stehen, lächeln, *ohne* ihre Zähne zu zeigen, und direkt in die Kamera blicken.
- Natürliche Fotos schlagen gestellte um Längen. Dabei sind fast 80 Prozent der geposteten Bilder gestellt. Spontane Bilder erhalten mit 15 Prozent höherer Wahrscheinlichkeit ein Like.
- Selfies erzielen keine hohe Zustimmung, vor allem, wenn du sie im Badezimmer machst. Mit solchen Fotos sinkt die Wahrscheinlichkeit, ein Like zu erhalten, um 90 Prozent. (Ein Tipp vom Profi: Wenn du auf Freiersfüßen wandelst, stifte nach Möglichkeit keine gedanklichen Verbindungen zwischen dir und dem stillen Örtchen.) Zeig uns lieber, dass du Freunde hast, die ein Foto von dir machen können.
- Schwarz-Weiß-Fotos sind der Hit. Obwohl sie nur drei Prozent aller geposteten Bilder ausmachen, bewirken sie eine um 106 Prozent gestei-

gerte Wahrscheinlichkeit, Likes zu erhalten. Also überleg dir, ob du dein nächstes Bild nicht monochrom aufnimmst.

Aus der Arbeit mit meinen Klienten weiß ich, dass die meisten Menschen nicht besonders geschickt darin sind, ihre attraktivsten Bilder auszuwählen. Daher habe ich für diesen Zweck ein System entwickelt. Ich bitte meine Klienten, mir zehn bis 20 Fotos zu schicken. Mit ihrer Zustimmung lege ich dafür online ein Album an und schicke dieses dann an Kontakte im ganzen Land, Personen, die meine Klienten wohl nie kennenlernen werden. Diese bringen die Bilder dann in eine Rangfolge: welche Bilder sie gut finden, welche nicht und welches sie für das Profilbild auswählen würden. Meist sind sich meine Kontakte einig darüber, welche Bilder am besten wirken. Und das sind fast *nie* jene, die meine Klienten ausgewählt hätten. Sobald ich ein Muster erkenne, ordne ich die Bilder danach und schicke sie meinen Klienten zurück.

Übung: Wähle bessere Fotos aus

Such zehn oder 20 Fotos von dir aus (idealerweise eine Kombination aus Porträts, Ganzkörperaufnahmen und solchen, die dich bei deinen Lieblingsaktivitäten zeigen wie Kochen oder Wandern). Schick diese dann an mehrere Freunde. Frag sie, welche Bilder sie für dein Datingprofil verwenden würden, welche nicht und welches sie als Profilbild auswählen würden. Oder du führst selbst Experimente durch: Poste der Reihe nach verschiedene Fotos, um zu sehen, welche dir am meisten Matches bringen.

Schreib ein durchdachtes Profil

Präsentiere dich wirklichkeitsgetreu. Ich habe mal mit einer Frau namens Abby gearbeitet, die meinte, sie hätte gerne einen Mann, der sich für Outdooraktivitäten interessiert. Sie fühle sich von »Holzfällertypen« angezogen – Hipstern mit Bart und kariertem Hemd. Auf einem ihrer Fotos war sie beim Wandern zu sehen, im Profil hatte sie angegeben, den Kontakt mit der freien Natur zu lieben. In Wirklichkeit aber fand sie die Natur schrecklich.

»Abby«, sagte ich, »im Fragebogen geben Sie wortwörtlich an: ›Ich gehe nicht gerne campen.‹ Sie sind keine Naturfreundin. Sie möchten nur gerne so wirken, um den Typ Mann zu finden, den Sie glauben, daten zu müssen.« Gemeinsam erstellten wir dann ein Profil, das näher an der Wirklichkeit war. Mit künstlerischen Fotos von ihrer letzten Reise nach Berlin. Mit klarem Hinweis auf ihre Leidenschaft für Jazz und Livekonzerte sowie hochpreisigen Whisky.

Eigentlich sollte das selbstverständlich sein, doch ein gutes Profil sollte *dich* repräsentieren, wie du bist, nicht die Version, die du gerne hättest. Hier ehrlich zu dir selbst zu sein hilft dir, später Kummer zu vermeiden. Abby hätte ihrem hypothetischen Holzfällerfreund sagen müssen, dass sie nicht mit ihm auf einen fünftägigen Lawinenkurs für Fortgeschrittene gehen würde.

Sei genau, wenn du Chats anstoßen möchtest. Das Profil dient dazu, einen Chat in Gang zu setzen und nicht, um unglaublich gescheit zu wirken. Dazu solltest du deinen Besuchern Gelegenheit geben, mit dir in Verbindung zu treten.

Nehmen wir mal den Prompt aus der *Hinge*-App: »Wie muss der Mensch sein, der mich auf eine Hochzeit begleitet?«[96] Wenn du hier schreibst »unverheiratet«, dann ist das zwar witzig, aber es eröffnet anderen keine Möglichkeit, auf deinen Kommentar einzusteigen. Schreibst du hingegen »Muss den Text von *Wannabe* von den Spice Girls kennen«, dann gibt es verschiedene Optionen, wie jemand reagieren könnte: eine Diskussion über die Popmusik der 1990er oder über die Frage, wer beim Karaoke den Part von Scary Spice singt. Schreibst du »Muss mich zum Abtanzen auffordern«, dann kann das eine Debatte entfachen, welche verrückten Tanzstile wer pflegt.

Der beste Weg zu einem spannenden Chat ist immer, so genau wie möglich zu sein. Das kann ruhig skurrile Eigenschaften umfassen, die dich von den anderen abheben. Wenn du sagst »Ich liebe Musik«, dann sagt das noch nicht viel aus, denn wer tut das nicht? Dasselbe gilt für Aussagen wie: Du liebst es, zu reisen, zu essen und zu lachen. Das ist so, als würdest du sagen, dass du Tom Hanks toll findest. Ja, der Typ ist ein echt amerikanischer Held. Erzähl mir nicht, dass du gerne kochst. Beschreib mir lieber dein Spezialrezept und was deine vietnamesische Suppe so außergewöhnlich macht. Je genauer du bist, desto mehr Möglichkeiten gibst du deinen potenziellen Matches, auf deine Marotten einzugehen.

Konzentriere dich auf das, was du magst, nicht auf das, was du nicht schätzt. Es überrascht mich immer wieder, wie viele Menschen den begrenzten(!) Platz in einem solchen Profil nutzen, um zu beschreiben, was sie *nicht* wollen. Ich kann diesen Drang durchaus nachvollziehen, aber das sendet ein negatives Signal. Deine Energie spricht *deine* Leute an.

Nutz also den Platz, um mit Menschen in Kontakt zu kommen, die deine Interessen teilen, nicht deine Beschwerden. Richte dein Augenmerk darauf, was dir Spaß macht, nicht auf Dinge, die dich anöden oder nerven. (Übrigens: Ist dir schon mal aufgefallen, dass die Leute, die »kein Drama, bitte« haben wollen, gewöhnlich die meisten Dramen anzetteln?)

Denk dir eine gute erste Nachricht aus

Schluss mit »Hallöchen« und »Na, wie geht's denn so?« Frag niemanden, wie er das Wochenende verbracht hat. Das ist langweilig! Gute Eröffnungen sind (wieder mal) recht spezifisch.

Das Ziel einer solchen Nachricht ist doch, ein Gespräch in Gang zu bringen, damit du dich bald persönlich mit jemandem treffen kannst. Schau dir das Profil genau an und schreib etwas über ein verstecktes Detail, das nicht jedem gleich ins Auge sticht. Leg ein wenig Humor an den Tag.

Wenn ein Mann beispielsweise immer von der Kamera wegschaut, kannst du schreiben: »Ich sehe, dass du Bilder magst, auf denen du den Blick geheimnisvoll in die Ferne richtest. Ich würde ja zu gerne wissen, was da außerhalb des Bildes los war.« Oder wenn jemand schreibt, dass er die Fernsehserie *Das Büro* liebt, dann könntest du mit deinem Lieblingszitat von Michael Scott anfangen. (Du kannst gerne meinen persönlichen Favoriten klauen: »Mach dir erstens Freunde, zweitens machst du Verkäufe und drittens Liebe. In keiner besonderen Reihenfolge.«)[97] Mach deutlich, dass du dir über deine erste Nachricht Gedanken gemacht hast.

Bleib am Ball

Du hast ein Leben, also starr nicht zu jeder Tages- und Nachtzeit auf dein Handy. Aber selbst, wenn du einen superhektischen Tag hast, solltest du dir 15 Minuten Zeit nehmen, um auf eventuelle Nachrichten zu antworten, vielleicht beim Pendeln oder wenn du bei der Arbeit ausnahmsweise mal Löcher in die Luft starrst. Du willst die Sache ja schließlich am Laufen halten.

Komm auf den Punkt

Komm so schnell wie möglich auf das eigentliche Date zu sprechen. Bei den Apps geht es darum, Menschen im wirklichen Leben zusammenzubringen, nicht einen Brieffreund zu gewinnen. Die negativen Konsequenzen eines zu ausführlichen Chats vor einem Date sind mir immer wieder aufgefallen.

Wenn Leute sich vor einem Date nonstop texten, dann entstehen in ihren Köpfen Fantasiebilder vom anderen (#themoneteffect). Begegnen sie sich dann im realen Leben, entsprechen sie diesen Fantasiebildern höchstwahrscheinlich nicht. Das führt zur Enttäuschung, selbst wenn es mit dem anderen eigentlich gut gepasst hätte. Eine gute Chemie beim Chatten heißt nicht, dass ihr euch im wirklichen Leben auch versteht. Und willst du nicht lieber früher als später wissen, ob das so ist?

Eine gute Überleitung zu der Frage, ob ihr euch jetzt treffen solltet, wäre: »Ich finde das Chatten mit dir toll. Hättest du nicht Lust, das am Sonntagnachmittag bei einem Spaziergang zu wiederholen?«

Das Treffen sollte locker angegangen werden. Schlag am besten gleich einen bestimmten Tag und eine Zeit vor. »Wenn du im wahren Leben genauso charmant bist wie beim Texten, dann sollten wir uns kennenlernen. Vielleicht auf einen Drink am Donnerstag? Gegen 19 Uhr?« Ihr müsst möglicherweise ein paar Mal hin- und herschreiben, um einen Termin zu finden, der euch beiden passt, aber bitte nicht zu oft. Wenn ihr zu lange einen Termin aushandelt, dann raubt das dem Date die Spannung und den Schwung.

Aber manchmal passiert das einfach. Das heißt nicht, dass das Interesse nicht groß genug war. Manchmal haben Leute einfach viel zu tun. Aber wie kommt ihr am besten zusammen, wenn ihr schon mehrmals Textnachrichten ausgetauscht habt? Ich würde dir empfehlen, das Kind beim Namen zu nennen, aber auf nette Art. »Ich finde unsere Onlineplaudereien wirklich schön, würde aber gerne wissen, ob wir von Angesicht zu Angesicht auch so gut zurechtkommen. Wie wäre es mit einem schnellen Drink noch diese Woche?«

Und wenn dein Chatpartner dir das nächste Mal etwas Interessantes erzählt, könntest du zurückschreiben: »Stopp, stopp. Ich würde das gerne persönlich von dir hören! Hättest du diese Woche mal Zeit für ein Treffen, bei dem du mir den Rest der Geschichte erzählst?«

BESSER DATEN!

Ich weiß, dass das Ganze schwierig ist. Manchmal hat man das Gefühl, als hätten sich alle Mächte des Universums gegen einen verschworen, um uns von der Liebe abzuhalten. Aber es gibt Hoffnung für dich. Wenn du von den Apps wegkommen willst, dann erfährst du im nächsten Kapitel, wie man im richtigen Leben Menschen kennenlernt. Ja, genau, IRL! Denn auch das gibt es noch, selbst wenn du denkst, dass es nie passieren wird. Und im Kapitel danach zeige ich dir, wie du am Daten wieder Spaß hast. Stell dir vor!

DIE QUINTESSENZ

1. **Wir glauben, zu wissen, was wir wollen, wenn es um die Partnerfrage geht. Aber unsere Vorstellungen, was zu einer langfristig glücklichen Beziehung gehört, sind häufig falsch.**
2. **Dating-Apps sind der Grund, dass wir uns auf die falschen Dinge konzentrieren.** Wir messen allem, was sich in Zahlen ausdrücken lässt, hohen Wert bei. Weil Apps meist nur Äußerlichkeiten präsentieren, verstärken sie diese oberflächliche Herangehensweise noch.
3. **Apps bieten eine zu große Auswahl, was unsere Unentschiedenheit verstärkt.** Sie haben ein Umfeld geschaffen, in denen es zum »Relationshopping« kommt: Wir vergleichen Menschen, als würden wir eine Anschaffung tätigen.
4. Wir können lernen, **klüger zu swipen**, indem wir unsere Voreinstellungen in der App ändern und anderen weniger voreingenommen begegnen, indem wir nur mit wenigen Menschen gleichzeitig ausgehen und schneller Treffen im wirklichen Leben ansteuern.

9

DIE LIEBE ABSEITS VON DATING-APPS

Wie du IRL (im richtigen Leben) Leute kennenlernst

»Jetzt ist Schluss!«, schimpfte Alicia, warf ihren Rucksack hin und streifte wutentbrannt die Schuhe ab, noch bevor sie die Tür zu meinem Büro zugemacht hatte. »Mit den Apps bin ich fertig!«

Nach Jahren des Swipens hatte Alicia, eine 28-jährige Schwesternschülerin, immer noch keinen Partner gefunden. Tausende Swipes hatten zu sehr wenigen ersten Treffen geführt, denen so gut wie nie ein zweites folgte.

Alicia ist schwarz. Bisher habe ich die ethnische Zugehörigkeit meiner Klienten nicht angesprochen, in diesem Fall aber ist es nötig, denn der Rassismus macht sich auch im Onlinedating breit. Was die ohnehin schon schwierige Erfahrung für schwarze Frauen noch schmerzhafter macht.

Christian Rudder, der Mitbegründer von OKCupid, analysierte das Verhalten der Nutzer im Blog des Unternehmens und in seinem Buch *Inside Big Data*.[98] Er gibt an, dass schwarze Frauen 25 Prozent weniger erste Nachrichten erhielten als Frauen anderer Ethnien.[99] Und wenn schwarze Frauen ihrerseits Männer anschreiben, erhalten sie 25 Prozent weniger Antworten als Frauen anderer Ethnien.[100] Das Gleiche gilt übrigens für asiatische Männer. Rudder fand heraus, dass weiße, schwarze und Latinafrauen asiatische Männer für 30 Prozent weniger attraktiv halten als Männer anderer Herkunft.[101]

Alicia ließ sich auf mein Sofa fallen. »Für mich funktionieren die Apps einfach nicht. Außerdem will ich Leute persönlich kennenlernen. Bin ich die Einzige, die findet, dass das kaum noch möglich ist?«

Diese Klage habe ich von Klienten, Kollegen und Freunden schon oft gehört. Menschen aus der Generation meiner Eltern erzählen Geschichten, wie sie sich beim Tanz in der Kirchengemeinde kennengelernt haben, in der Warteschlange vor der Kinokasse oder bei der Mittagspause im Park. Das hört sich heute fast idyllisch an.

»Nein, sind Sie nicht«, sagte ich. »Ich habe mal einen Klienten gefragt, ob er in der Öffentlichkeit eine Frau ansprechen würde. Er antwortete: ›Damit sie mir eine Abfuhr gibt oder mich als Spinner betrachtet? Nie im Leben.‹ Dann zeigte er auf sein Telefon und sagte: ›Damit lerne ich Leute kennen.‹«

»Na, dann bin ich wenigstens nicht allein.«

»Definitiv. Der Umgang mit Apps ist nicht einfach. Aber wir werden einen Weg finden, wie Sie persönlich einen tollen Typ finden.«

Ob du nun findest, dass du mit Dating-Apps nicht vorwärtskommst, oder einfach gerne einen weiteren Teich zum Angeln hättest: Ich habe hier vier erprobte Strategien, wie du Menschen IRL (im richtigen Leben) kennenlernen kannst.

1. Geh zu Veranstaltungen

Alicia erzählte mir, dass sie häufig von Events hörte oder las, aber einfach nicht wusste, welche sie auswählen sollte. (Ach, da ist es ja wieder: das Auswahlparadox!) Die Arbeit belegte einen Großteil ihrer Zeit mit Beschlag. Sie fand es einfach anstrengend – und unsicher –, sich zurechtzumachen und eine Veranstaltung zu besuchen, die sich schließlich auch als Sackgasse erweisen konnte. Auch hier schlug die Analyse-Lähmung zu. »Warum sollte ich zu einer möglicherweise total langweiligen Veranstaltung gehen, wenn ich mir einfach um 17.30 Uhr den BH abstreifen und die Yogapants überziehen kann?«

Ich wusste, dass Veranstaltungen für Alicia eine Möglichkeit waren, jemanden kennenzulernen. Meine Aufgabe war es nun, sie bei der Auswahl zu unterstützen. Ich zog mein Notizbuch heraus und zeigte ihr eine Grafik, die ich dafür entworfen hatte: die *Event-Entscheidungs-Matrix.* Sie hilft beschäftigten Menschen, Events, die sie eventuell besuchen wollen, strategisch klug zu wählen. Wann immer du von einem neuen Event hörst, trägst du es auf der Matrix ein. Diese hat zwei Achsen:

1. Wie wahrscheinlich ist es, dass ich bei dieser Veranstaltung mit anderen Menschen in Kontakt komme?
2. Wie wahrscheinlich ist es, dass ich bei dieser Veranstaltung Spaß habe?

DIE EVENT-ENTSCHEIDUNGS-MATRIX

Eine Strategie, um Menschen IRL kennenzulernen

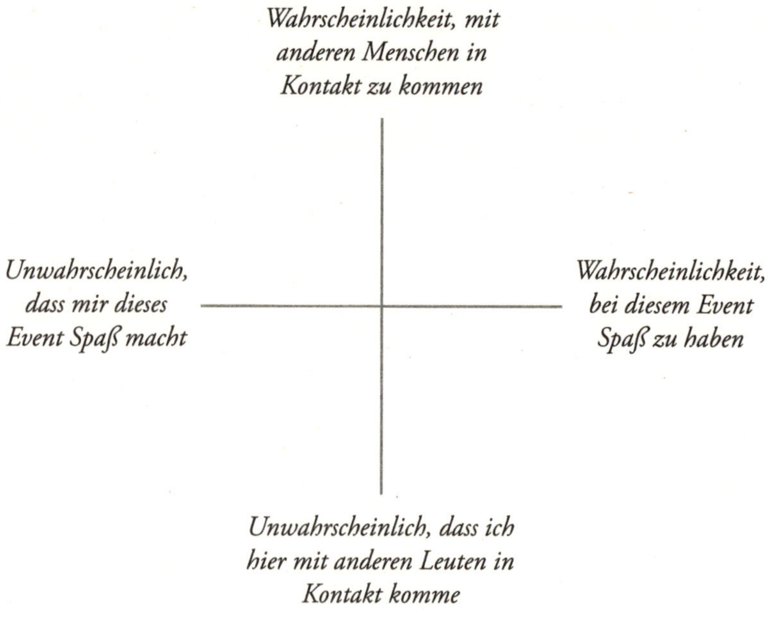

Auf der vertikalen Achse trägst du ein, wie wahrscheinlich es ist, dass du bei diesem Event Leute kennenlernst. Anders ausgedrückt: Gibt es die Möglichkeit, dass die Anwesenden miteinander reden? Wenn dort Schweigen angesagt und jeder für sich ist (zum Beispiel im Theater), dann käme diese Veranstaltung ganz nach unten. Wenn du hörst, dass es die Möglichkeit gibt, sich zu unterhalten (vielleicht sogar in kleinen Gruppen), dann stünde dieses Event ganz oben auf der Skala.

Die horizontale Achse steht für die Wahrscheinlichkeit, dass du bei dieser Veranstaltung Spaß hast. Wenn du dir sicher bist, dass sie dir gefallen wird, kommt sie ganz nach rechts. Weißt du aber im Voraus, dass du damit überhaupt nichts anfangen kannst, dann wandert der Eintrag nach links außen.

Warum das wichtig ist? Weil du, wenn dir etwas Spaß macht (und dich mit Energie erfüllt), automatisch deine besten Seiten hervorkehrst. Du bist glücklicher, entspannter und ganz du selbst. In diesem Zustand lernt man am leichtesten andere Menschen kennen. Außerdem wirst du, wenn du zwar Spaß hast, aber niemanden kennenlernen solltest, den Besuch dieser Veranstaltung nicht als Zeitverschwendung betrachten. Immerhin hast du ja etwas getan, was dir etwas gebracht hat, nicht wahr?

Alicia und ich setzten uns also hin und öffneten eine bekannte Webseite mit Veranstaltungen in unserer Stadt. Wir scrollten uns durch die Angebote und ordneten sie auf der Event-Entscheidungs-Matrix ein.

Ein Trainingskurs mit der Langhantel? Alicia war eher eine Läuferin, also würde ihr das eher keinen Spaß machen. Außerdem ist es nicht gerade gesprächsfördernd, wenn man nebeneinander keucht und schwitzt. Also trugen wir diesen Kurs in der äußersten linken Ecke der Matrix ein: niedrige Wahrscheinlichkeit für Spaß, niedrige Wahrscheinlichkeit für Interaktion.

Ein Fahrrad-Reparaturkurs? Hier würde man wohl eher ins Gespräch kommen, aber Alicia hatte kein Fahrrad, also kam die Veranstaltung in die linke obere Ecke.

Before Midnight im Kino? Sicher ein Klassiker des Regisseurs Richard Linklater, aber im Kino kommt man gewöhnlich nicht mit Leuten ins Gespräch. Die Einzigen, die reden, sind die Figuren auf der Leinwand. Also in die Ecke rechts unten – würde vermutlich Spaß machen, aber kaum Möglichkeiten zur Interaktion bieten.

Schließlich fanden wir einen Buchclub, der ein Buch von Ta-Nehisi Coates besprechen wollte, in dem es um Kultur, Politik und soziale Belange ging. Klingeling! Alicia war ein Fan. Und in einem Buchclub geht es nur um Kontakt mit anderen Menschen. Und wenn Alicia dort jemanden kennenlernen sollte, wäre es vermutlich kein Problem, noch einmal in trauter Zweisamkeit über das Buch zu reden. Also nach ganz rechts oben. Endlich! Ein Event mit Potenzial.

Aber die Event-Entscheidungs-Matrix allein genügte noch nicht. Alicia musste schließlich auch hingehen. Hier konnte ich die Instrumente einsetzen, die ich aus der Verhaltensforschung kannte.

Eine wissenschaftliche Untersuchung der Psychologieprofessorin Gail Matthews zeigt, dass die Wahrscheinlichkeit steigt, dass wir etwas machen, wenn wir vorher davon erzählen.[102] Also bat ich Alicia: »Können Sie sich vorstellen, zweimal pro Monat zu einer Veranstaltung zu gehen, die im rechten oberen Eck gelandet ist?« Sie versprach, diesbezüglich am Ball zu bleiben, obwohl sie viel um die Ohren hatte.

DIE EVENT-ENTSCHEIDUNGS-MATRIX

Eine Strategie, um Menschen IRL kennenzulernen

Also setzte ich Alicia einen *Termin*, denn Termine helfen Menschen, tätig zu werden und unsere natürliche Aufschiebetaktik auszumanövrieren[103]: »Mailen Sie mir doch spätestens bis zum Wochenende, welche Veranstaltungen Sie ausgewählt haben!«

Alicia fing sofort an, mit ihrer Matrix zu arbeiten. Statt ein paar weniger Dates pro Jahr hatte sie an einem einzigen Tag sechs mögliche Partner kennengelernt. Wo? Beim Buchclub, der ihren Lieblingsschriftsteller besprach.

Mach deine eigene Matrix: Wenn du auch zu den viel beschäftigten Menschen gehörst, die im richtigen Leben Kontakte knüpfen wollen, fang an, deine Aktivitäten auf der Event-Entscheidungs-Matrix einzutragen. Und wenn eine Veranstaltung tatsächlich in der rechten oberen Ecke landet, geh hin! Je öfter du das machst, desto schneller wirst du erkennen, welche Events für dich infrage kommen: solche, bei denen du Spaß *und* Kontakt mit realen Menschen hast.

Übung:
Deine höchstpersönliche Event-Entscheidungs-Matrix

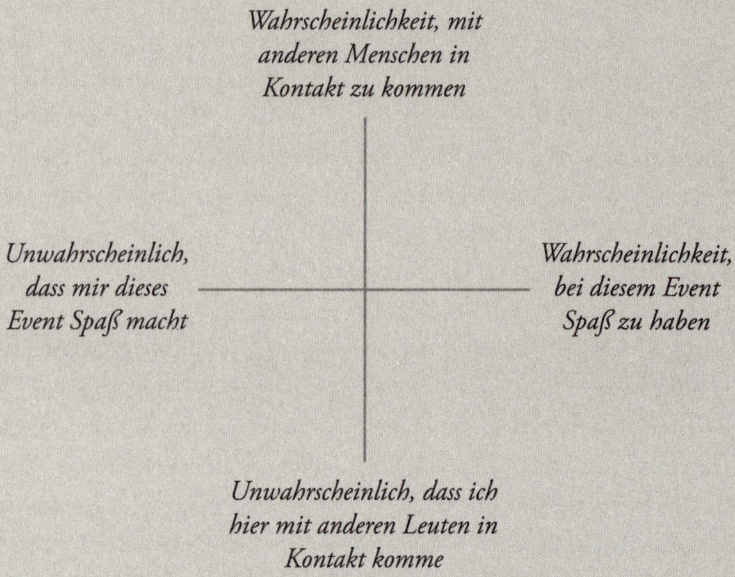

Übung: Geh hin!

Versprich, in den nächsten 30 Tagen zu wenigstens einer Veranstaltung zu gehen.

Ich werde folgende Veranstaltung besuchen:

____

Wie du interessante Veranstaltungen findest

Veranstaltungskalender für deine Stadt gibt es viele. Du kannst dich auf der Facebook-Seite deines Wohnortes oder der Organisationen, die du gut findest, umsehen. Auf *eventfinder.de* findest du Veranstaltungen für ganz Deutschland. Wähle sie nach deinen Interessen aus. Viele solcher Veranstaltungen sind kostenlos. Außerdem kennst du doch sicher ein paar Freunde, die immer auf coolen Events unterwegs sind? Bitte sie, dich beim nächsten Mal mitzunehmen. Oder frag sie, woher sie ihre Informationen haben. Fast jede Universität bietet mittlerweile öffentliche Vorträge an. Google Begriffe wie »Kunstausstellung« oder »Filmfestival« zusammen mit dem Namen deiner Stadt. Auch Kirchen und Synagogen haben mittlerweile Webseiten! Trag die gefundenen Veranstaltungen dann auf deiner Matrix ein und konzentriere dich auf solche, die in der rechten oberen Ecke landen, vor allem, wenn du ohnehin wenig Zeit hast.

Einer meiner Klienten hat seine Freundin bei einer Demonstration für mehr Menschenrechte kennengelernt. Eine Klientin meldete sich für Volleyballspiele außerhalb eines Vereins an, nur um Leute kennenzulernen. Sie verliebte sich in die Mittelblockerin, und mittlerweile spielen sie zweimal die Woche gemeinsam Volleyball. Eine Freundin lernte ihren Ehemann bei einem Treffen von Abonnenten eines Podcasts kennen, den sie beide sehr schätzten.

Meine Freunde Jane und Joey sahen sich zum ersten Mal beim Skee-Ball. Joey ist dreimaliger nationaler Skee-Ball-Meister, und Jane ging zu einem Skee-Ball-Turnier in der nächsten Kneipe. Heute sind sie verheiratet und haben ein süßes Baby. Jane ist mittlerweile Skee-E-O-Meisterin in ihrer Liga.

Ich mag Geschichten von Leuten, die sich bei freiwilligen Hilfsaktionen gefunden haben. Auch dort lernt man gewöhnlich nette und gütige Menschen kennen, und wie wir ja wissen, ist diese Eigenschaft eine total unterschätzte, aber wichtige Qualität bei einem Partner.

Wie du aus Veranstaltungen das Maximum herausholst

Es genügt nicht, bei einem Event einfach nur aufzutauchen. Wenn du Menschen kennenlernen willst, musst du sie auch tatsächlich kennenlernen.

Also gehst du idealerweise allein hin. So wirkst du zugänglicher, weil es leichter ist, auf eine Einzelperson zuzugehen, als sich bei einer Gruppe ins

Gespräch zu drängen. Vielleicht verspürst du den unwiderstehlichen Drang, dein Handy zu zücken. Lass es! Glaub mir, das ist besser.

Wenn du das Gefühl hast, dass du das allein nicht schaffst, dann musst du die richtige Begleitperson auswählen: Jemanden, der unabhängig ist, fürsorglich, positiv und daran interessiert, dass du Erfolg hast. Lade dafür nur Menschen ein, mit denen du dich wohlfühlst und die wissen, dass du andere Leute kennenlernen möchtest. Geh nicht mit jemandem, der sauer ist, wenn du mit anderen sprichst.

Wie sagte doch deine Mutter immer: »Der erste Eindruck zählt.« Und diese Chance hat man nur einmal. Zieh daher etwas an, in dem du selbstsicher bist. Vergiss nicht, zu flirten. Schau den Leuten um dich herum in die Augen, ein kurzes Lächeln und dann lässt du den Blick weiterwandern.

Fang klein an und versprich dir, bei jedem Event mindestens eine neue Bekanntschaft zu machen. Stell dich vor. Sag etwas zu den Umstehenden über das, was sich um euch herum gerade abspielt. Ein Kommentar zu einem Bild, zur Band, zu den Ohrringen oder Schuhen, die jemand trägt. Was auch immer! Es geht darum, dass du übst, mit anderen Menschen in Kontakt zu kommen, auch wenn du dich nicht von ihnen angezogen fühlst. Wenn du später jemanden kennenlernst, der dich fasziniert, dann kannst du selbstsicher auf diese Person zugehen. (Die berühmten Wiederholungen!) Wenn du neue Freunde gewinnst, wird dein soziales Netz immer größer. Das steigert auch deine Chancen, einen Partner zu finden.

»Aber woher soll ich wissen, ob die Person, mit der ich mich unterhalte, Single ist?«, fragen meine Klienten mich meist. Nun, das weißt du natürlich nicht! Mein Freund Lukas fragt die Damen ganz einfach, ob sie unter der Haube sind: »Sind Sie gerade verliebt?« Wenn die Frau zögert und dann mit Nein antwortet, weiß er, dass sie möglicherweise mit jemandem ausgeht, aber vielleicht auch ein Date mit ihm wagen würde.

Oder du sagst ganz locker: »Darüber [wahlweise Thema einsetzen] würde ich mich gerne länger noch mal mit dir unterhalten. Wie erreiche ich dich denn am besten?« Dann kann dein Gegenüber dir die Kontaktdaten geben, die er oder sie für nötig hält, zum Beispiel Telefonnummer, Instagram-Account oder E-Mail-Adresse. Gewöhnlich merken die Leute, worauf du mit dieser Frage abzielst. Wenn sie jemanden haben, werden sie das im Gespräch erwähnen. (Wenn sie aus dem einen oder anderen Grund nicht interessiert sind, geben sie dir ohnehin keine Kontaktdaten.)

Mach dir keine Sorgen, wenn du als Frau auf jemanden zugehst. Die meisten Männer finden es toll, wenn eine Frau sie anspricht. Und wenn Mut und Selbstvertrauen bei einer Frau sie abtörnen, kannst du mit ihnen sowieso nichts anfangen.

Meine Herren: Ich weiß, dass ihr nicht als ekliger Knilch rüberkommen wollt. Aber zu versuchen, bei einer Veranstaltung mit fremden Menschen ins Gespräch zu kommen, ist total normal. Widerlinge sind Typen, die meinen, ihren »Charme« mit sexuellen Anspielungen oder sexistischen Kommentaren garnieren zu müssen. Kerle, die kein Nein-Signal registrieren und ständig weiterlabern, obwohl ihr Gegenüber schon hilfesuchend über die Schulter guckt oder sehr kurz angebunden bleibt. Wenn du nicht recht weißt, wo die Grenze zwischen charmantem Flirt und »eklig« verläuft, dann halte dich an das Adjektiv »nett« und überlass deinem Gegenüber, wo das Gespräch hingehen soll.

Wenn du Panik vor dem ersten Kontakt hast, dann funktioniert folgender Trick meist gut: Ob du nun einen Drink brauchst oder aufs Klo musst: Stell dich in die nächste Schlange, egal welche. Leute in einer Schlange langweilen sich meist. Selbst eine kurzfristige Ablenkung – ein Gespräch mit dir – ist da immer willkommen. Ich habe das erst vor Kurzem ausprobiert, als ich von Atlanta nach San Francisco flog. Und ich kann dir sagen: Meine Witze kamen *richtig gut* an.

2. Lass dich von Freunden und Angehörigen verkuppeln

Forschungsarbeiten der Universität Stanford haben ergeben, dass der dritthäufigste Weg, jemanden kennenzulernen (nach dem Onlinedating und dem Besuch von Bars bzw. Restaurants), über Freunde und Verwandte führt.

Viele meiner Klienten würden sich gerne verkuppeln lassen, aber sie sind alle der Ansicht, dass das recht selten vorkommt.

Weil ich wissen wollte, warum das so ist, habe ich eine Gruppe von Single- und Nicht-Single-Freunden gefragt, warum sie ihre Freunde nicht öfter mit jemandem bekannt machen. Darauf gab es eine ganze Reihe von Antworten. Manche meinten, sie seien nicht auf die Idee gekommen oder erwarteten von ihren Freunden, dass sie ihnen sagen, wenn sie Unterstützung bei der Partnersuche bräuchten. Andere sagten, sie würden sich nicht in die Privatsphäre ihrer Freunde einmischen wollen. Manche befürchteten, dass die Freundschaft in die Brüche gehen würde, wenn sie einen Freund bzw. eine Freundin mit jemandem verkuppeln wollten, den er oder sie unmöglich findet.

Aber es gibt auch gute Nachrichten, denn trotz ihres Zögerns gaben die meisten Befragten an, sie würden gerne helfen. Auf diesen Instinkt solltest du setzen. Deine Freunde sind eine großartige Hilfsquelle, weil sie dich gut kennen, aber auch mit anderen Leuten bekannt sind, die du nicht kennst.

Wie du Leute dazu kriegst, dich mit potenziellen Partnern bekannt zu machen:

- Bitte deine Freunde, dich bei der Partnersuche zu unterstützen. Ich weiß, das hört sich einfacher an, als es ist. Viele Menschen trauen sich das einfach nicht. Sprich trotzdem mit ihnen und erkläre: »Ich möchte gern eine feste Partnerschaft eingehen. Würdest du mich mit ein paar Singles bekannt machen?«
- Beschreibe, welche Art Mensch du suchst. Auch hier hast du den Lebenspartner vor Augen, nicht das heiße Date für den Abschlussball. Zum Beispiel so: »Ich mag Männer/Frauen, die intellektuell und kunstsinnig sind und denen soziale Gerechtigkeit wichtig ist.« Oder: »Ich suche jemanden, der nett und rücksichtsvoll ist und gerne gut isst. Jemand, der sich schon um seine Figur bemüht, aber nicht zu besessen davon ist.« Vielleicht fällt ihnen ja auf Anhieb jemand ein, auf den deine Beschreibung passt. Oder sie halten für dich die Augen offen.
- Schick deinen Freunden Fotos von dir. Such dir schmeichelhafte (aber realistische!) Bilder aus, die sie potenziellen Partnern zeigen können.
- Sag Ja, wenn sie ein Date für dich haben. Ernsthaft! Wenn jemand sich die Mühe macht, für dich ein Date zu arrangieren, musst du einfach Ja sagen! Vermutlich handelt es sich um einen Freund, der alles andere im Sinn hat, als deine Zeit zu verschwenden. Was hast du schon zu verlie-

ren? Einen Abend? Ein paar Euro? Mach es einfach. Meine Freundin Steph sagt ihren Freunden: »Wenn ihr denkt, dass ich mit dieser Person auskommen könnte, dann gehe ich wenigstens einmal mit ihr aus.« Daher vereinbare ich für sie gerne ein Treffen mit jemandem, den ich für passend halte. Im Gegensatz zu Freunden, denen ich mögliche Partner vorstelle, die dann aber kein Treffen wollen.

- Ich hatte mal eine Freundin, die unbedingt wollte, dass ich ein Date für sie finde. Ich schickte ihr ein Foto von dem Mann, den ich für sie im Auge hatte, und sagte auch ihm Bescheid. Beide waren mit dem Date einverstanden, aber als er ihr eine Textnachricht schickte, antwortete sie nicht. Sie verpasste dem Mann eine völlig unnötige Abfuhr. Ich gelobte mir, nie wieder ein Date für sie zu vereinbaren.
- Gib deinen Freunden Feedback. Wenn das Date gut läuft, bedanke dich mit einer kurzen SMS. Oder besser noch: mit Blumen! Wenn es nicht gepasst hat, erklär, was in Ordnung war und was nicht. (Dabei solltest du sehr genau auf die Wortwahl achten, vor allem, wenn das Date ein enger Freund deiner Freunde ist.) Mit diesem Feedback hilfst du ihnen, zu verstehen, was du suchst. Und es motiviert sie, denn Feedback ist immer positiv. Und du ermöglichst ihnen, dir ihrerseits Rückmeldung zu geben, zum Beispiel, ob du zu wählerisch bist. Sie lernen die Gründe für deine Ablehnung kennen und können dich ermutigen, der Person noch eine Chance zu geben. Hör auf deine Freunde.
- Biete einen Anreiz! Ich weiß, das hört sich albern an, aber es funktioniert. Eine frühere Kollegin erzählte mir mal, sie habe ihren Freunden eine stattliche Geldsumme geboten für den Fall, dass sie sie mit dem Mann bekannt machten, der dann ihr Ehemann würde. Als ich hörte, wie viel sie zu zahlen bereit war – ein paar Tausend Dollar –, war ich beeindruckt. Zum einen, weil es verdeutlichte, dass sie wusste, wie wertvoll es ist, einen Lebenspartner zu finden. Zum anderen, weil ich die Kollegin zwar mochte (sie ist witzig, begeisterungsfähig, warmherzig und fürsorglich), mir aber wohl trotzdem nicht die Zeit genommen hätte, für sie ein passendes männliches Gegenstück zu finden. Nun aber musste ich spontan an sie denken, sobald ich einen Mann kennenlernte, der zu ihr passen könnte.

Der Vater einer Freundin bot ein großzügiges Abo bei Nuts.com an, wenn jemand seiner Tochter fünf Dates verschaffte (entweder mit fünf verschiedenen Männern oder fünfmal mit dem gleichen Mann). Ich habe den Preis im letzten Jahr schon dreimal geholt. Vor einigen Monaten hat Scott sie mit einem Freund bekannt gemacht, den sie vermutlich heiraten wird. Und wir freuen uns auf unser lebenslanges Abo an Lieblingsnüssen.

Gute Vorbereitung: Wie du am besten Leute verkuppelst

1. **Scan deine Kontakte auf dem Handy oder auf Facebook, und ruf dir ins Gedächtnis, wer noch Single ist.** Was ist mit dem tollen Mädel, mit dem du mal zusammengearbeitet hast? Sie hatte eine so positive Einstellung und hat immer gerne Neues ausprobiert. Hat sie sich nicht erst neulich von ihrer Partnerin getrennt?
2. **Sobald du jemanden gefunden zu haben glaubst, kontaktiere zuerst die Person, die wählerischer ist oder die du besser kennst.** »Ich habe da einen Freund, der vielleicht zu dir passen könnte. Ich schick dir mal ein Bild. Er ist wirklich rücksichtsvoll, klug und lustig. Wäre es dir recht, wenn ich euch zwei mal zusammenbringe?« Dabei solltest du ein paar Punkte beachten: Gib nicht zu viele Information auf einmal preis. Du willst dein Gegenüber ja nicht überfordern. Zu wenig Information ist aber auch nicht gut, weil dann der Monet-Effekt ins Spiel kommt. Erzähl gerade so viel, dass dein Freund/deine Freundin Interesse bekommt.
3. **Wenn die wählerischere Person Ja sagt, hake bei der anderen nach, ob er/sie interessiert wäre. Befolge dabei die gleichen Regeln wie oben.**
4. **Sagt die zweite Person Nein, solltest du die erste informieren, und zwar rücksichtsvoll.** Zum Beispiel so: »Er möchte im Moment nicht daten. Ich glaube, er hat gerade erst jemanden kennengelernt.« Sei einfühlsam. Das Leben ist auch so schon schwer genug.

5. **Wenn beide Ja sagen, schickst du eine Rundmail oder eine Gruppen-SMS**. Fass dich kurz. Ich versuche, immer ein bisschen Witz unterzubringen.
6. Hier ein paar echte Textnachrichten, die ich versandt habe: »Adam > Molly: Von euch will ich erst wieder hören, wenn ihr zehn verschiedene Wege gefunden habt, auf einer Rutschbahn nach unten zu kommen.« Oder: »Craig, Tara. Tara, Craig. Ich hoffe, ihr lernt euch bald kennen. Wie wäre es denn mit einem Spaziergang durch den Golden Gate Park, bei dem ihr mindestens fünf Hunde streichelt?« Natürlich müssen die beiden die Vorschläge nicht befolgen. Ich will ihnen nur eine Möglichkeit eröffnen, auf witzige Weise zusammenzukommen.
7. **Gib ihnen Raum.** Lass die beiden ihre Bekanntschaft pflegen, ohne dass du dich ständig einmischst. Ermutige sie, einen Chat außerhalb des Gruppen-Threads zu führen. Wenn sie sich schon mal IRL getroffen haben, hake nach, damit du besser verstehst, was geklappt hat. Aber auch hier gilt: alles mit Fingerspitzengefühl. Wie viel sie dir erzählen wollen, ist allein ihre Sache.
8. **Schmeiß eine Party!** Meine Freundin Georgina, die mehrere Paare zusammengebracht und noch mehr Freundschaften gestiftet hat, veranstaltet einmal im Monat einen Brunch, den sie »Big-Gay-Brunch« getauft hat. So nimmt sie den Druck aus der Kuppelei raus, weil sie sich ja angeblich nur mit ein paar Freunden trifft. Trotzdem kommen die Leute mit der Hoffnung, jemanden kennenzulernen, sei es nun einen Partner oder einen Freund. So muss Georgina sich gar keine Gedanken machen, wer zu wem passen könnte. Sie trommelt einfach ihre wunderbaren Freunde zusammen und lässt dann den Dingen ihren Lauf.

3. Nimm Kontakt zu Leuten auf, die du schon kennst

Manchmal hast du eine Person einfach nicht auf dem Radar, obwohl du sie seit Ewigkeiten kennst. Ein Freund, der Freund eines Freundes, jemand, der mit dir im Kirchenrat sitzt oder zu deiner Laufgruppe gehört. Du musst den Betreffenden einfach nur in einem anderen Licht sehen. Genau das, was mir passiert ist!

Als Scott und ich anfingen, miteinander auszugehen, waren wir auf Facebook schon seit acht Jahren befreundet und ein Jahr lang Freunde IRL. Ich habe damals mit einem Datingcoach gearbeitet. Nadia half mir, Scott aus einer anderen Perspektive zu sehen. (Ja, ich bin der lebende Beweis, dass das wirklich klappt.)

Die Leute erzählen mir immer wieder, wie sie sich in einen Kollegen verliebt haben, den sie seit vielen Monaten kennen, oder in einen Freund, der schon seit Jahren zu ihrem Bekanntenkreis gehört. Einer meiner Klienten, mit dem ich monatelang zusammengearbeitet hatte, war plötzlich mit einer Frau zusammen, die er seit Jahren kannte. Er sprach sie an, weil er Hilfe für ein Vorstellungsgespräch brauchte. Für das Gespräch waren 20 Minuten eingeplant, nur dass dann vier Stunden daraus wurden. Sie plauderten über alles Mögliche, von der Lieblingsfußballmannschaft bis zum Tod ihres Vaters. Und er merkte, dass die Frau, die er lange Zeit nur als Freundin betrachtet hatte, für ihn viel mehr sein könnte.

Also schau dich im Freundeskreis um, ob es da jemanden gibt, bei dem die »Fremie« stimmt – ein Kunstwort von mir, das sich aus »Freundschaft« und »Chemie« zusammensetzt. Gibt es da jemanden, mit dem du gerne zusammen bist, dem du vertraust, ja, den du vielleicht sogar attraktiv findest? Los, spuck's schon aus. Wer ist dir bei diesen Worten spontan eingefallen?

Bevor du ihm oder ihr jetzt eine entsprechende SMS schickst, mach dir eines klar: Du gehst hier ein hohes Risiko ein. Du willst diesen Menschen ja nicht in Verlegenheit bringen oder in eurem Freundeskreis das gute Klima stören. Andererseits hast du vielleicht sowieso ein mulmiges Gefühl bei der Vorstellung, einen Freund um ein Date zu bitten. Vorsicht ist also angebracht.

Wenn du dich trotzdem zu diesem Schritt entschließt, respektiere die Grenzen des anderen. Ich möchte nicht, dass du mit einem Freund einen trinken gehst, um ihn dann mit einer Liebeserklärung zu überfallen. Wie wäre es, wenn ihr euch auf ein Bier trefft und du so nebenbei ins Gespräch einfließen lässt: »Hast du dir schon mal überlegt, dass wir auch mehr sein könnten als nur Freunde?« Oder: »Ich weiß, das klingt jetzt irre, aber ich frage mich, wie wir als Paar zusammenleben würden?«

Wenn dein Gegenüber Interesse zeigt, wird er oder sie dir entsprechende Signale geben. Oder der andere sieht dich nicht als möglichen Partner. Wie auch immer: Auf diese Weise kannst du die Frage ganz unverfänglich anschneiden. Was kann schon passieren, wenn der andere nicht interessiert ist? Dann machst du einen Witz darüber, und die Sache hat sich.

4. Sprich andere Menschen an, wenn du allein unterwegs bist

Stell dir vor, du bist auf dem Weg in die Arbeit und allein unterwegs. Wenn du in die S-Bahn steigst, hast du zwei Möglichkeiten: Du suchst dir einen ruhigen Waggon aus oder einen, der dir ein lockeres Gespräch *ermöglicht*. Du entscheidest dich für den ruhigen Waggon, oder? Wer will sich schon mit einer völlig Fremden über ihre elf Pflegekatzen oder den fehlenden großen Zeh unterhalten?

Die Verhaltensforscher Nicholas Epley und Juliana Schroeder haben diese Tendenz in ihrem Aufsatz *Mistakenly Seeking Solitude* beschrieben.[104] Sie befragten eine Anzahl von Pendlern, ob sie lieber allein in einem ruhigen Waggon sitzen oder mit einem Fremden plaudern würden. Die meisten wollten lieber ihre Ruhe haben.

Dann veränderte man die Versuchsanordnung, um herauszufinden, welche Erfahrung die Pendler tatsächlich höher bewerteten. Zufällig ausgewählte Pendler in einem Vorortzug nach Chicago sollten entweder mit der neben ihnen sitzenden Person ein Gespräch führen oder »für sich bleiben bzw. wie üblich pendeln«. Wer sich auf ein Gespräch mit dem Sitznachbarn einließ, genoss diese Erfahrung weit mehr. Die am wenigsten befriedigende Erfahrung hatten jene Menschen, die für sich blieben.

Und die beiden Forscher stellten in den Chicagoer Bussen die gleiche Tendenz fest.

Unser Instinkt, Gesprächen mit Fremden aus dem Weg zu gehen, ist falsch. Wir *denken* nur, dass wir uns Einsamkeit wünschen. Dabei unterschätzen wir, dass soziale Kontakte uns Freude machen.

Also Augen auf und umgeschaut! Sag Hallo zu einem Fremden! Was natürlich nicht heißen soll, dass du künftig permanent fremde Leute belästigst. Streck vorher deine Fühler aus. Wenn du dich einem Fremden näherst, achte darauf, ob er gesprächsbereit ist. Sag ein paar nette Worte über etwas, das sich um euch herum gerade abspielt. Oder stell eine Frage. Wenn der andere auf das Gesprächsangebot nicht eingeht, lass ihn zufrieden. (Und noch was: Gebärde dich bitte nicht so, dass dein Gegenüber sich genötigt sieht, das Pfefferspray zu ziehen. Das wäre ziemlich schlechte Publicity für mich.) Aber du wärst vermutlich angenehm überrascht, was alles passieren kann, wenn du einen Mitreisenden anlächelst oder ein Gespräch mit jemandem anfängst, der sich ins selbe Open-Air-Konzert gekämpft hat wie du. Die Welt ist voller großartiger Menschen, die einen guten Partner abgeben würden. Oder voller Menschen, die einen solchen kennen.

Scotts Eltern lernten sich in der New Yorker U-Bahn kennen. Seine künftige Mutter hielt ein Buch in der Hand, dass sie für ihren Doktor in Psychologie lesen musste. Sein künftiger Dad erkannte den Titel und sagte: »Ach, Sie lesen etwas über Entwicklungspsychologie?« Dieser eine Spruch mündete in eine 35-jährige Ehe, die immer noch Bestand hat.

Als ich ihre Kennenlerngeschichte hörte, war mein erster Gedanke: »Das könnte so heute nicht mehr passieren. Heute trägt jeder Kopfhörer.« Also lass ruhig mal die Elektronik in der Tasche, wenn du Zug fährst. Nichts schreit lauter »Lass mich zufrieden!« als ein riesiges Paar Kopfhörer.

Einer meiner Klienten lernte seine Freundin in der Flughafen-Lounge kennen. Beide mussten von Berufs wegen viel reisen. Ihm fiel auf, dass sie beide höchst stabile Vielfliegerkoffer hatten. Bald trafen sie sich auf allen möglichen Flughäfen zum Date.

Dating-Apps sind eine wunderbare Lösung für *viele* Menschen. Vielleicht würdest du einige dieser Menschen sogar mögen! Aber unterschätze nie, wie viel Spaß es macht, Leute im richtigen Leben kennenzulernen.

Alicia ging ein paar Monate lang mit einem der Männer aus dem Ta-Nehisi-Coates-Buchclub aus. Nachdem sie sich von der Trennung erholt hatte, wandte sie die Event-Entscheidungs-Matrix wieder an, um andere Männer kennenzulernen. Heute ist sie mit jemandem zusammen, den sie bei der Zehnjahresfeier ihres Uni-Abschlussjahrgangs kennenlernte. Zu der sie nie gegangen wäre, wäre sie nicht im oberen rechten Quadranten der Matrix gelandet.

DIE QUINTESSENZ

1. Die meisten Paare lernen sich heute über Apps kennen, aber du kannst auch Wege finden, **Leute IRL (im richtigen Leben) zu treffen.**
2. **Geh zu Veranstaltungen.** Verwende die Event-Entscheidungs-Matrix, um herauszufinden, was sich für dich am besten eignet: Veranstaltungen, die dir Spaß machen, aber auch Möglichkeiten zur Interaktion bieten.
3. **Lass deine Freunde und Angehörigen wissen, dass du auf der Suche nach der Liebe bist.** Erklär ihnen, welche Menschen dich interessieren, denn so können deine Freunde dich besser bei deiner Suche unterstützen. Sag Ja, wenn sie für dich ein mögliches Date aufgetan haben. Und gib ihnen danach Feedback (bzw. zeige dich dankbar). Du kannst für ihre Unterstützung auch eine Art Belohnung aussetzen.
4. **Tritt in Kontakt mit Menschen, die du bereits kennst.** Vielleicht siehst du ja nur den Wald vor lauter Bäumen nicht. Du musst nur deinen Blickwinkel verändern.
5. **Sprich Leute an, wenn du allein unterwegs bist.** Verbessere deine Chancen, indem du nicht mit Kopfhörer herumläufst und die Welt um dich herum offen wahrnimmst. Wenn du bei einer Veranstaltung nicht weißt, worüber du reden sollst, dann stell dich irgendwo an und sag etwas über diese ewige Warterei! Warteschlangen sind ein beliebtes Gesprächsthema von Leuten, die in Warteschlangen stehen.

10

DAS IST EIN DATE, KEIN VORSTELLUNGSGESPRÄCH!

Wie du bessere Dates hinbekommst

Jonathan machte in den ersten beiden Monaten unserer gemeinsamen Arbeit enorme Fortschritte. Er ließ sich auf Dates mit den unterschiedlichsten Leuten ein, die er früher abgelehnt hätte.

Eines Nachmittags rief er mich an, um mir von seinem letzten Date zu erzählen. »Er ist absolute Spitze. Leidenschaftlich, brillant, und wir teilen die gleichen Werte. Er hat einen unglaublich guten Geschmack, was Bücher angeht. Und er liebt seine Arbeit.« Jonathan hielt kurz inne: »Aber er passt trotzdem nicht.«

»Wieso das denn?«, fragte ich verwirrt.

»Es hat einfach nicht gefunkt.«

»Ach, das ist aber schade«, sagte ich und nahm mir vor, ihm keinen Vortrag über das Märchen vom Funkensprühen zu halten. (Das hebe ich mir für das nächste Kapitel auf.) »Was habt ihr denn zusammen unternommen?«

»Ich bin gerade beruflich bedingt viel unterwegs und habe unzählige Meetings. Also haben wir uns kurz vor der Arbeit im Coffeeshop unterhalb meines Büros getroffen.«

»Um welche Zeit?«

»Um sieben Uhr früh.«

»Wie lange?«

»Ungefähr 20 Minuten.«

»Aha. Und wie ging es Ihnen damit?«

»Ganz ehrlich, ich war total gestresst. Ich sollte mich um acht Uhr mit einem wichtigen Investor treffen. Das ging mir die ganze Zeit im Kopf herum.«

»Und wie sind Sie morgens so drauf?«

»Ach, ich bin kein Morgenmensch, sondern eine Nachteule. Ich bin ein Wrack, wenn ich nicht vor der Arbeit schnell noch Kaffee trinke.«

»Hmm.« Ich atmete tief durch. Ich wollte ja, dass Jonathan das Ganze mal aus meiner Sicht betrachtete. »Sie sind also kein Morgenmensch. Sie wachen gar nicht erst auf, bevor Sie kein Koffein intus haben. Ein wichtiges Meeting hat Sie abgelenkt, und doch beschließen Sie, sich mit Ihrem Date zwanzig Minuten lang um sieben Uhr früh für eben diesen Morgenkaffee zu treffen?«

»Ja, und der Funke ist einfach nicht übergesprungen.«

Jonathan versuchte es ja. Wirklich! Er war ein viel beschäftigter Mensch, und doch machte er sich die Mühe, zu Dates zu gehen, wann und wo immer er konnte. Aber sich Zeit zu nehmen, bedeutet noch kein tolles Date.

DAS UMFELD

Erinnerst du dich an die Geschichte der Google-Mitarbeiter, die ihren M&M-Konsum eingeschränkt haben? Sie konsumierten weniger Süßigkeiten, einfach weil diese nicht mehr verlockend in Glasschalen präsentiert wurden, sondern in undurchsichtigen Behältern.[105]

Dieses Beispiel liefert den praktischen Beweis für eine der wichtigsten Lektionen, welche die Verhaltensforschung uns liefert: Das Umfeld, in dem wir unsere Entscheidungen treffen, ist von entscheidender Bedeutung.

Jonathan nahm sein Sieben-Uhr-morgens-Date nicht ernst, weil er keinen Funken verspürte. Weil er in puncto Liebe kein Potenzial sah. Weil sein Date nicht der *Richtige* war. Was aber, wenn die beiden sich einfach nur im *falschen* Umfeld begegnet sind?

Wenn wir uns zu Dates treffen, werden wir nicht nur von unserer unmittelbaren physischen Umgebung beeinflusst. Zum *Umfeld* eines Dates gehören noch andere Faktoren: die Uhrzeit, wann wir uns treffen, was wir dabei tun und mit welcher Einstellung wir an die Partnersuche herangehen. Zu Beginn unserer gemeinsamen Arbeit behandelte Jonathan das Dating als weiteren Punkt auf seiner To-do-Liste. Etwas, das er zwischen Fitnessstudio und Abholen seiner Anzüge aus der Reinigung quetschte. Er hielt Daten für eine lästige, sexfreie Pflicht und war höchst erstaunt, dass er sich von niemandem je angezogen fühlte. Damit steht er nicht allein da. Viele meiner Klienten sehnen sich zwar nach Liebe, haben aber viele andere Verpflichtungen, was dazu führt, dass ihre Datingerfahrungen nicht den Hauch eines flirtigen Funkens aufweisen. Sie gehen ans Daten vielmehr heran wie an einen *Evaluierungsprozess* (was ich »Evaludating« nenne).

Das macht das Daten nicht nur zu einer uninteressanten Erfahrung, es ist auch ein höchst ineffizienter Weg zu einer Partnerschaft. Daher werde ich dir in diesem Kapitel zeigen, wie du deine Einstellung zum Daten ändern kannst, damit für dich daraus eine echte, lebendige Erfahrung wird. Eine Erfahrung, bei der du dein Date nicht mehr nach Plus- und Minuspunkten im Lebenslauf taxierst und fragst: »Ist dieser Mensch für mich gut genug? Haben wir genügend Gemeinsamkeiten?« Ich möchte dir zeigen, wie du aus deinem Kopf herauskommst, sodass deine Frage jetzt lautet: »Wie fühle ich mich mit diesem Menschen?« Damit du spürst, was vorgeht, wenn ihr zusammen seid. Damit du voller Neugierde ans Dating herangehst. Und offen bleibst für Überraschungen.

Außerdem geht es darum, wie du das richtige physische und mentale Umfeld schaffst und damit deine Chancen auf die große Liebe erhöhst.

IST DAS NUN EIN DATE ODER EIN VORSTELLUNGSGESPRÄCH?

Stell dir die folgende Situation vor: Du betrittst einen Raum, extrem nervös und ängstlich, was dein Evaluator wohl von dir denken mag. Du bist zwar gut angezogen, fühlst dich aber trotzdem unwohl. Du hoffst, nicht allzu sehr zu schwitzen. (Verdammt, du schwitzt ja *wirklich*. In den Kniekehlen und unter den Achseln.)

Du gehst an den Tisch, stellst deine Tasche auf den Boden und reichst der anderen Person die Hand. Dann lässt du dich auf dem Sessel gegenüber nieder.

»Was möchtest du trinken?«

Du murmelst etwas von einem Eistee ohne Zucker. (War das jetzt ein Test? Was sagt es über mich aus, dass ich Eistee mag?)

Der Eistee kommt.

Das Gespräch beginnt.

»Wo bist du zur Schule gegangen?«

»Was hast du studiert? Und warum?«

»Was war das größte Risiko, das du je eingegangen bist?«

»Wo siehst du dich in fünf Jahren?«

Der Evaluator meint, Sie sollten ruhig auch an ihn ein paar Fragen stellen.

Nach 45 Minuten ist die Evaluierung vorüber.

Du stehst auf, reichst deinem Gegenüber die Hand, setzt ein nettes Lächeln auf. »Ich freue mich, wieder von dir zu hören.« Und damit machst du einen Abgang.

War das nun ein Date oder ein Vorstellungsgespräch? Stell dir vor, diese Unterhaltung findet nicht in einem kühlen Konferenzraum statt, sondern in einer Weinbar. Dann ist zwar die Umgebung eine andere, aber die Energie ist quasi die gleiche. Ich bin sicher, auch du hast schon mal diese Art von sterilen Dates erlebt.

Meine Freunde und Klienten jedenfalls erzählen mir Geschichten wie diese: »Das Daten macht heutzutage auch keinen Spaß mehr. Es fühlt sich eher an wie Schwerstarbeit.« Ich verstehe ja, dass es das zum Teil auch *ist*. Das Daten erfordert Zeit und Mühe und ist daher nicht immer angenehm. Es geht einfach unter die Haut, wenn man wieder mal zurückgewiesen oder enttäuscht wird. Wenn das Daten nicht der einzige Weg wäre, einen Partner für eine langfristige Beziehung zu finden, hätten die meisten von uns es wohl schon vor Jahren aufgegeben. Aber weil Daten Arbeit ist, heißt das noch lange nicht, dass du es exakt so handhaben musst wie *deine beruflichen Pflichten*. Das ist kein Treffen zum Networken und auch kein Vorstellungsgespräch. Also benimm dich nicht so, als wärst du in der Arbeit.

Diese Art des Datens macht jedem Prickeln, das möglicherweise aufkommen könnte, den Garaus. Schlimmer noch: Dates, die wie Vorstellungsgespräche ablaufen, versetzen uns in den »Press Play«-Modus. So jedenfalls beschreibt die Verhaltensforscherin Kristen Berman, was passiert, wenn wir abgefragt werden und papageienhaft unsere Antworten abspulen. Wir stürzen uns in eine Geschichte, die wir schon oft bei anderen Dates erzählt haben, und rattern unseren Lebenslauf herunter. In diesen Augenblicken spucken wir nur einfach Informationen aus. Ein Draht zu der anderen Person entsteht so nicht.

Esther Perel beschreibt dieses blutleere Daten wie folgt: »Die Leute sitzen da und gucken auf die Smartwatch, wie hoch ihr Puls ist und ob sie irgendwelche messbaren körperlichen Reaktionen aufweisen – die auf den berühmten Funken hindeuten. In dieser Eiseskälte, in der sie sich gegenseitig abfragen, soll es funken? Nie im Leben.«[106]

Wenn du bei deinem Date dich *und* die andere Person evaluierst, bist du nicht präsent. Dein Date bekommt nicht die geringste Vorstellung davon, was du für ein Mensch bist, und du selbst hast deine Erfahrung blockiert. So kannst du den Augenblick nicht genießen.

Beim ersten Date geht es nicht darum, ob du diesen Menschen heiraten möchtest oder nicht. Sondern darum, ob er dich neugierig macht, ob er etwas hat, was dir das Gefühl gibt, du würdest gerne mehr Zeit mit ihm verbringen.

ZEHN SCHRITTE FÜR BESSERE DATES

Du kannst bessere Dates haben, die sich nicht anfühlen wie ein Vorstellungsgespräch, indem du deine Einstellung änderst und eure Aktivitäten gezielt danach auswählst, was dir Freude macht. So wird das Daten für dich wieder zum Vergnügen:

1. Das Ritual vor dem Date

Deine Einstellung bestimmt nicht nur die Atmosphäre eures Dates, sondern häufig auch den Ausgang. Richard Wiseman, Psychologe an der Universität Hertfordshire in Großbritannien, wollte herausfinden, wie stark unsere innere Einstellung unsere Erfahrungen beeinflusst.[107] Zu diesem Zweck holte er sich Probanden, die sich selbst entweder als Pechvögel oder als Glückspilze betrachteten. Ihre Aufgabe bestand darin, die Fotos in einer Zeitung zu zählen, die er ihnen gab.[108]

Die glücklichen Teilnehmer brauchten nur wenige Sekunden, um die Anzahl der Fotos zu ermitteln, die Pechvögel hingegen im Durchschnitt zwei Minuten. Wieso waren die Glückspilze schneller? Auf der zweiten Seite der Zeitung stand in großen Lettern, die die Hälfte der Seite einnahmen: »Hören Sie auf, zu zählen. Diese Zeitung enthält 43 Fotos.« Die Glückspilze sahen diese »geheime Botschaft« und schrieben die korrekte Antwort nieder, womit die Aufgabe gelöst war. Die Pechvögel waren so mit Zählen beschäftigt, dass sie den Hinweis übersahen.

Doch das war nur ein Teil des Experiments. In der Mitte der Zeitung hatte er einen zweiten Hinweis angebracht: »Hören Sie auf, zu zählen. Sagen Sie dem Versuchsleiter, dass Sie diesen Hinweis gesehen haben. Sie bekommen dafür 250 britische Pfund.« Leider übersahen die meisten Pechvögel auch diese Botschaft.

Warum entdeckten die Glückspilze die erste Botschaft, obwohl die Pechvögel beide übersahen? Das liegt letztlich an der Art und Weise, wie diese beiden Gruppen auf die Welt zugehen. Glückspilze erwarten, dass sie positive Erfahrungen machen. Sie sind offen für neue Möglichkeiten und erkennen diese auch, wenn sie sich zeigen. Als sie die Zeitung durchblätterten, blickten sie nicht mit Scheuklappen auf die Fotos. Sie entdeckten den Hinweis auf der zweiten Seite sofort.

Menschen aber, die sich als Pechvögel einschätzen, sind angespannt, weil sie negative Erfahrungen erwarten. Ihre Ängste verhindern, dass sie auf unerwartete Möglichkeiten stoßen. Ein Glücksfall wartete in fetten Lettern auf der zweiten Seite, aber sie übersahen ihn, weil ihr negatives Weltbild ihn verdeckte. Ihre innere Einstellung wird zur selbsterfüllenden Prophezeiung.

Meiner Erfahrung nach verhalten sich »Pechvogel-Dater« genauso. Nach Jahren des Datens fühlen sie sich ausgebrannt und bringen diese negative Energie zu jedem Date mit. Auf diese Weise entgehen ihnen selbst die besten Gelegenheiten.

Es gibt ein bekanntes Zitat von Henry Ford: »Ob du nun glaubst, dass du etwas kannst oder nicht: Du hast in jedem Fall recht.«[109] Ich habe es ein wenig abgeändert: »Ob du nun glaubst, dass dein Date super verläuft oder mies: Du hast in jedem Fall recht.« Du sabotierst dich selbst, wenn dein Date-Mantra lautet: »Das wird ohnehin nichts. Bei den letzten hundert Dates hat's ja auch nie geklappt.« Damit setzt du nur deine Datingscheuklappen auf! Du übernimmst innerlich die Einstellung des Pechvogels, an dem die Chancen des Lebens vorüberziehen – in diesem Fall die Signale, die dir sagen würden, dass dieser Menschen zu dir passen könnte.

Glücklicherweise können wir diese resignative Einstellung ändern. Wiseman hat ein Programm entwickelt, das er »Schule des Glücks« nennt.[110] Dabei lernen Pechvögel, wie ein Glückspilz zu denken. Sein Programm konzentriert sich dabei auf folgende vier Punkte: auf die eigene Intuition hören, Glück erwarten, Chancen erkennen und nach negativen Erfahrungen wieder aufstehen. Die »Hausaufgaben« der Glücksschule sind ganz unterschiedlich: ein Glückstagebuch führen, Glücksfälle visualisieren und Affirmationen wiederholen: »Ich bin bereit, Zeit und Energie zu investieren, um mein Glück zu wandeln.« Nach einem Monat fühlten sich 80 Prozent der Absolventen der Glücksschule schon deutlich glücklicher. Sie waren zufriedener mit ihrem Leben und hatten tatsächlich mehr Glück.

Ich möchte, dass du in deine eigene, selbst gestaltete Glücksschule gehst und deine Einstellung änderst, sodass du von nun an gute Dates erwartest.

Zu diesem solltest du ein *Ritual vor dem Date* ersinnen. Dieses führst du vor jedem Date durch, um dich so in die richtige Stimmung zu versetzen.

Hier ein paar »Pre Date«-Rituale meiner Klienten:

- »Ich plane immer im Voraus und blocke alle Nachrichten vom Büro, und zwar mindestens 30 Minuten vor dem Date. Und ich rufe eine Freundin an, von der ich mich wirklich geschätzt fühle. Das stärkt mein Selbstbewusstsein.«
- »Ich höre mir gern einen Comedy-Podcast an, bevor ich zu einem Date gehe. Am liebsten *Good One*. Da stellen Comedians ihren Lieblingswitz vor und analysieren ihn mit dem Gastgeber. Das bringt mich wirklich zum Lachen und versetzt mich in gute Stimmung.«
- »Ich mache Jumping Jacks, damit mein Herz so richtig klopft. Das setzt Endorphine frei und versetzt mich in eine gute Stimmung.«
- »Ich fühle mich so unsexy, wenn ich aus dem Büro komme. Ein Bad vor dem Date wirkt da Wunder. Ich nehme ein Schaumbad mit einem tollen Duft. Ohnehin sind Düfte für mich ein echtes Aphrodisiakum. Dann trage ich die passende Bodylotion auf. So schalte ich mein Arbeitsgehirn *ab* und *kurble mein Ich an*.«

Übung: Ändere deine Einstellung mit einem Ritual vor dem Date

Schreib hier zwei Datingrituale auf, die du künftig vor deinem Date ausführst:

1. ______________________________

2. ______________________________

Versprich mir, dass du einige Dinge durchprobierst, bis du zwei Rituale gefunden hast, die dich wirklich in Datingstimmung versetzen.

2. Überleg dir genau, wo und wann ihr euch trefft

Ort und Zeit sind ganz entscheidend. Wann bist du gewöhnlich am entspanntesten und ganz du selbst? Leg deine Dates auf diese Zeiten. Keine Dates um sieben Uhr morgens, bitte.

Triff dich nicht mit deinen Dates in extrem ausgeleuchteten Coffeeshops. Wenn du jedes Mal denkst »Wenn das Date schiefgeht, habe ich wenigstens genug Koffein intus«, dann stell das ab. Du willst ja nicht, dass dein Date so wirkt, als würdest du gute Leute zum Networken suchen. Wähle lieber einen Ort, der zumindest ansatzweise an Sex denken lässt, zum Beispiel eine schummrige Weinbar.

Und setz dich deinem Date nicht direkt gegenüber, sondern eher neben sie oder ihn. Kommst du auf einer langen Autofahrt gut mit deinem Beifahrer ins Gespräch? Ist dir aufgefallen, dass es einfacher ist, mit einem Kumpel zu reden, wenn er neben dir geht und dir nicht in die Augen schaut? Es ist einfacher, mit jemandem zu reden, den wir nicht direkt anschauen.

Die Psychologen Shogo Kajimura und Michio Nomura von der Universität in Kyoto, Japan, haben dieses Phänomen in einer 2016 veröffentlichten Studie untersucht.[111] Hatten die Versuchsteilnehmer auf dem Bildschirm ein Gesicht vor sich, das sie direkt ansah (und nicht den Blick zur Seite richtete), dann konnten sie nicht einmal eine einfache Wortassoziationsaufgabe erledigen. Kajimura und Nomura führen diese Eigenart auf unsere Biologie zurück: Augenkontakt und Sprachverarbeitung beanspruchen die gleichen neuronalen Schaltkreise.

Bei Dates kannst du dieses Wissen zu deinem Vorteil nutzen. Schlag doch einen Spaziergang vor. Dann fühlt sich dein Date weniger ausgefragt, dein Gehirn wird vor Überlastung geschützt und ihr könnt eher ein Band knüpfen.

3. Kreativität siegt

Außerdem solltest du dir überlegen, was genau du mit deinem Date unternehmen könntest. Dan Ariely und die Forscher der Harvard Business School haben ein Experiment durchgeführt, bei dem sie Paare auf virtuelle

Dates schickten.[112] Sie wählten als Umfeld eine virtuelle Kunstgalerie in der Annahme, dass sich so leichter Gespräche ergeben würden. Was tatsächlich der Fall war. Die Teilnehmer plauderten über die ausgestellten Werke und entdeckten schnell gleiche Interessen. Die Kunst war das »dritte Objekt«, über das sie sich austauschen konnten. Ein drittes Objekt nimmt den Druck aus der Zweierbegegnung und verhindert effektiv lange Gesprächspausen.

Wenn Renaissancegemälde der Jungfrau Maria oder zeitgenössische Riesenspinnen nicht dein Ding sind, so ist das auch kein Grund zur Sorge. In Wirklichkeit geht es gar nicht um Kunst. Das besagte dritte Objekt kann alles Mögliche sein: ein Buch, ein Spiel oder andere Menschen. Ich empfehle ja immer, Dates zu vereinbaren, bei denen du beobachten kannst, wie dein Gegenüber mit anderen Leuten umgeht. So bekommst du einen ersten Eindruck von diesen kaum messbaren, aber letztlich so überaus wichtigen Qualitäten wie Güte.

Ihr könntet zum Beispiel einen Cocktail-Mixkurs in kleiner Gruppe besuchen. Geht dein Date den Kursleiter an? Oder bleibt er geduldig, während sich alle ihre Ingredienzen zusammensuchen? Hilft sie der Frau, die zu spät kam? Ihr könntet auch etwas machen, wobei man im Team arbeiten muss: gemeinsam ein Puzzle zusammensetzen oder ein koreanisches Barbecue zubereiten, bei dem jeder seine eigene Mahlzeit grillt. Wie gut funktioniert ihr als Team? Wie wäre es, wenn ihr euch ein Restaurant aussucht, wo man Fingerfood serviert? Wer kann schon überlegen tun, wenn ihm Sojasoße vom Kinn tropft? Jedes dieser Szenarien ermöglicht dir, viel mehr Eindrücke zu sammeln, als wenn ihr euch um sieben Uhr morgens im Coffeeshop an der Ecke trefft.

Weitere kreative Ideen findest du (in englischer Sprache) auf meiner Webseite www.loganury.com.

Hier noch ein paar Tipps für ungewöhnliche Dates, die teils von meinen Klienten stammen:

- Kauft gemeinsam auf dem Wochenmarkt ein und macht danach Brunch zusammen.
- Geht Rollerskaten.

- Macht einen Chilisoßen-Wettbewerb: Wer verträgt es am schärfsten?
- Sucht auf YouTube nach einem alten Kindertanz, den ihr gemeinsam lernen könnt.
- Singt Karaoke.
- Schaut euch einen alten Film an und sprecht beim Spazierengehen darüber.
- Belegt einen Kochkurs.
- Macht eine Fahrradtour mit Picknick.
- Lernt Swing tanzen.
- Geht ins nächstgelegene Observatorium und beobachtet gemeinsam die Sterne.
- Leiht euch eine Vespa aus und erkundet gemeinsam die Stadt.
- Geht zusammen in eine Spielhalle. (Steck genug Münzgeld ein!)
- Geht mit Wasserfarben in einen Park und malt den gleichen Baum. (Oder euch gegenseitig!)

Du darfst dir auch gerne eine Idee meiner Freundin ausleihen. Sie heißt »ein Tag voller Ja« und geht so: »Wir hatten ein Date, bei dem wir abwechselnd vorschlugen, was wir als Nächstes tun würden. Der andere darf zu diesem Vorschlag nur Ja sagen (außer natürlich, etwas verstößt gegen seine Werte oder ist illegal). Wir haben uns an der Anlegestelle der Fähre in Brooklyn Heights getroffen. Das erste Ja war zu einer Fahrt mit der Fähre. Dann musste der andere vorschlagen, wo wir wieder aussteigen, und der Partner musste dazu Ja sagen. So haben wir immer wieder Ideen ausgetauscht, was wir als Nächstes machen könnten. Es war ein irres Date. Wir haben gemeinsam neue Viertel erkundet, in polnischen Restaurants diverse Eintöpfe probiert und waren am Ende tief ins Gespräch verstrickt.«

Gib's zu. Du hast diese Vorschläge gelesen und dir gesagt: »Klar, alles super Ideen, aber das ist doch nicht machbar. Wer hat schon so viel Zeit?« Natürlich sind diese Dates zeitintensiver, als würdet ihr gemeinsam auf einen Kaffee gehen bzw. das übliche Glas Wein. Aber dein Ziel ist doch nicht, es dir so leicht wie möglich zu machen. Du willst einen wunderbaren Menschen finden, mit dem du eine Beziehung eingehen kannst. Dates wie diese helfen dir dabei. Geh ruhig mal das Risiko ein, etwas Außergewöhnliches vorzuschlagen. Du musst ja nicht einen ganzen Tag lang Verstecken spielen, aber mach mal etwas anderes!

Das Schlimmste, das dir passieren kann, ist, dass der andere ablehnt und lieber ein traditionelles Treffen will. Das ist in Ordnung. Aber wahrscheinlicher ist es, dass dein Date die klassischen »Vorstellungsgespräch«-Dates ebenfalls satthat und begeistert mal was Neues ausprobiert.

Übung: Öfter mal was Neues!

Nimm dir Zeit und überleg, was du Interessantes anstellen könntest. Hab keine Angst, mal was Verrücktes zu probieren.

1. ______________________________

2. ______________________________

3. ______________________________

4. ______________________________

5. ______________________________

4. Zeig, wie viel Mühe du dir gegeben hast

Forschungsarbeiten von Ryan Buell und Michael Norton, Professoren an der Harvard Business School, weisen nach, dass Menschen Dinge höher schätzen, wenn sie *wissen*, wie viel Mühe damit verbunden war, sie bereitzustellen.[113]

Stell dir vor, du suchst online einen Flug. Je schneller du ein Resultat hast, desto besser, nicht wahr? Nun, vielleicht auch nicht. Norton führte ein Experiment durch, bei dem er die Teilnehmer in einer falschen Suchmaschine nach Flügen suchen ließ. Die Probanden wurden in Gruppen eingeteilt. Die eine Gruppe erhielt sofort Resultate. Die andere verwendete eine Software, die einige Zeit brauchte, um Ergebnisse zu liefern. Währenddessen wurde der Suchfortschritt mit einem Statusbalken angezeigt. Außerdem zeigte man den Suchenden an, welche Airline gerade abgefragt wurde.

Erstaunlicherweise beurteilten die Teilnehmer die zweite Software deutlich besser als die erste. Sie brauchte zwar länger, um Ergebnisse zu liefern, doch die Suchenden hatten das Gefühl, dass das Programm wirklich für sie arbeitete. Dieser sichtbare Aufwand an Energie war ihnen mehr wert als die bloße Geschwindigkeit.

Vielleicht gibt *Domino Pizza* seinen Kunden deshalb folgende Statusmeldungen: »angeheizt«, »im Ofen« und »doppelt auf Perfektion geprüft«. Wir alle wissen, wie ein Pizzalieferdienst funktioniert. Aber wenn du mitbekommst, was hinter einer Dienstleistung etc. an Arbeit steckt, dann erhält sie für dich einen höheren Stellenwert.

Diese Erkenntnis lässt sich auch auf das Daten übertragen. Mach es wie die zweite Flugsuchmaschine: Lass dein Date wissen, welche Hebel du in Bewegung gesetzt hast, um diese Erfahrung zu etwas ganz Besonderem zu machen. Das hat nichts mit Angeberei zu tun. Lass einfach erkennen, welche Mühe du dir gegeben hast, sodass dein Date sie wertschätzen kann.

Biete zum Beispiel an, das Date zu organisieren oder ein Treffen am Wohn- oder Arbeitsort des Partners zu akzeptieren. Viele meiner Klienten, die in großen Städten wie New York oder Los Angeles leben, verwickeln sich häufig in Debatten darüber, wo man sich am besten trifft. Du kannst zeigen, dass dir an diesem Date etwas liegt, wenn du euer Treffen für den anderen einfacher machst. Frag einfach: »Wo wohnst du denn genau? Wir können gerne dort etwas unternehmen.«

Und erkläre deinem Date, welche Entscheidungen du getroffen hast und warum. Zum Beispiel: »Ich habe dieses peruanische Restaurant ausgesucht, weil du mal meintest, du würdest so gerne den Machu Picchu besteigen.« Dein Gegenüber wird es dir danken. Deine Rücksichtnahme macht dich zu etwas Besonderem.

5. Spaß und Spiel

Denk mal an das beste Date zurück, das du je hattest. Vielleicht habt ihr euch in einer Tequilabar getroffen und perfekte Carnitas-Tacos gegessen und eine Margarita nach der anderen geschlürft. Gleichzeitig habt ihr euch kokette Worte ins Ohr geflötet und darüber ganz eure Umgebung vergessen, sodass ihr das Gefühl hattet, ganz allein dort zu sein, was natürlich gegen Mitternacht auch richtig war. Oder habt ihr spätnachts einen Spaziergang gemacht, und du hast ihm deine Ängste über die schwierige Beziehung zu deinem Bruder gestanden, bis er dir die Tränen weggeküsst hat, was zu einem heißen Gefummel an deiner Wohnungstür führte?

Was hat dein bestes Date dazu werden lassen? Vermutlich nicht die Tatsache, dass dein Partner acht von zehn Punkten auf deiner Prüfskala für den perfekten Partner erreichte. Vermutlich hattest du ganz einfach Spaß! Nun ist Spaß aber etwas, was wir für ein Date normalerweise nicht einplanen.

Also Schluss mit diesen roboterhaften »Press Play«-Dates. Bauen wir das Spiel lieber in die Planung ein.

Was fällt dir als Erstes ein, wenn du das Wort »Spiel« hörst? Kleine Kinder, die über den Spielplatz sausen? Vielleicht betrachtest du das Daten ja als ernsthafte Angelegenheit – denn am liebsten hättest du schon *gestern* einen Partner gefunden – und denkst, dass du zum Spielen keine Zeit mehr hast.

Aber Spiele sind nicht nur was für Kinder auf dem Pausenhof. Und Spiele sind nicht dasselbe wie Spielchen. Ganz im Gegenteil. Spielchen spielen heißt, mit Täuschung und Illusion zu arbeiten. Das ist tatsächlich Zeitverschwendung, denn dein Gegenüber wird irgendwann merken, wie du wirklich bist. Und was dann? Spielen bedeutet, ganz präsent zu sein, die ehrlichste Version deiner selbst – nur eben lockerer.

Catherine Tamis-LeMonda, Professorin für Psychologie an der New York University, erklärt das in einem Artikel für die *New York Times* so: »Spielen ist keine bestimmte Aktivität. Es ist vielmehr ein Lernansatz, eine engagierte, spaßige und von Neugier gelenkte Art, die Welt zu entdecken.«[114] Jedes Spiel ist intrinsisch motiviert. Wir tun es um seiner selbst willen, nicht um einen bestimmten Zweck zu erreichen.[115]

Nehmen wir mal an, du hast ein Date im Park. Spielerisch wird es, sobald du dich umsiehst und für die Menschen, auf die dein Blick fällt, eine Lebensgeschichte erfindest. Die du dann »auswertest«: Welche Paare bleiben zusammen und welche nicht? Und warum? Oder du durchquerst den Park und guckst, wie viele Hunde du in 15 Minuten streicheln kannst.

Natürlich kann sich das anfangs ein wenig künstlich anfühlen. Also tu nicht so, als würdest du das immer so machen, sondern geh ruhig selbstironisch an die Sache heran: »Das hört sich jetzt vielleicht verrückt an, aber was meinst du dazu?« Selbst wenn der Partner nicht mitspielt, hast du gezeigt, wie einfallsreich du sein kannst.

Amüsier dich. Spinne ruhig ein bisschen herum. Mach Witze. Humor ist ein wunderbarer Weg, ein Date mit spielerischer Leichtigkeit zu erfüllen. Wenn wir lachen, braut unser Gehirn einen quirligen Hormoncocktail, der unsere Einstellung verändert.[116] Lachen setzt Oxytocin frei[117], das Kuschelhormon[118], das auch beim Stillen ausgeschüttet wird und dazu führt, dass wir unserem Gegenüber mehr vertrauen.[119] (Wenn du jetzt überlegst, wie du am besten an dieses Oxytocin kommst: Beim ersten Date ist Lachen sozial eher akzeptiert, als die Brust zu geben.) Lachen verringert die Ausschüttung des Stresshormons Cortisol.[120] Außerdem sorgt Lachen für ein Dopamin-Hoch, das die Vergnügungszentren unseres Gehirns ankurbelt.[121] Es verstärkt somit unser leichtfüßig-beschwingtes Verhalten, denn wir wollen noch mehr von dem Zeug.

Alles wunderbare Effekte für ein erstes Date: mehr Bindungsenergie, weniger Stress und höhere Chancen auf ein zweites Date.

6. Überspring den Small Talk

Wir knüpfen stärkere Bande, wenn wir einander Fragen stellen. Wenn du deinem Date Fragen stellst, kann er bzw. sie dir persönliche Informationen geben, die für enge Bindungen wichtig sind.[122] Forschungsarbeiten der Psychologin Karen Huang zeigen, dass eine gewisse Neugier beim Gegenüber Interesse weckt.[123]

Dabei ist natürlich wichtig, welche Fragen du stellst. Wen interessiert schon, was der Typ an der Uni studiert hat? Vergiss nicht: Das ist ein Date, kein Vorstellungsgespräch. Obwohl es unzählige Gründe gibt, tiefer zu schürfen, dümpeln die meisten Dater doch im flachen Wasser.

In der mit *Modern Love* überschriebenen viralen Kolumne der *New York Times* erklärte Mandy Len Catron einmal[124]: »Wenn du dich verlieben willst, stell tiefschürfende Fragen.« Catron und ihr Begleiter sprachen bei einem Date 36 Fragen durch, die von Mal zu Mal an Intensität und Nähe zunahmen. Von »Wenn du jeden Menschen, den du möchtest, zum Abendessen einladen könntest, wen würdest du aussuchen?« bis »Angenommen, du müsstest heute Abend sterben, ohne vorher noch einmal mit jemandem reden zu können: Was würdest du am meisten bedauern, nicht gesagt zu haben?«

Diese Fragen waren keineswegs zufällig gewählt. Catron hatte sie auch nicht auf eine Karteikarte gekritzelt, während sie auf dem Weg zu ihrem Date war. (Anmerkung: Geh nie mit Karteikarten zu einem Date.) Der Psychologe Arthur Aron und seine Kollegen hatten sie für ein Experiment entworfen, bei dem man zwei wildfremde, willkürlich zusammengewürfelte Menschen an einen Tisch setzte, wo sie gemeinsam diese 36 Fragen beantworten sollten.[125] Untersucht wurde dabei die Frage, unter welchen Umständen man eine »nachhaltige, zunehmende, wechselseitige, persönliche Offenheit« herstellen konnte. Aron und sein Team – zu dem später auch Catron gehörte, die übrigens immer noch mit dem Mann von diesem schicksalsträchtigen Date zusammen ist – fanden heraus, dass diese Fragen potenziellen Partnern helfen, ein gemeinsames Band zu entwickeln und sich entsprechend verletzlich zu zeigen.

Wenn du dem anderen nicht gleich mit so tiefschürfenden Fragen kommen möchtest, versuch es mit meiner Lieblingsmethode zur Vermeidung von Small Talk. Geh gleich *in medias res*. Das ist lateinisch für »in die Mitte der Dinge«. Dieser Fachbegriff aus der Literatur bezeichnet eine Erzählung, die sofort in die Handlung einsteigt. (Sozusagen die bildungssprachliche Version des Kavalierstarts.)

In puncto Date heißt das, dass du nicht fragst »Na, wie geht's?« oder »Wo wohnst du denn?«. Stattdessen legst du gleich los mit: »Du glaubst nicht, was mir auf dem Weg hierher passiert ist.« Oder: »Gerade hatte ich meine Schwester am Telefon, die mir vom Kampf mit ihrem Vermieter erzählt hat, weil der keine Papiertonne aufstellen lässt.« Wenn du die Kennenlernfragen außen vor lässt, sondern das Gespräch gleich so anfängst, als wäre dein Gegenüber ein Freund (oder der Partner), stellst du automatisch Nähe her. Natürlich werdet ihr im Laufe des Gesprächs auch die Small-Talk-Fakten berühren – wie euer Tag war, wo ihr wohnt und so weiter. Aber zumindest hast du schon mal die große Zehe ins Wasser *echter* Zwiegespräche gesteckt.

Eine gute Strategie ist es, einen Rat einzuholen. Zu etwas, was in deinem Leben gerade wirklich passiert: »Meine Schwester heiratet in ein paar Wochen, und vermutlich muss ich einen Toast auf das Brautpaar ausbringen. Hast du je bei einer Hochzeit eine Rede gehalten?« Oder: »Mein Chef schickt mir jedes Wochenende E-Mails. Ich weiß nicht, wie ich ihm gegenüber Grenzen setzen kann. Was würdest du in so einem Fall tun?«

Eins solltest du dabei im Hinterkopf behalten: Eine *Frage zu stellen* ist nur die eine Seite der Medaille. Du musst natürlich auch auf die Antwort *hören*. Die verrät dir nämlich auch gleich, wie dein Gegenüber so tickt. Kannst du mit seinem Rat etwas anfangen? Geht er gern auf deine Frage ein? Und fühlst du dich verstanden?

7. Zeig dich interessiert, nicht interessant

Eine meiner Klientinnen hieß Andrea. Sie war eine charismatische Persönlichkeit mit langem rotem Haar und einem breiten Julia-Roberts-Lächeln. Sie machte am Wochenende immer Improvisationstheater und brachte mich dauernd zum Lachen, wenn sie von ihren missglückten ersten Dates erzählte.

»Logan, ich versuch's ja«, sagte sie und kreuzte die Arme über der Brust. »Ich bekomme nur einfach keinen Draht zu diesen Leuten.«

»Machst du dein Ritual vor dem Date?«

»Ja«, sagte sie und blickte ergeben gen Himmel.

»Bemühst du dich um eine kreative Planung?«

»Ich bin erst letzte Woche mit meinem Date in den Kunstkurs gegangen.«

»Machst du Small Talk?«

»Ich hasse Small Talk.«

Irgendwie begriff ich nicht, was hier vorging. Daher bat ich Andrea, mit einem meiner männlichen Freunde auszugehen, damit ich mir ein besseres Bild von ihr machen konnte. Er rief mich gleich nach dem Date an.

»Wie ist es gelaufen?«, fragte ich.

»Nun, sie redete die ganze Zeit. Hauptsächlich über irgendein Drama in der Arbeit. Ach ja, und sie hat für mich bestellt.«

Einige Tage später kam Andrea wieder zur Sprechstunde. Ich berichtete ihr, was mein Freund erzählt hatte.

»Das ist mir ja so peinlich«, sagte sie. Eine Minute lang schwieg sie, dann aber überraschte sie mich, als würde sie das negative Feedback freuen.

Und so war es tatsächlich. »Na ja, dann liegt es auf jeden Fall an mir«, meinte sie. »Es ist nicht so, dass mit den Männern in dieser Stadt etwas nicht stimmt. Wenn es an mir liegt, kann ich das ändern.«

Wie Andrea meinen viele Menschen, sie müssten beim ersten Date eine tolle Performance abliefern. Sie wollen einen guten Eindruck machen und interessant wirken. Aber bei einem guten Date geht es darum, einen Draht zu seinem Gegenüber zu bekommen, nicht den bestmöglichen Eindruck zu hinterlassen. Oder wie die Dichterin Maya Angelou es ausdrückte: »Meiner Erfahrung nach vergessen die Leute, was du gesagt oder getan hast. Was sie jedoch nie vergessen, ist das Gefühl, das du ihnen gegeben hast.« Also versuch nicht, interessant zu *sein*, sondern dem anderen *dieses Gefühl zu geben*.

Das bedeutet, dass du lernen musst zuzuhören. Denn das bedeutet weit mehr, als nur zu registrieren, was der andere gesagt hat. Die meisten Leute hören nur zu, um sofort (sogar während der andere noch spricht) etwas darauf zu erwidern, was heißt, dass wir uns selbst wieder in den Fokus rücken. Das Ziel ist aber, den anderen zu *verstehen*, nicht bloß zu warten, bis du endlich wieder an der Reihe bist.

Du wirst ein besserer Gesprächspartner, wenn du lernst, wie du *unterstützende* statt *umschaltender* Antworten gibst. Als *Umschalter-Antwort* bezeichnet der Soziologe Charles Derber Äußerungen, mit der du das Gespräch wieder in deine Richtung lenkst.[126] Eine unterstützende Antwort hingegen ermuntert den anderen zum Weitererzählen.

Wenn dein Date zum Beispiel sagt »Ich fahre in ein paar Wochen mit meiner Familie an den Lake Michigan.«, wäre die Umschalter-Antwort: »Ach, da war ich auch vor einigen Jahren.« Oberflächlich betrachtet wirkt es, als würdest du dich auf das einlassen, was dein Date dir erzählt. Aber mit dieser Antwort lenkst du die Aufmerksamkeit wieder auf dich. Eine unterstützende Antwort wäre beispielsweise: »Fährst du zum ersten Mal dorthin?« Oder: »Wieso hat sich deine Familie für diesen Ferienort entschieden?«

Unterstützende Antworten zeigen, dass du schon mittendrin bist in der Geschichte und mehr erfahren möchtest. Dadurch fühlt dein Date sich wertgeschätzt, was die Bande zwischen euch verstärkt.

Übung: Unterstützende Antworten geben

Stell dir vor, du gehst mit deinem Date aus, und er bzw. sie sagt Sätze wie in den folgenden Beispielen. Überleg dir für jeden Satz eine unterstützende und eine umschaltende Antwort, damit du den Unterschied klarer erkennst.

Dein Date: »Meine Kollegin hat sich erst einen Goldendoodle-Welpen zugelegt.«
Umschalter-Antwort: ______________________________

Unterstützende Antwort: ______________________________

Dein Date: »Ich finde die Dokumentarfilme von Ken Burns wirklich große Klasse, vor allem den über den Vietnamkrieg.«
Umschalter-Antwort: ______________________________

Unterstützende Antwort: ______________________________

Dein Date: »Ich überlege, ob ich eine Fortbildung machen soll.«
Umschalter-Antwort: ______________________________

Unterstützende Antwort: ______________________________

8. Lass dein Handy in der Tasche

Bitte versprich mir eines: Leg dein Handy weg und schalte es stumm. Forschungsarbeiten von Professor Sherry Turkle vom MIT (Massachusetts Institute of Technology) belegen, dass ein Handy schon negativ wirkt, wenn es nur auf dem Tisch liegt, während du mit einer anderen Person sprichst: Zum einen untergräbt es die Qualität der Unterhaltung. Die Menschen reden eher über seichtere Themen, wenn sie befürchten, dass jeden Moment das Telefon klingeln könnte. Zum anderen stört es die empathische Verbindung zwischen zwei Menschen.[127]

Obwohl das Telefon also bekanntermaßen einen negativen Einfluss auf Gespräche hat, geben 89 Prozent der Befragten zu, dass sie es bei ihrem letzten Treffen herausgeholt haben.[128] Also lass das bitte!

Versuch es lieber auf diese Weise: Frag dein Gegenüber gleich zu Beginn eures Treffens, ob es ihm oder ihr recht ist, wenn ihr während eures Gesprächs das Telefon stumm schaltet und wegsteckt. So zeigst du dein Interesse und erhöhst die Chancen, dass aus diesem Date etwas wird. (Zitiere ruhig Sherry Turkle. Nichts ruft deutlicher »Ich bin gut beim Sex« als ein wissenschaftliches Zitat.)

9. Ein spannungsreiches Ende

Ein Künstler in meinem Bekanntenkreis ist stolz darauf, dass jedes seiner Dates ein glückliches Ende hat. (Nein, nicht die Art von Ausklang! Verlass mal die Zonen unterhalb der Gürtellinie und komm in die Regionen zurück, um die es in diesem Buch geht!) So stellt er seinem Date am Ende des Abends eine rätselhafte Frage wie: »Warst du je auf einer von San Franciscos geheimen Rutschbahnen?« Wenn sein Date dann neugierig wird, nimmt er sie mit in einen dieser romantischen und recht unbekannten Parks. Er weiß offensichtlich, wie wichtig es ist, wie man ein Date ausklingen lässt.

Daniel Kahneman und seine Verhaltensforscherkollegen haben ein berühmt gewordenes Experiment mit Patienten durchgeführt, die sich einer Darmspiegelung unterziehen mussten. (Bei den Teilnehmern handelte es sich nicht um freiwillige Versuchspersonen, sondern um Fälle, wo diese Untersuchung medizinisch notwendig war.) Die Untersuchung dauerte 30 Minuten und fühlte sich, wie bei Darmspiegelungen unvermeidlich, unangenehm an. Die andere Gruppe bekam dieselbe 30-minütige und ebenso unangenehme Untersuchung, doch wurde die Untersuchung zusätzlich um fünf Minuten verlängert, die sich aber nicht so unangenehm anfühlten.[129] Erstaunlicherweise bewerteten die Teilnehmer letztere Erfahrung als angenehmer, obwohl die ganze Prozedur länger dauerte. Die Erklärung dafür liefert ein Phänomen, das man die *Peak-End-Regel* nennt: Wir beurteilen Erfahrungen immer danach, wie wir uns auf deren Höhepunkt und an deren Ende gefühlt haben.[130] Wir bilden also keinen Durchschnittswert aus der Gesamtzeit.

Also bestell nach dem Essen noch ein Dessert. Mach deinem Date ein aufrichtiges Kompliment, bevor ihr wieder eurer Wege geht. Mach dir die Peak-End-Regel zunutze.

10. Die »glorreichen Acht« – nach dem Date

Jonathan ging zu jedem Date mit einer langen Liste von Eigenschaften, die sein potenzieller Partner haben musste. Und hinterher checkte er, in welchen Punkten sein potenzieller realer Partner dem Partner seiner Träume nicht das Wasser reichen konnte.

Diese Abhak-Mentalität ist ein weiteres Beispiel fürs »Evaludating«. Checklisten sind schon in Ordnung, aber die meisten Leute schreiben die falschen Dinge darauf – als müssten sie einen Lebenslauf überprüfen. Daher habe ich für Jonathan eine Liste zusammengestellt, die ihm helfen sollte, sein Augenmerk auf den Erfahrungsaspekt seiner Dates zu richten. Statt zu beurteilen, ob der vorgeschlagene Partner bestimmte Kriterien erfüllte, konzentrierte sich Jonathan nun stärker darauf, wie es ihm mit dieser Person ging. Die Liste ermutigte ihn, präsent zu bleiben und in das hineinzuspüren, was wirklich zählt.

Zu diesem Zweck bat ich Jonathan ganz einfach, nach jedem Date die folgenden acht Fragen zu beantworten.

Die »glorreichen Acht«

1. Welche Seite an mir brachte dieser Mensch zum Vorschein?
2. Wie fühlte sich mein Körper während des Treffens an? Steif, entspannt oder irgendetwas dazwischen?
3. Fühle ich mich jetzt energiegeladener oder ausgelaugter als vor dem Date?
4. Gibt es etwas an dieser Person, das mich neugierig macht?
5. Hat die Person mich zum Lachen gebracht?
6. Habe ich mich gehört gefühlt?
7. Habe ich mich in Gegenwart dieser Person attraktiv gefühlt?
8. War ich fasziniert, gelangweilt oder irgendetwas dazwischen?

Da Jonathan wusste, dass er diese Fragen nach dem Date beantworten musste, richtete er seine Aufmerksamkeit gleich stärker darauf, wie es ihm mit dem Date ging. Manchmal ließ er sich sogar auf ein zweites Date mit Männern ein, die auf den ersten Blick nicht so interessant wirkten, aber ihm ein gutes Gefühl gaben und den Eindruck vermittelten, attraktiv und entspannt zu sein. Mit Männern, die zwar einen sehr beeindruckenden Hintergrund hatten, aber ihn kaltließen, ging er hingegen nicht mehr aus. Er erlaubte sich, das Date zu erleben, statt sein Gegenüber nur daraufhin abzuklopfen, ob er einen passenden Ehemann abgeben würde.

Übung: Die glorreichen Acht nach dem Date

Fotografier diese acht Fragen ab und guck dir nach jedem Date das Bild auf dem Handy an, um die Fragen zu beantworten. So findest du schnell heraus, wie du dich in Gegenwart dieser Person gefühlt hast.

DIE QUINTESSENZ

1. Wir erleben, dass das »Evaludating« immer mehr zunimmt – **Kreuzverhöre, die eher an ein Bewerbungsgespräch erinnern** als an ein Date. Leg deine Checkliste weg und lass dich auf die **lebendige Erfahrung des Datens ein.** Bleib präsent und achte darauf, wie du dich in Gegenwart des anderen fühlst.
2. Deine innere Einstellung ist entscheidend: **Ob du nun glaubst, dass das Date super läuft oder schiefgeht – du hast in jedem Fall recht.** Also überleg dir ein Datingritual, das du vorher ausführst, um dich in die richtige positive Stimmung zu versetzen.
3. Ein bisschen Vorabplanung führt gleich zu besseren Dates. **Überleg dir vorher, wo und wann ihr euch trefft.** Vergiss nicht das spielerische Element eines Dates. Entscheide dich für eine kreative Herangehensweise. Lass den Small Talk weg, das Telefon in der Tasche und vergiss nicht, ein spannungsreiches Ende zu finden. Zeig dich als guter Zuhörer, indem du **unterstützende Antworten** findest, die dein Date ermuntern, seine Geschichte weiterzuspinnen. Finger weg von **Umschalter-Antworten**, die nur den einen Zweck haben, die Aufmerksamkeit wieder auf dich zu lenken.
4. Statt dein Date mithilfe einer Checkliste abzuprüfen, beantworte die **»glorreichen Acht« nach dem Date**. So findest du schnell heraus, wie du dich in Gegenwart dieser Person gefühlt hast.

11

ZUM TEUFEL MIT DEM FUNKENREGEN!

Wie du mit dem Märchen vom sprühenden Funken aufräumst

Suchst du beim Date auch dieses spontane Knistern? Das aufflammt wie ein Blitz, sexy ist und berauschend. Etwas durch und durch Körperliches, eine Explosion in deinem Inneren, dieses Gefühl der Nervosität, wenn du deinem Gegenüber in die Augen schaust. Du kannst deine Augen nicht mehr abwenden. Jede Berührung elektrisiert dich. Alle Menschen um euch herum verschwimmen bis zur Unkenntlichkeit. Du weißt, dass da etwas ist. Du spürst, wie sehr dich das erregt. Du fühlst dich durch und durch lebendig.

Du weißt, wovon ich rede? Vom »Funkenregen«!

Ich weiß sehr wohl: Es ist faszinierend, wenn der Funke überspringt. Aber soll ich dir was sagen? Zum Teufel damit! Diese Schimäre verfolgt mich noch in meinen Träumen: Denn diese Besessenheit vom sprühenden Funken ist meiner Ansicht nach die am weitesten verbreitete und gefährlichste Vorstellung. Sie verhindert, dass wir tolle Partner kennenlernen, weil wir ihr Potenzial nicht sehen. In diesem Kapitel werde ich mir einige Mythen und Märchen vornehmen, die sich um den berühmt-berüchtigten Funken ranken. Und ich hoffe, dass du am Ende einstimmst in meinen Schlachtruf: zum Teufel mit dem Funkenregen!

Mythos Nr. 1: Wenn du die richtige Person triffst, fängt es augenblicklich an, zu knistern

Die Wahrheit: Von Knistern und Funken ist zu Beginn einer Beziehung häufig nichts zu spüren. Guter Sex und die richtige Chemie bauen sich mit der Zeit auf.

Liebe auf den ersten Blick ist eher ein seltenes Phänomen. Die Psychologin Ayala Malach Pines befragte mehr als 400 Menschen, wie sie sich in ihren Partner verliebt haben. Nur elf Prozent gaben an, es sei »Liebe auf den ersten Blick« gewesen.[131]

Ist dir schon mal aufgefallen, dass die Leute oft mit einem Nachbarn ausgehen? Oder dass Paare sich im ersten Jahr an der Uni finden, meist mit jemandem, der im Studentenwohnheim Tür an Tür wohnt oder das gleiche medizinische Propädeutikum belegt hat? Je öfter wir etwas sehen, desto mehr schätzen wir es. Psychologen nennen das den *Mere-Exposure-Effekt*.[132] Häufige Wahrnehmung führt zu Vertrautheit. Wir alle fühlen uns von vertrauten Dingen und Menschen angezogen (und fühlen uns in ihrer Gegenwart sicher).

Eine Freundin arbeitete in einem italienischen Restaurant als Oberkellnerin. Als sie dort anfing, bat der Koch sie um ein Date. Sie fand ihn nicht besonders interessant und sagte Nein. Er respektierte das, und so wurden die beiden Freunde. Er brachte sie nach der Arbeit nach Hause. Manchmal tranken sie auch mit Kollegen noch was, nachdem das Restaurant zugemacht hatte. Sechs Monate nach seiner Frage küssten sie sich im Auto. Er war zwar überrascht, aber natürlich völlig hingerissen. In der gleichen Woche gingen sie miteinander aus. Heute sind sie verheiratet und haben zwei Kinder.

»Anfangs habe ich da gar nichts gespürt«, erzählte sie. »Aber dann ist er mir langsam ans Herz gewachsen. Es brauchte einige Zeit, bis sich meine Gefühle entwickelt haben. Aber heute kann ich mir ein Leben ohne ihn gar nicht mehr vorstellen.«

Geschichten wie diese höre ich immer wieder. Verheiratete Paare erzählen mir gerne von ihrem schrecklichen ersten Date (oder den ersten beiden). Die Botschaft liegt klar auf der Hand: Der Funkenregen kann langsam aufflammen. Manchmal ist es anfangs nicht mehr als ein schwaches Glimmen, das nach Sauerstoff verlangt. Wenn du das zarte Flämmchen austrittst, bevor es atmen kann, bekommst du vielleicht nie die Möglichkeit, dich am Feuerschein einer beständigen Liebe zu wärmen. (Ich weiß, eigentlich sollte ich Grußkarten dichten!)

Vor einigen Jahren haben die beiden Psychologen Paul Eastwick und Lucy Hunt dieses Phänomen untersucht.[133] Sie baten heterosexuelle männliche Studenten zu Beginn des Semesters, die Attraktivität ihrer Kommilitoninnen einzuschätzen und umgekehrt. Bei der Auswertung stellte man fest, dass die Studenten in ihren Einschätzungen weitgehend übereinstimmten. Diese Einschätzung aufgrund des ersten Eindrucks nennt man *Mate Value* oder *Partnerwert.*

Drei Monate später, am Semesterende, wiederholte man die Befragung. Nun, wo die Studenten sich kannten, fielen die Einschätzungen unterschiedlicher aus. Dies ist der *Unique Value*, der individuelle Wert: Er beinhaltet, was du von einem Menschen hältst, wenn du ihn besser kennst.

Eastwick und Hunt erklären, wie es dazu kommt: Wenn wir einem Menschen erstmals begegnen, schätzen wir nur den Partnerwert ein – ihre allgemeine Attraktivität und Haltung. Lernen wir ihn besser kennen und verbringen Zeit mit ihm, entdecken wir seinen individuellen Wert – das, was diesen Menschen im Innersten ausmacht. Bei der Seminarraum-Studie taxierten die Studenten einander zu Beginn nach dem Partnerwert, also danach, wie »heiß« sie jemanden fanden. Am Ende des Semesters hingegen trafen sie ihre Einschätzung nach dem individuellen Wert, der davon abhing, wie gut sie die andere Person nach drei Monaten kannten. In vielen Fällen mochten die Studenten ihre Kommilitonen lieber als zu Beginn, was sicher mit dem Mere-Exposure-Effekt zu tun hat. Der Partnerwert verliert mit der Zeit an Bedeutung. Letztlich zählt ja nur, wie du dich in Gegenwart eines anderen Menschen fühlst, wenn du ihn besser kennst.

Und natürlich gibt es dieses Phänomen auch außerhalb von Seminarräumen. Wenn wir jemanden kennenlernen, bilden wir uns einen ersten Eindruck, der im Grunde hauptsächlich auf der äußeren Erscheinung beruht. Mit zunehmender Vertrautheit wächst dieser Mensch uns ans Herz, und wir sehen ihn anders.

Dasselbe gilt übrigens für die sexuelle Attraktivität. Guter Sex passiert nur in seltenen Fällen sofort. Wie dir jeder sagen kann, der schon mal einen lausigen One-Night-Stand hatte, braucht es Zeit, um einen gemeinsamen Rhythmus zu entwickeln, den Körper des anderen kennenzulernen und seine (und deine!) Vorlieben.

Mythos Nr. 2: Der Funke ist immer gut!

Die Wahrheit: Ist er nicht! Manche Leute schaffen es bloß immer irgendwie, anderen diesen Funken einzuhauchen. Vielleicht weil sie unglaublich attraktiv sind oder ihre Flirttechnik perfektioniert haben. Manchmal ist der Funke einfach nur ein Anzeichen dafür, wie charmant – und narzisstisch – jemand ist. Und weniger ein Signal für eine tiefe innere Verbindung. Ich habe das mit Burning-Man-Brian auf die harte Tour gelernt. Er fachte bei mir (und vielen anderen) den berühmten Funken an. Und ich versuchte verzweifelt, diese anfängliche Anziehung in eine Beziehung zu verwandeln.

Du spürst den Funken vielleicht auch, wenn dein Date mit dir Spielchen treibt oder doppelbödige Botschaften sendet. Viele Menschen halten die innere Unruhe, die sich dann einstellt, für eine stimmige Chemie. (Ich meine euch, ihr ängstlichen Bindungstypen in aller Welt!) Es ist an der Zeit, dass ihr lernt, dieses Gefühl als das zu sehen, was es ist. So wie Vivian, meine Fitnessfreundin. Dann könnt ihr anfangen, euch nach einem anderen Partnertyp umzusehen – jemandem, der euch Sicherheit gibt und bei dem ihr nicht ständig zweifeln müsst, ob er und was er für euch empfindet. Hört auf, zu glauben, dass es keine Liebe ist, wenn ein verlässlicher Partner euch kein Flattern in der Magengrube verursacht. Es ist immer noch Liebe, nur nicht von der ängstlichen Art.

Mythos Nr. 3: Wenn du den Funken spürst, wird daraus eine funktionierende Beziehung.

Die Wahrheit: Selbst wenn der Funke eine dauerhafte Beziehung einleitet, reicht er bei Weitem nicht aus, um sie am Laufen zu halten. Ich habe mit vielen Paaren gesprochen, die weit länger zusammenblieben, als es ihnen guttat. Alles nur wegen des Funkens. Viele Paare, die heute geschieden sind, haben zu Anfang das Knistern gespürt.

Einer meiner Freunde ging nach dem Studium nach Südkorea, um dort Englisch zu unterrichten. Nach drei Wochen hatte er schreckliches Heimweh. Er vermisste seine Familie. Er hatte keine Freunde. Seine Schüler schienen seinen Unterricht kaum anzunehmen.

Dann marschierte er eines Tages in eine Bar, gerade als diese schließen wollte. Ihm fiel eine große blonde Frau auf, die allein in der Ecke saß. Er beobachtete, wie sie langsam ihr Rotweinglas leerte, ihr Buch zuklappte und aufstand. Sie sah ein bisschen aus wie eine seiner Studienfreundinnen, die ihm unglaublich fehlte.

Eigentlich war er schüchtern, aber dieses ihm so vertraut scheinende Gesicht verlieh ihm Mut. Er ging zu der Dame hinüber und sagte: »Hallo! Ich bin Nathan. Leben Sie hier in der Gegend?«

Sie hatte nicht erwartet, dass jemand sie auf Englisch ansprach, also trat sie erst einmal einen Schritt zurück. Dann aber antwortete sie: »Ja, das tue ich tatsächlich.« Sie streckte ihm die Hand entgegen. »Ich bin Ava.«

Nathan lächelte. Sie war schön, und sie sprach Englisch. Schon sprühte bei ihm der Funkenregen. »Sollen wir uns eine andere Bar suchen, und Sie erzählen mir von dem Buch, das Sie gerade lesen?«

Sie gingen in Südkorea ein Jahr lang miteinander, dann zogen sie gemeinsam nach St. Louis. Im Jahr darauf wurde geheiratet. Aber die Beziehung ging in die Brüche. »Rückblickend waren genügend Warnhinweise da«, erzählte mir Nathan. »Wir waren total verschieden. Selbst beim ersten Date las sie ein Buch, während ich versuchte, mich zu betrinken.«

Bei bestimmten Fragen half nur der Themenwechsel: Er wollte Kinder, sie nicht. Sie wollte zurück nach Südkorea, er wollte in St. Louis bleiben. »Ich glaube, wir haben unsere Differenzen einfach ignoriert, weil wir ja lange dieses Knistern spürten.« Nach nicht einmal einem Jahr Ehe waren die Unterschiede nicht mehr zu übersehen.

»Ich habe wirklich das Gefühl, dass die ganze Beziehung rein auf dieser Kennenlerngeschichte aufbaute«, meinte Nathan. »Hätten wir nicht diese exotische Geschichte gehabt, wie wir uns im Ausland kennen und sofort lieben lernten, hätten wir wohl gar nicht erst geheiratet. Unser ganzes gemeinsames Leben lang versuchten wir, diesem fantastischen Kennenlernmythos gerecht zu werden.«

Bleib also lieber nicht in der falschen Beziehung stecken, nur weil ihr euch auf die »richtige« Weise kennengelernt habt.

LANGSAM ENTFACHENDE GLUT STATT IRRER FUNKE

An sich ist der knisternde Funke ja nicht schlecht. Er kann ein Indiz dafür sein, dass du dich von jemandem angezogen fühlst. Viele gute Beziehungen fangen mit Schmetterlingen im Bauch an, aber leider gilt das auch für die schlechten. Wichtig ist nur, dass du dir merkst: Ein fehlender Funkenregen heißt nicht, dass da beziehungstechnisch für dich nichts zu holen ist. Ebenso wenig wie sein Knistern verspricht, dass aus dieser Bekanntschaft eine Beziehung wird. Oder wie ein Mathematiker-Klient einmal meinte: »Der Funke ist weder eine notwendige noch eine hinreichende Bedingung für dauerhaftes Glück in der Partnerschaft.«

Auf jeden Fall solltest du dir abgewöhnen, das Knistern als wichtigen Indikator für dein erstes Date zu betrachten. Schluss mit der Jagd nach diesem aufregenden Gefühl. Konzentriere dich lieber auf das, was wirklich zählt: Loyalität, Güte und das Gefühl, das dir dein Gegenüber vermittelt. (Blättere ruhig noch mal Kapitel 7 durch, wenn dein Gedächtnis dich da gerade im Stich lässt.)

Also verabschiede dich von sprühenden und überspringenden Funken und entscheide dich für die sich langsam entfachende Glut – für jemanden, den du beim ersten Date vielleicht noch nicht superanziehend findest, der aber trotzdem ein guter Partner für etwas Dauerhaftes ist. Die Glut braucht Zeit, aber sie ist das Ausharren wert. Im nächsten Kapitel werde ich dir zeigen, wie du hierfür den oder die Richtige findest bzw. wann du ihm/ihr eine Chance geben solltest und wann nicht.

Katrina, Medizinstudentin und eine gute Freundin, hatte auf Dating-Apps wenig Erfolg. Sie ist schüchtern und kommt bei den ersten Dates immer ein wenig distanziert rüber. Während sie ein erstes Date nach dem anderen absolvierte, verbrachte sie immer mehr Zeit mit ihrer Nachbarin Suzanna. Sie erzählte Suzanna von all ihren katastrophalen Dates. Nach einigen Monaten gestand Suzanna Katrina ihre Liebe. Bald darauf gingen sie miteinander aus. Suzanna erzählte mir, dass sie sich immer mehr in Katrina verliebe. Das ist die Macht der langsam sich entfachenden Glut!

DIE QUINTESSENZ

1. **Zum Teufel mit dem Funken!** Schmetterlinge, Knistern und die ganze »Chemie« stellen sich zu Beginn einer Beziehung nicht zwangsläufig ein. *Aber sie entstehen häufig im Laufe der Zeit.*
2. **Das Umfeld ist wichtig.** Möglicherweise spürst du den Funken nicht, weil ihr euch in einem wenig geeigneten Umfeld kennengelernt habt.
3. **Der Funkenregen ist nicht immer gut.** Das Knistern ist in Wirklichkeit vielleicht verkappte Verlustangst, weil dein Gegenüber nicht offen zeigt, wie er oder sie zu dir steht. Manchmal sind die Schmetterlinge im Bauch nur ein Signal, dass jemand sehr charmant – und häufig sehr narzisstisch – ist. Sie zeigen nicht unbedingt eine tiefe innere Verbindung an.
4. **Wenn du den Funken spürst, heißt das noch nicht, dass daraus eine funktionierende Beziehung wird.** Selbst wenn er zu einer dauerhaften Beziehung wird, braucht es mehr, um sie am Laufen zu halten. Der Funke ist auch kein Zeichen, dass die Verbindung zwischen euch im Himmel geschlossen wurde.
5. **Vergiss den Funken und such lieber nach der langsam sich entfachenden Glut.** Mit jemandem, der vielleicht nicht umwerfend charmant ist, aber auf Dauer einen guten Partner abgibt.

12

DAS ZWEITE DATE

Wie du entscheidest, ob du jemanden wiedersehen willst

Mit der Zeit schaffte es Jonathan (der Klient, dessen Dates immer wie Vorstellungsgespräche abliefen), seinen Datingmodus zu verändern. Er kehrte Coffeeshops beim Büro den Rücken und verlegte seine Treffen in eine Hawaiibar, wo es tolle Bartender und schmeichelhaftes Licht gab und die nicht weit von seiner Wohnung lag. In der Bar wurde es manchmal doch so laut, dass er seinem Date gelegentlich etwas ins Ohr flüstern musste. Und er hörte auf, sich wegen des Funkens zu sorgen.

Bald lachten wir gemeinsam über das Coffeeshop-Date um sieben Uhr morgens. Jonathan hatte seine Erste-Date-Skills enorm verbessert. Allerdings fiel es ihm immer noch schwer herauszufinden, wen er wiedersehen sollte und wen nicht.

»Ehrlich gesagt«, meinte er bei einer Sitzung, »ich lerne eine Menge netter Jungs kennen. Aber nach dem Date kaue ich immer noch ihre Minuspunkte durch: langweiliger Job, schrecklicher Sinn für Humor oder die Tatsache, dass er eine Weste trug.«

Dabei lag es nicht an Jonathan, dass er sich ausschließlich auf das Negative konzentrierte. Unser Gehirn ist einfach so verkabelt. (Meiner Ansicht nach sollte das Tragen einer Weste niemanden für das zweite Date disqualifizieren. Oder wie der Comedian Demetri Martin erklärt: »Westen haben durchaus ihren Zweck: Man weiß schließlich nie, wann sich eine maskierte Kaltfront nähert, die sich nur in höheren Luftschichten bemerkbar macht.«[134]

Glücklicherweise können wir solchen Impulsen etwas entgegensetzen, sodass wir nicht aus irgendwelchen dummen Gründen gute Möglichkeiten verpassen. Wir können unseren Geist darauf trainieren, das Positive zu sehen und die Dating-Version der Goldenen Regel zu befolgen: Beurteile andere nie so, wie du selbst auch nicht beurteilt werden möchtest.

DIE NEGATIVITÄTSVERZERRUNG

Bei einem Interview erklärte mir die Ethnologin Helen Fisher, die mehrere Bücher über Beziehungen geschrieben hat, dass unser Gehirn eine sogenannte *Negativitätsverzerrung* entwickelt hat. Mit anderen Worten: Wir neigen dazu, allem, was irgendwie Probleme macht, mehr Aufmerksamkeit zu widmen, als Dingen, die das nicht tun.

Wenn du je von einem Vorgesetzten oder Kollegen Feedback erhalten hast, dann überleg mal kurz:[135] Was bleibt bei dir eher hängen: ein Kompliment oder Kritik? Siehst du, das ist die Negativitätsverzerrung in Reinkultur. Fisher erläutert, dass unser Gehirn negative Erfahrungen höher gewichtet, um sie in Zukunft zu vermeiden. Diese Neigung hilft uns, Bedrohungen früher zu erkennen und ihnen aus dem Weg zu gehen. Wärst du fast mal von einem Säbelzahntiger gefressen worden, ist es wichtig, dass du dir gut einprägst, wie dieses Biest aussieht und wo es herumschleicht. Heutzutage haben wir zwar von fleischfressenden Großkatzen nicht mehr viel zu fürchten, aber unser Gehirn befolgt immer noch eisern die alte Regel: »Wenn du fünf Ex-Freundinnen hast, von denen eine dich hasst«, meint Fisher, »dann ist es gut, wenn du dich erinnerst, welche das ist.«

Diese Denkweise, die unseren Vorfahren geholfen hat, zu überleben, und auch für uns noch gewisse Vorteile mit sich bringt, macht jedoch in vielerlei Hinsicht auch Probleme – vor allem beim Daten. Denn hinterher sind uns mit höherer Wahrscheinlichkeit die negativen Eigenschaften unseres Dates im Gedächtnis haften geblieben. (Folglich bleibt dir dein letztes Date in Erinnerung als das Mädchen, das kilometerweit nach Knoblauch roch, nicht als die Kleine, die dein Outfit toll fand.)

DER ATTRIBUTIONSFEHLER

Und die Negativitätsverzerrung ist keineswegs der einzige Fehlschluss, dem wir unterliegen. Insbesondere einer untergräbt die korrekte Einschätzung des Charakters unserer Mitmenschen: der *Attributionsfehler*. Wir gehen nämlich immer davon aus, die Handlungen eines Menschen würden verraten, wie er im Innersten ist, und seien keinesfalls nur den Umständen geschuldet.[136] Wenn jemand einen Fehler macht, dann glauben wir, dass dieser uns einen Blick in die Seele des Betreffenden werfen lässt und uns einen schlechten Charakter enthüllt.[137] Wir suchen erst gar nicht nach Gründen für dieses Verhalten, die nicht in der Person liegen.

Wenn jemand zu spät zu einem Date kommt, dann halten wir die Person für selbstsüchtig, statt einfach mal anzunehmen, der Verkehr sei schuld an der Verspätung. Wenn jemand unsere SMS nicht beantwortet, obwohl er es versprochen hat, unterstellen wir, dass dieser Mensch unaufmerksam ist, nicht, dass er im Büro vielleicht gerade viel um die Ohren hat. Du weißt so gut wie ich, dass solche Verallgemeinerungen nicht fair sind. Aber in der Situation selbst zieht unser Gehirn einfach automatisch die falschen Schlussfolgerungen.

HALTE NACH POSITIVEN EIGENSCHAFTEN AUSSCHAU

Angesichts von Negativitätsverzerrung und Attributionsfehler ist es kein Wunder, dass Jonathan sich nie auf ein zweites Date einließ. Aber wenn er einen Partner fürs Leben finden wollte, musste er lernen, solchen Impulsen nicht die Oberhand zu lassen und das Positive in seinen Dates zu sehen. Andernfalls würde er eine ganze Reihe wunderbarer potenzieller Matches verpassen. Wenn er nie ein zweites Date hatte, wie sollte sich da je sein Wunsch nach einer Hochzeit erfüllen?

Das Positive im Leben zu sehen ist wie ein Muskel, den du trainieren kannst. Dazu braucht es nichts weiter als Übung. Der Psychologe Shawn Achor untersuchte den Effekt von sogenannten *Dankbarkeitstagebüchern*.[138] Er fand dabei heraus, dass es unseren Blick auf die Welt bereits verändert, wenn wir nur drei Wochen lang jeden Tag drei Dinge aufschreiben, für die wir dankbar sind. Diese Übung lehrt uns, Dinge *wahrzunehmen*, die wir ansonsten übersehen hätten. Zum Beispiel, wie toll es ist, wenn man den Bus noch kriegt, bevor er abfährt. Oder wie schön es sich anfühlt, wenn man mit den Kollegen lacht.

Dasselbe kannst du mit deinen Datingerfahrungen machen. Übe dich darin, das Positive zu sehen. Halte Ausschau nach dem, was andere Menschen übersehen, wenn sie mit dieser Person sprechen. Der Philosoph Alain de Botton sagte mir einmal, dass wir uns nicht auf die negativen Charakterzüge eines Menschen konzentrieren, sondern unsere Fantasie nutzen sollten, um »das Begehrenswerte und Gute zu entdecken«.[139]

Ich hatte einmal einen Klienten namens Grant, der unglaublich negativ eingestellt war. Fast jeder seiner Sätze begann mit »Ja, aber …«. Er lebte sein Leben mit über der Brust verschränkten Armen, wild entschlossen, jede gute Nachricht infrage zu stellen. Nach jedem Date schickte er mir eine Nachricht, die sich las wie aus dem Film *Girls Club – Vorsicht bissig!*. Die Mädchen waren entweder zu klein, lachten nicht genug, hatten einen langweiligen Job, wollten vielleicht zurück nach Kanada oder sprachen das Wort »konkomitierend« nicht richtig aus.

Bei unserer nächsten Sitzung redete ich mit ihm Tacheles. »Grant, Sie sind doch wohl auch nicht nur ein Querschnitt Ihrer negativen Eigenschaften, oder? Sie sind nicht Ihre Fehler. Sie sind ein ganzer Mensch mit guten und schlechten Seiten. Sie möchten ja schließlich auch als Gesamtpaket beurteilt werden und nicht bloß als eine Liste von Verbesserungsmöglichkeiten. Also beurteilen Sie andere doch bitte nicht so, wie Sie selbst im Leben auch nicht beurteilt werden möchten.«

Ich verbot ihm, die negativen Eigenschaften seiner Dates irgendwo aufzuzählen, nicht einmal im Hinterkopf. Stattdessen sollte er mir fünf schöne

Dinge berichten, die er an der Frau bemerkt hatte. Wie Alain de Botton sagte: Er sollte seine Fantasie einsetzen und hinter die Oberfläche blicken.

Anfangs war das für Grant die Hölle. Er schrieb mir Dinge wie: »Sie ist nicht zu spät gekommen.« Oder: »Hat keine Begriffe falsch verwendet.« Mit der Zeit aber wurde es mit seinem Beobachtungsvermögen besser. Hier eine der Listen, die er mir textete:

1. Sie ist nett. Ich mag, wie sie mit den Leuten im Restaurant umgeht.
2. Sie ist rücksichtsvoll. Sie hat mich nach dem wichtigen Treffen im Büro gefragt.
3. Sie ist ein Familienmensch. Sie hat sich sogar für meine Oma interessiert.
4. Sie ist echt intelligent.
5. Wow: WIE DIE KÜSST!

Er hat zwar immer noch keine feste Partnerin gefunden, aber er lässt sicher eher auf ein zweites Date ein als früher. Er hat gelernt, seine Fantasie zu gebrauchen. Das heißt, dass er sich auch genug Zeit gibt, die Person kennen und verstehen zu lernen. Er entwickelt mehr Wertschätzung für seine potenziellen Partnerinnen.

Übung: Halte nach positiven Eigenschaften Ausschau

Such ganz gezielt nach dem Positiven bei deinen Dates, ob du sie nun in der Dating-App studierst oder sie dir im Restaurant gegenübersitzen. Natürlich werden dir die Fehler besonders ins Auge stechen, das garantiert schon die entwicklungsgeschichtliche Struktur unseres Gehirns. Also zwing dich, positive Züge zu erkennen. Schick nach deinem nächsten Date eine SMS mit fünf guten Eigenschaften der Person an einen Freund. Wenn es dir was nützt, kannst du sie (in englischer Sprache) auch an mich schicken: 5goodthings@loganury.com.

Das wird dir helfen, positive Züge zu entdecken. Was aber, wenn dein Date tatsächlich einen Lapsus begeht und der Mechanismus des Attributionsfehlers einschnappt? Dann kannst du diesen Impuls überschreiben, indem du eine alternative – mitfühlende – Interpretation für dieses Verhalten findest.

Situation: Er kommt zum ersten Date zu spät.
Attributionsfehler: Er ist egozentrisch.
Mitfühlende Sicht: Er ist eine Stunde vor dem Date aus der Wohnung gegangen, aber sein Zug hatte Verspätung.

Situation: Er antwortet lange nicht auf deine Chatnachrichten.
Attributionsfehler: Er ist unhöflich.
Mitfühlende Sicht: Er hat in der Arbeit viel um die Ohren und findet trotzdem noch Zeit für ein Date.

Situation: Sie hat während des Abendessens einen schlechten Witz gemacht.
Attributionsfehler: Sie hat einen schmutzigen Sinn für Humor. Wir passen nicht zusammen.
Mitfühlende Sicht: Sie war nervös, versuchte aber trotzdem, mich zum Lachen zu bringen.

Wenn du das nächste Mal in einer ähnlichen Situation bist, bemühe dich um eine mitfühlende Interpretation. Damit du nicht versehentlich die Liebe deines Lebens ins Aus beförderst.

MACH DIR DEN STANDARDMODUS ZUNUTZE

Es ist nicht leicht, diese Verzerrungen zu korrigieren. Es ist schließlich unsere zweite Natur, dass wir uns zuerst auf das Negative konzentrieren und dann mit dieser Person nichts mehr zu tun haben wollen. Aber es gibt eine Möglichkeit, die Sache zu vereinfachen: Mach dir den sogenannten *Standardmodus* zunutze.

Unzählige verhaltenswissenschaftliche Experimente belegen, wie solche Grundeinstellungen unser Verhalten beeinflussen.[140] Stell dir vor, du machst einen Burgerladen auf und musst dir überlegen, wie du deine Burger anbietest: mit Pommes oder alternativ mit Salat? Oder mit Salat, den der Kunde gegen Pommes tauschen kann? Was immer du beschließt, dies ist der Standardmodus für deine Burger und damit auch der Modus, für den sich der Großteil deiner Kunden entscheidet.

Wie stark der Einfluss des Standardmodus (Grundeinstellung) ist, kannst du an der folgenden Grafik ablesen:

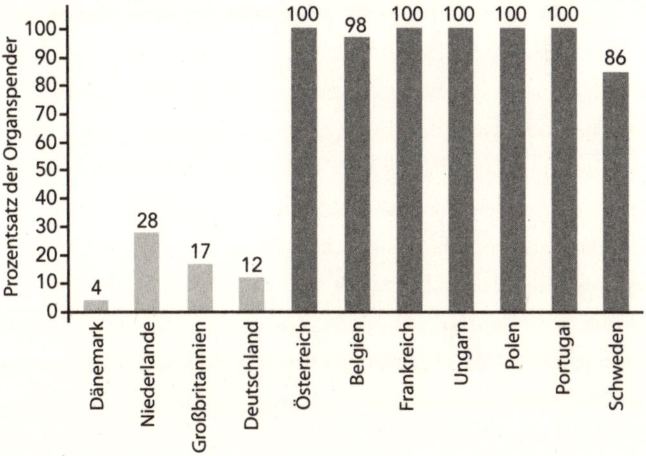

Wie die Grafik zeigt, hat in manchen europäischen Ländern jeder oder nahezu jeder Bürger einen Organspendeausweis. In anderen Ländern ist hingegen nur ein geringer Prozentsatz der Bürger als Organspender registriert. Das könnte natürlich alle möglichen Gründe haben, zum Beispiel religiöser oder rechtlicher Natur, aber das ist nicht der Fall. Vergleichbare Länder (wie Dänemark und Schweden) haben ganz unterschiedliche Spenderzahlen.

Wie kommt es dazu? Nun, auch das hat mit dem Standardmodus zu tun. Menschen orientieren sich nun mal daran, was die Standardeinstellung ist, vor allem, wenn es um emotional schwierige Entscheidungen geht wie die Frage, was mit unserem Körper passieren soll, wenn wir sterben. In den Ländern, die durch den helleren Balken repräsentiert sind, heißt es auf dem Formular: »Bitte machen Sie hier ein Kreuz, wenn Sie Ihre Organe spenden wollen.« Dieses Kreuz machen nur wenige Menschen, weshalb es automatisch nur wenige Spender gibt. In Ländern, in denen die Bürger ausdrücklich erklären müssen, dass sie nicht zur Organspende bereit sind, passiert dies so selten, dass die meisten Bürger sich als Spender registrieren lassen. Dieser winzige Unterschied hat eine enorme Auswirkung auf eine so wichtige Frage wie die Organspende.

Du kannst dir den Standardmodus auf verschiedene Weise zunutze machen. Einer meiner Freunde beispielsweise wollte abnehmen. Er erlegte sich nur eine Regel auf: kein Brot. Wenn jemand ihm Brot anbietet, lehnt er es ab. Er verschwendet kein Gehirnschmalz auf die Entscheidung, dies ist einfach sein Standardmodus.

Jetzt stell dir mal vor, was sich daraus beim Daten machen ließe. Du kannst solche Standardeinstellungen programmieren, um bessere Entscheidungen zu treffen. Zum Beispiel für das zweite Date. Das hilft dir nicht nur, die natürliche Neigung des Gehirns zur Schwarzmalerei zu durchkreuzen,[141] sondern auch, die langsam sich entfachende Glut zu entdecken, die den irren Funken allemal überstrahlt.

Natürlich gibt es auch Ausnahmen. Nehmen wir mal an, du beschließt, jemandem grundsätzlich ein zweites Date zu gewähren, wenn nicht gerade etwas vollkommen Unmögliches passiert. (Wie das hypothetische Date, das zwei Stunden zu spät kommt, nach Hummer riecht und Crystal Meth eingeworfen hat.)

Meine Klientin Emma hatte nur ganz wenige Dates, als sie zu mir kam. Wir arbeiteten an ihrem Profil, überprüften ihre Chatnachrichten, wie gut sie zuhören konnte und vieles andere mehr. Dann setzten wir für Emma das Ziel, ein Date pro Woche zu akzeptieren. Da Emma eine von Zahlen getriebene Leistungsethikerin ist, vereinbarte sie bald regelmäßig mehrere Dates pro Woche.

Nach etwa einem Monat fiel mir auf, dass ich die Namen ihrer Dates kaum je ein zweites Mal zu hören bekam. »Emma, haben Sie eigentlich auch mal zweite Dates?«, wollte ich wissen.

Sie überlegte einen Augenblick. »Nein, eigentlich nicht. Nur erste. Aber davon richtig viele!«

»Das ist super«, sagte ich. »Aber Sie sollten Ihr übergeordnetes Ziel nicht aus den Augen verlieren. Sie wollen ja langfristig einen Partner finden. Ich möchte, dass Sie öfter mal ein zweites bzw. sogar ein drittes Date vereinbaren.«

Emma war einverstanden, das zweite Date zum Standardmodus zu machen. Eine Woche später schickte sie mir eine SMS: »Ich habe mit beiden Kerlen, mit denen ich gestern ein Date hatte, gleich ein zweites vereinbart.«

Gut, es liegt vielleicht auf der Hand, aber es war tatsächlich so, dass die Konzentration auf ein zweites Date Emmas Herangehensweise vollkommen veränderte. Innerhalb eines Monats hatte sie mit einem netten Mann, der gerade eine schwierige Scheidung verarbeiten musste, zuerst ein zweites, dann ein drittes, ja bald sogar ein zehntes Date. »Er hatte Angst, wieder verletzt zu werden, aber wir gehen einfach weiter miteinander aus. Dabei hat sich unsere Beziehung immer mehr vertieft. Jetzt haben wir eine echte Verbindung zueinander.« Die beiden gehen immer noch miteinander, ja sie überlegen sogar, zusammen nach Austin zu ziehen.

Auch Jonathan lernte durch den Standardmodus »zweites Date« seinen heutigen Partner kennen. Dabei meinte er, er wäre mit ihm früher nie ausgegangen, weil er nicht ganz so groß ist, wie Jonathan das ursprünglich gewünscht hatte. Und wenn sie ausgegangen wären, so wäre es nie zu einem zweiten Date gekommen, weil das erste »na ja, so weit ganz gut« war. Glücklicherweise gab er dem Mann eine zweite Chance.

»Mein Freund ist ehrgeizig und erfolgreich, aber nicht in der Form, die ich früher bei jemandem erwartet habe. Wir haben unglaublich viel Spaß zusammen. Er kann sehr gut zuhören und kommunizieren. Und die Chemie stimmt auch. Außerdem hat er ein offenes Ohr für meine Bedürfnisse. Früher dachte ich, mein Partner müsse einer dieser CEO-Typen mit der dicken Hose sein. Aber das ist es gar nicht, was mir Erfüllung schenkt. Dass ich diese unsinnige Anforderungsliste loslassen konnte, hat das Daten für mich grundlegend verändert. So habe ich gelernt, mich auf die gemeinsame Erfahrung zu konzentrieren.«

Beim ersten Date geht es noch nicht um viel. Du musst noch nicht entscheiden, ob du mit diesem Menschen dein künftiges Leben verbringen willst, sondern nur, ob du dir mit ihm ein zweites Date vorstellen kannst. Mehr nicht. Es ist besser, ein zweites oder drittes Date mit jemandem zu vereinbaren und dann festzustellen, dass ihr nicht zusammenpasst, als mögliche Matches gleich abzulehnen, denn mit dem ersten Eindruck unterliegen wir noch zu vielen Wahrnehmungsverzerrungen.

Übung: Mach das zweite Date zum Standardmodus

Ich, ______________________ verpflichte mich zu mehr zweiten Dates.

Datum ______________________ Unterschrift ______________________

DIE AKZEPTABLE MACKE

Wenn du dir ein zweites Date zur Gewohnheit machst, gibst du mehr Menschen eine Chance. Das gilt auch für meinen nächsten Tipp: Hör auf, deine Lieblingsmacke als absolutes No-Go zu sehen. Ein No-Go beim Daten ist eine grundlegende Unvereinbarkeit, die jede potenzielle Beziehung zum Scheitern verurteilt. Zum Beispiel, wenn du und dein Date unterschiedlichen Religionen angehört, ihr aber wollt, dass eure Kinder im jeweiligen Glauben erzogen werden. Alles andere drunter wäre vielleicht wünschenswert, ist aber keine unverzichtbare Bedingung.

Vor einigen Jahren machte ich eine Happy-Hour-Partnerberatung für ein Speeddating-Unternehmen. Eine etwa 30-jährige Frau kam auf mich zu und sagte, sie würde gerne mit mir über ihre Datingerfahrungen sprechen. Ihr Name war Mariah.

»Ich bin wirklich offen dafür, jemanden kennenzulernen«, sagte sie, »aber nur, wenn er nicht durch den Mund atmet.«

Wir unterhielten uns noch eine Weile, und ich kam allmählich dahinter, dass Mariah seit Jahren Single war, weil sie alle Männer einteilte in solche, die durch den Mund atmeten, und solche, die das nicht taten.

Nun ja, die Mundatmung mag manche Menschen stören. Aber das trifft auch auf andere Dinge zu: mit vollem Mund reden, Leute dauernd unterbrechen oder die Kleidung über den ganzen Boden verstreuen, bis dieser den Blicken entzogen ist. (Lauter Sachen, die ich tue.) Aber es gibt absolut keine wissenschaftliche Untersuchung, die zwischen Mundatmung und erfolgreichen, dauerhaften Beziehungen einen Zusammenhang gefunden hätte.

Du solltest also deine Prioritäten überprüfen. Lass dich nicht von kleinen Macken irritieren. Vielleicht dienen sie dir ja nur als Ausrede, damit du Single bleiben kannst, aber gleichzeitig datest, und dich aus welchen Gründen auch immer nicht auf eine Beziehung einlassen musst.

Das jedenfalls war es, was hinter Mariahs Abneigung gegen Mundatmung steckte. Sie verwechselte eine akzeptable Macke mit einem No-Go. Um diesbezüglichen Missverständnissen vorzubeugen hier eine Definition:

Macke: Eine Kleinigkeit, die man nervtötend findet – vielleicht mehr als andere Menschen.
Akzeptable Macke: Etwas, das man hinnimmt, da es sich nur um eine Macke handelt.
No-Go: Ein echter Grund, mit jemandem nicht auszugehen.

Denk ruhig mal darüber nach, was für dich ein echtes No-Go wäre. Kannst du dir vorstellen, mit jemandem eine Beziehung einzugehen, der diese Eigenschaft besitzt? Wenn ja, ist es kein No-Go. Nehmen wir mal an, du bist eine Hetero-Frau und eine der Anforderungen an deinen potenziellen Partner wäre, dass dieser mindestens 1,80 Meter groß ist. Jetzt stellst du dir vor, dass du einen tollen Mann kennenlernst, charmant, gütig, ein guter Zuhörer mit tollen Freunden, der dich ständig zum Lachen bringt. Dann aber steht er auf, und du siehst, dass er höchstens 1,75 Meter misst. Würdest du ihn immer noch daten? Vermutlich schon, denn Körpergröße ist nun mal kein echtes No-Go.

Nun ein anderes Szenario: Du willst keine Kinder. Du hast ein erstes

Date, und als der Abend sich dem Ende zuneigt, fängt dein Date an, ständig von ihren Nichten und Neffen zu schwärmen, und sagt, sie könne es gar nicht erwarten, endlich Mutter zu werden. Ganz egal, wie toll diese Frau ist und wie sehr du die Zeit mit ihr genossen hast: Ihr beide habt grundlegend verschiedene Pläne für die Zukunft. Das ist ein No-Go.

Andere Beispiele für ein No-Go: Einer von euch will monogam leben, der andere hält das für Unsinn. Einer von euch hat sehr altmodische Vorstellungen von Geschlechterrollen in der Partnerschaft, der andere wünscht sich, dass Pflichten gleichmäßig aufgeteilt werden. Du rauchst und willst nicht aufhören, dein Date aber hat Asthma.

Also mach dir die Mühe herauszufinden, was für dich ein echtes No-Go ist und was du zwar ärgerlich findest, aber trotzdem nur in die Kategorie »Macke« fällt. Diese Übung hat Jonathan viel gebracht. Durch sie erkannte er, dass Körpergröße weit weniger wichtig war, als er dachte. Auch dass sein Date unbedingt Manager sein musste, wurde ersatzlos von der Anforderungsliste gestrichen. Andererseits wurde ihm klar, dass er nie einen Partner akzeptieren könnte, der keinen Humor hat.

Übung: Was ist dein No-Go?

Lies dir die Definitionen noch einmal durch, und halte unten fest, was dir wirklich wichtig ist:

Echte No-Gos:

1. ______________________________

2. ______________________________

3. ______________________________

Akzeptable Macken, die ich nicht mit No-Gos verwechsle:

1. ____________________

2. ____________________

3. ____________________

Dinge, die ich mir wünsche, deren Fehlen aber kein No-Go ist:

1. ____________________

2. ____________________

3. ____________________

WIE VIELE DATES BRAUCHE ICH, UM ZU MERKEN, DASS DAS NICHTS FÜR MICH IST?

Wenn du dich entschlossen hast, das zweite Date zu deinem Standardmodus zu machen, dann ist die nächste Frage: Wie oft soll ich mich mit dieser Person treffen? Sollte ich auch ein drittes Date regelmäßig einplanen?

Ich kann dir nicht versprechen, dass zwei oder drei Dates ausreichen, um herauszufinden, ob jemand für dich ein guter Partner wäre. Es gibt keine konkreten Daten zur erforderlichen Anzahl. Überleg dir, was passiert, wenn ihr zusammen seid: Genießt du es, deine Zeit mit diesem Menschen zu verbringen? Macht er dich glücklich? Magst du den Menschen, der du bist, wenn du mit ihm oder ihr zusammen bist? Würdest du diese Person am liebsten dauernd küssen? Wächst dein Interesse an ihr oder lässt es nach? Oder macht ihr einfach weiter, ohne große Höhen und Tiefen? Wenn dein Date andere Menschen respektlos behandelt – dich oder irgendjemanden sonst –, dann triff dich nicht mehr mit ihm. Das Gleiche gilt, wenn du dich in seiner Gegenwart unwohl, ängstlich oder traurig fühlst.

Betrachte dich einmal unvoreingenommen. Wie alt bist du? Wie lange gehst du schon zu Dates und beschwerst dich, dass der Funke einfach nie überspringen will? Vielleicht ist es Zeit, an der einen oder anderen Schraube zu drehen und einem anderen Typus eine Chance zu geben. Lies dir noch einmal durch, was in Kapitel 4 zum Sekretärinnenproblem steht.[142] Mach dir klar, dass du dich vermutlich schon mal mit jemandem getroffen hast, der ein guter Partner für eine langfristige Beziehung gewesen wäre.

Ich sage ja nicht, dass du losziehen und dem/der Nächstbesten einen Ring an den Finger stecken sollst. Zwischen zweitem Date und Beringung bleibt dir immer noch massenhaft Zeit, um diese Beziehung auf den Prüfstand zu stellen. Ich möchte ja nicht, dass der Standardmodus dich gleich zum Heiraten verleitet! Konzentrier dich lieber auf die Frage, die jetzt wichtig ist: Willst du diesen Menschen wiedersehen? Wenn ja, dann zeige das auch deutlich!

Der Ghostbuster-Eid: Ghoste niemanden!

Irgendwann kommst du an den Punkt, an dem du mit deinem Date nicht mehr weitermachen willst. Was fängst du dann an? Ghosten? NEIN, AUF GAR KEINEN FALL. In diesem Buch geht es um bewusste Datingentscheidungen. Und dazu gehört auch, wie du eine Datingbeziehung beendest.

Was meine ich überhaupt mit »ghosten«? Ghosting heißt: Jemand erwartet eine Reaktion von dir und bekommt sie nicht. Ein Beispiel: Zwei Leute lernen sich bei einem Date kennen, und keiner schreibt hinterher zurück. Das ist kein Ghosting, sondern ein gemeinsamer Ausstieg aus dem Projekt. Wenn die beiden aber miteinander ausgehen, und der eine schreibt danach: »He, das war aber lustig. Kann ich dich wiedersehen?«, der andere aber antwortet nicht mal, dann ist das Ghosten.

Warum machen die Leute so etwas? Ich habe diese Frage einer ganzen Reihe von Leuten gestellt. Ihre Antworten:

»Ich ghoste, weil ich nicht weiß, wie ich dem anderen erklären soll, dass ich ihn eben nicht wiedersehen möchte.«

»Ich ghoste, weil es mir unangenehm ist, Menschen zurückzuweisen.«

»Ich ghoste, weil es weniger schmerzhaft ist, einfach von der Bildfläche zu verschwinden, als jemandem einen Korb zu geben.«

Die Leute ghosten oft, weil sie glauben, so einer unangenehmen Situation zu entgehen und die Gefühle der Person zu schonen.

Aber das ist nicht richtig. Ghosting ist unangenehm. Es ist verletzend und lässt den anderen im Ungewissen. Neben diesen offensichtlichen Gründen hat das Ghosten aber noch eine weitere Schattenseite: Wer ghostet, fühlt sich wegen seines Schweigens schlechter, als wenn er eine klare Ansage gemacht hätte.

Zwei Wahrnehmungsverzerrungen erklären, woran das liegt: Da ist zunächst einmal unsere gering ausgeprägte Fähigkeit, **affektive Prognosen** zu treffen. Wir sind ganz schlecht darin vorherzusagen, wie wir uns mit einer bestimmten Entscheidung in der Zukunft fühlen werden, zum Beispiel, nachdem wir jemanden geghostet haben. Außerdem ändert sich unser Selbstbild mit der Zeit. Es ist abhängig von unserem Verhalten.

Der **Selbstwahrnehmungstheorie** des Sozialpsychologen Daryl Bern[143] zufolge passiert dies, weil wir keinen Zugang zu unseren innersten Gedanken und Gefühlen haben. Wir orientieren uns an unseren eigenen Handlungen, die uns sagen, wer wir sind. Dies erklärt beispielsweise, warum freiwilliges Engagement für andere erwiesenermaßen einer der verlässlichsten Wege zum Glück ist.[144] Freiwillige Helfer sind glücklicher, und ihre Selbstachtung ist höher als bei jenen, die nichts für andere tun. Nach getaner Arbeit dürfen sie sich zurücklehnen und sich sagen: »Ich widme meine Zeit der Hilfe für andere Menschen. Ich muss doch ein recht großzügiger Mensch sein!«

Die Leute ghosten ihre Datingpartner, weil sie sich Peinlichkeiten ersparen wollen. Doch die Selbstwahrnehmungstheorie lehrt uns, dass sie sich nach ihrer Abtauchaktion nicht einfach entspannt zurücklehnen können, weil der Gedanke an ihnen nagt: »Wie ich mich da verhalten habe, das war schon ein bisschen gemein. Vielleicht bin ich ja wirklich ein Arsch.« Und so entsteht ein mieses Selbstbild.

Ich habe ein kleines Experiment durchgeführt, um zu beweisen, dass man sich mit Ghosting nicht besser, sondern schlechter fühlt. Über **Facebook** und **Reddit** habe ich freiwillige Teilnehmer rekrutiert, die angaben, mindestens einmal im Monat Leute zu ghosten. Ich bat sie, auf einer Skala von 1 bis 5 (»gar nicht glücklich« bis »sehr glücklich«) einzuschätzen, wie glücklich sie sich fühlten, wenn sie A) jemanden ghosten oder B) jemandem erklären, dass sie nicht interessiert seien.

Es war wenig überraschend, dass die Ghoster annahmen, ein »neutrales« oder »eher glückliches« Gefühl zu empfinden, nachdem sie jemanden geghostet hatten. Umgekehrt meinten sie, sich nach einer klaren Ablehnung »irgendwie unglücklich« oder »gar nicht glücklich« zu fühlen.

Ich bat die Hälfte der Teilnehmer, ihre Gefühle wieder auf der gleichen Skala einzuordnen, nachdem sie wieder jemanden geghostet hatten. Die andere Hälfte bat ich, erst gar nicht zu ghosten. Wenn sie jemanden kennenlernten, den sie nicht wiedersehen wollten, sollten sie dem oder der Betreffenden eine Nachricht schicken: »Hallo, ... (Name). Ich habe es wirklich schön gefunden, mit dir über ... (Thema) zu reden. Ich glaube allerdings nicht, dass wir in romantischer Hinsicht zusammenpassen. Trotzdem war es nett, dich kennenzulernen.« Ich bat sie außerdem um einen Screenshot der Textnachricht und der Antwort, die sie darauf bekamen, sofern ihr Date antwortete.

Und was glaubst du wohl, was daraufhin geschah? Die meisten Ghoster, die keine solche Nachricht sandten, gaben an, auf ihr Ghosting »neutral« bis »eher unglücklich« reagiert zu haben. In den nachfolgenden Gesprächen meinten sie, sie hätten sich schuldig gefühlt. Wenn der Datingpartner weiterhin Nachrichten schickte und fragte, ob man sich wieder treffen könne, hätten sie nicht mehr gerne zum Telefon gegriffen.

Die Teilnehmer hingegen, die klar kein Interesse an einem zweiten Date signalisiert hatten, erhielten in zwei Dritteln der Fälle eine positive Antwort von ihrem Datingpartner, der Rest reagierte nicht auf die Absage. Nur in einem einzigen Fall schrieb der Datingpartner zurück und wollte wissen, was nicht funktioniert habe. Dies führte am Ende zu einem Streit.

Ghoster glauben, einen leichten Ausweg gefunden zu haben. Aber das stimmt so nicht. Wenn wir auf nette, offene und höfliche Art absagen, fallen die Rückmeldungen der Datingpartner meist positiv aus: »Danke, dass du mir Bescheid gibst. Und viel Glück noch bei der Partnersuche.« Hörst du das? Ja, das ist ein Seufzer der Erleichterung. Wir fühlen uns besser, weil unser Gegenüber uns signalisiert, dass wir ein guter Mensch sind.

Ich habe dir jetzt hoffentlich überzeugende Gründe genannt, warum Ghosten nicht der beste Weg ist, einen Schlussstrich unter ein Date zu ziehen. Manchmal allerdings fällt es schwer, so ein kurzes »Danke, der Nächste bitte« zu verfassen. Mach dir die Sache leicht. Speichere die obige Absage als Bild oder Text auf deinem Handy ab. Und schick sie, sobald du dir sicher bist, dass du an einem bestimmten Date nicht mehr interessiert bist.

Was bei einer Absage zu beachten ist

Gut:

1. Sei höflich.
2. Sei klar. Schreib etwas wie: »Ich glaube nicht, dass wir in romantischer Hinsicht zusammenpassen.« Oder: »Ich finde nicht, dass wir als Partner zusammenpassen.«
3. Fass dich kurz und sei nett. Du schreibst eine kurze Ablehnung, kein Manifest über die Gefahren des modernen Datens. (Das ist mein Job, nicht deiner.)

Schlecht:

1. Biete keine Freundschaft an, wenn du es nicht wirklich meinst. Wenn der andere darauf eingeht und du nicht dazu bereit bist, tut es nur noch mehr weh.
2. Kritisiere die Person nicht und gib ihr kein unerwünschtes Feedback. Es ist nicht an dir, andere zu verurteilen.
3. Lass dich nicht auf endlose Diskussionen ein. Es ist nett, klare Ansagen zu machen, aber du bist dem anderen keine ellenlangen Erklärungen schuldig.

Am besten ist es, wir legen alle den Ghostbuster-Eid ab: Wir geloben, ehrlich und offen unsere Gefühle zu äußern. Und wir ghosten niemanden. Damit schaden wir uns am Ende nur selbst.

DIE QUINTESSENZ

1. Die **Negativitätsverzerrung** ist unsere angeborene Tendenz, unser Augenmerk stets auf das zu richten, was nicht funktioniert. Du kannst sie außer Kraft setzen, indem du dir positive Eigenschaften deines Dates bewusst machst. Vergiss nicht die Datingversion der goldenen Regel: *Beurteile andere nie so, wie du selbst auch nicht beurteilt werden möchtest.*
2. Wir erliegen häufig dem **Attributionsfehler**, der Neigung, zu glauben, dass das Tun eines Menschen widerspiegelt, wer oder was er im tiefsten Inneren ist, und nicht zu fragen, aufgrund welcher Umstände er so oder so gehandelt hat. Zum Beispiel: Wenn jemand zu einem Date zu spät kommt, halten wir ihn für ichbezogen. Wir können dieser Wahrnehmungsverzerrung entgehen, indem wir uns mitfühlend mögliche Gründe für dieses Verhalten überlegen. Vielleicht ist der Chef in letzter Minute auf einen Plausch vorbeigekommen, und das hat Zeit gekostet.
3. **Wir können den Charakter anderer Menschen schlechter einschätzen, als wir glauben.** Außerdem fassen wir häufig erst mit der Zeit Zuneigung für jemand anderen. Daher sollten wir unseren Standardmodus ändern: *Mach immer ein zweites Date aus.*
4. **Verwechsle akzeptable Macken nicht mit absoluten No-Gos.** Schreib jemanden nicht ab wegen irgendeiner Kleinigkeit, die langfristig gesehen nicht wirklich ins Gewicht fällt.
5. Wage es nicht, zu ghosten!

TEIL III

WIE DU ERNST MACHST

13

TRIFF EINE ENTSCHEIDUNG, STATT IN ETWAS REINZUSCHLITTERN

Wie du die Meilensteine der Beziehung bewusst angehst

Hast du je im Kino einen ganzen Pott Popcorn leer gefuttert und erst gemerkt, wie viel du verdrückt hast, als deine Hand den Boden berührte? Wenn du auch nur ein bisschen so bist wie ich, dann ist dir das schon mal passiert. Oder hast du schon mal auf einen Sitz eine ganze Packung Schokoriegel vertilgt? Das vielleicht eher nicht. Jeder »Bodenkontakt« – in welcher Tiefe er auch erfolgen mag – markiert einen *Entscheidungspunkt*: Das ist der Augenblick, in dem unser automatisches Verhalten unterbrochen wird und sich uns die Möglichkeit zu einer bewussten Entscheidung eröffnet. In diesem konkreten Fall: »Will ich weiter Popcorn essen?«

Die Verhaltensforscher Amar Cheema und Dilip Soman wiesen den Einfluss solcher Entscheidungspunkte in einer klugen (und vermutlich wohlschmeckenden) Studie nach.[145] Sie gaben jedem Teilnehmer eine Packung mit 20 Keksen, bevor sie sich an die ihnen gestellten Aufgaben machten. Die Kekse waren unterschiedlich verpackt: Einmal lagen sie übereinander, dann wieder waren sie durch weißes bzw. buntes Wachspapier getrennt.

Die Aufgaben an sich waren nicht von Belang. Was die Forscher wirklich wissen wollten, war, ob die Verpackung einen Einfluss darauf hatte, wie viele Kekse die Probanden aßen und wie schnell. Ergebnis: Die Probanden aßen langsamer und verzehrten weniger Kekse, wenn diese durch buntes Wachspapier getrennt waren. Einfach weil das farbenfrohe Wachspapier deutliche Entscheidungspunkte markierte, an denen die Probanden vom gedankenlosen Konsum zu bewussten Entscheidungen wechseln konnten. Kekse ohne Trennblätter boten keinen solchen Entscheidungspunkt, und das weiße Wachspapier wurde weitgehend ignoriert. Nur die farbigen Trennblätter katapultierten die Esser aus ihrer Konsumhaltung heraus und zwangen sie zu einer Entscheidung: »Soll ich noch einen Keks essen?«

Solche Entscheidungspunkte existieren in jedem Lebensbereich, nicht nur beim Konsum von Keksen oder Popcorn. Gerade Beziehungen bieten immer wieder Entscheidungspunkte. Die meisten davon verursachen Stress und halten uns nachts lange wach. Ich betrachte Entscheidungspunkte als Geschenk, als eine Möglichkeit, innezuhalten, durchzuatmen und uns zu fragen, was wir da eigentlich treiben. Wir können Bestandsaufnahme im Leben machen und unseren nächsten Schritt planen. So finden wir zu besseren, weil überlegteren Entscheidungen.

Allerdings sind die Entscheidungspunkte in Beziehungen selten so klar erkennbar wie die erwähnten bunten Wachspapiertrennblätter. Man übersieht sie leicht, vor allem, wenn uns die Eigendynamik des Lebens mitreißt.

Psychologen gehen davon aus, dass es an solchen Punkten im Beziehungsleben immer zwei Optionen gibt: Wir können *eine Entscheidung treffen* oder in eine Sache *hineinschlittern*.[146] Entscheiden heißt, dass wir eine bewusste Wahl treffen, wie die Beziehung weitergehen soll, zum Beispiel, ob wir zusammenleben oder Kinder haben wollen. Wenn wir hineinschlittern, heißt das, dass wir den Dingen ihren Lauf lassen, ohne groß darüber nachzudenken. Dieser Unterschied ist enorm.

Dem National Marriage Project zufolge, in dessen Rahmen Forscher der Universität von Virginia alljährliche Untersuchungen über US-amerikanische Ehen durchführen, sind Paare, die die Entscheidung, das nächste Beziehungsstadium anzugehen, bewusst treffen, mit ihrer Ehe zufriedener als Paare, die die Dinge einfach laufen lassen.[147]

Wissenschaftler der Universitäten Louisville und Denver fanden heraus, dass Menschen, die irgendwie durch die wichtigen Punkte ihrer Beziehung rutschen, sich ihrem Partner weniger verpflichtet fühlen und sich eher auf außereheliche Affären einlassen.[148] Diese Erkenntnisse machen deutlich, dass es ein hohes Risiko für die Beziehung darstellt, an Entscheidungspunkten nicht bewusst zu agieren. Natürlich gibt es in jeder Beziehung viele solcher Punkte. Ich möchte dir helfen, zwei ganz bestimmte Fragen geschickter anzugehen: die Definition der Beziehung und das Zusammenziehen.

DER DDB-TALK (DEFINIERE DIE BEZIEHUNG)

Erinnerst du dich noch an meine Klientin Jing? Sie gehörte zu den Zögerern und hatte ihr erstes Date mit 31 Jahren. Nach ein paar kurzen Romanzen ging sie mit einem Mann namens James. Sie mochte seine Freunde. Sie waren nett und witzig und nahmen sie bereitwillig in ihre Runde auf. Am tollsten aber fand sie, dass James sie seinen Freunden so schnell vorgestellt hatte. Bald darauf lernte sie bei einem lärmenden Mittagessen seine Familie kennen – Mutter, Vater, Schwestern und Neffen. Jing fühlte sich total akzeptiert. Endlich, so dachte sie, hatte sie die Beziehung gefunden, nach der sie so lange gesucht hatte.

»Genau vier Monate nach dem Tag, an dem wir uns kennengelernt hatten, fuhren wir übers Wochenende gemeinsam weg«, erzählte Jing mir bei unserer ersten Sitzung. Er fuhr, sie lotste ihn. »Als mein Handy keinen Saft mehr hatte, fragte ich ihn, ob ich sein Handy zum Navigieren haben könnte.« James zögerte. »Er meinte, er müsse das Telefon bei sich behalten, weil sein Chef möglicherweise anrufen würde.«

Jing merkte sofort, dass da etwas nicht stimmte. Sie schnappte sich das Telefon und musste es nicht mal entsperren, um zu sehen, dass da dauernd Nachrichten von Dating-Apps eintrudelten: »Du hast ein Match!« Ihr Herz fing an, zu hämmern, als sie nach unten scrollte und den Namen jedes einzelnen Mädchens las, mit dem James Nachrichten ausgetauscht hatte.

»Was soll das?«, fragte sie.

»Tut mir ja leid«, meinte er. »Aber es war ja nie die Rede davon, dass wir jetzt niemand anderen mehr daten.« Das war das letzte Mal, dass Jing mit ihm ausging.

Sie erzählte mir, sie habe sich nach dieser Erfahrung gedemütigt gefühlt. In ihren Augen war die Tatsache, dass James sie seinen Freunden und seiner Familie vorstellte, ja, dass er mit ihr einen Wochenendtrip plante, gleichbedeutend damit, dass er es ernst meinte. Sie hatte all ihre Apps gelöscht und ihrer Mutter erzählt, sie habe jetzt einen Freund. James sah das anders: In seinen Augen waren sie kein festes Paar, solange das nicht ausdrücklich so besprochen worden war – beim Definiere-die-Beziehung-(DDB-)Talk, bei dem man sich fragt: »Was ist das jetzt eigentlich mit uns?«

»Ich fühle mich so erbärmlich«, sagte Jing.

Und damit war sie nicht allein. Man konnte auch nicht sagen, dass ihre Erwartungen übertrieben waren, weil sie noch nicht so lang in der Datingwelt unterwegs war. Ich erlebe immer wieder, dass die Leute es ganz unterschiedlich sehen, was in ihrer Beziehung abläuft. Sie gehen dem DDB-Talk aus dem Weg, weil es ihnen peinlich ist, so eine Frage zu stellen, und weil sie Angst haben, damit alles kaputt zu machen.

Aber der DDB-Talk ist ein wichtiger Entscheidungspunkt. Er bietet euch die Gelegenheit, darüber zu reden, wo ihr eigentlich steht und wohin die Beziehung gehen soll. Wenn jemand dich als Partner nicht ernst nimmt, würdest du das nicht lieber früher als später wissen? Wenn du für dich eine gesunde Entscheidung treffen willst, ist der DDB-Talk unverzichtbar. Außerdem trägt er zur sexuellen Gesundheit bei. Wenn einer von euch noch mit anderen Partnern Geschlechtsverkehr hat, sollte der andere das wissen.

Für den DDB-Talk gibt es keinen »richtigen« Zeitpunkt. Bring das Thema einfach aufs Tapet, wenn du das Gefühl hast, dass du nicht unbedingt noch andere mögliche Partner kennenlernen möchtest und bereit bist, dein aktuelles Date als festen Freund bzw. als feste Freundin zu betrachten. Wann dieser Zeitpunkt gekommen ist, muss jeder für sich entscheiden.

Wenn du weißt, dass du ohnehin zu den Leuten gehörst, die alles gerne überstürzen, dann besprich mit Freunden, was sie instinktiv von deinem Timing halten. (Den DDB-Talk zu schnell anzusetzen ist typisch für Menschen mit ängstlichem Bindungsstil. Lies noch mal in Kapitel 6 nach.)

Dieses Gespräch solltest du auf jeden Fall von Angesicht zu Angesicht führen. Überleg dir, wie du das Thema anschneiden könntest. Ein guter Einstieg in schwierige Gespräche wäre auszudrücken, dass dir das jetzt nicht leichtfällt. Das signalisiert dem anderen, dass du dich verletzlich fühlst, was gewöhnlich eine mitfühlende Reaktion auslöst. Zum Beispiel: »Die Frage ist mir jetzt ein bisschen peinlich, aber ...« Oder: »Es ist ja immer schwierig, diese Frage zu stellen, aber ...«.

Natürlich kannst du auch einfach fragen: »Gehen wir jetzt richtig miteinander?« Wenn dir das zu direkt vorkommt, sag doch einfach, du wüsstest gerne, wie du dein Gegenüber Freunden und Angehörigen vorstellen sollst. Zum Beispiel so: »Meine Freunde wollten neulich von mir wissen, ob du jetzt meine feste Freundin bist. Was soll ich ihnen sagen?« Oder: »Wie soll ich dich denn heute Abend vorstellen, wenn wir mit meinen Kollegen ausgehen?«

Mach klar, was du eigentlich wissen willst. Geht es dir um Klarheit, wie du den anderen bezeichnen sollst? Oder willst du wissen, ob ihr jetzt sexuelle Exklusivrechte aneinander habt? Oder hoffst du gar, das ultimative Ritual moderner Romantik zu vollziehen: das Löschen aller Dating-Apps?

Möglicherweise bekommst du nicht die Antwort, die du dir gewünscht hättest. Vergiss nicht: Das ist ein Gespräch, keine Verhandlung. Respektiere, was der andere sagt. Hör zu. Schließlich willst du wissen, wie dein Gegenüber sich fühlt, ohne ihn zu dem zu überreden, was du dir wünschst.

Selbst wenn du nicht die erhoffte Antwort bekommst, weißt du jetzt zumindest, wie du dran bist. In solchen Situationen ist es immer besser, mehr Infos zu haben. Nun kannst du für dich entscheiden, ob du bleiben oder gehen willst.

So jedenfalls erging es Jing. Einige Monate nach dem Debakel mit James lernte sie einen jungen Mann namens Cal kennen. Einen Freund ihrer Freunde. Sie wollte nicht, dass sich die Erfahrung mit James wiederholte, daher führte sie mit Cal schon nach wenigen Wochen den DDB-Talk.

Cal meinte, er sei immer noch nicht über seine Ex hinweg, daher wolle er sich im Augenblick nicht fest binden. Er wolle Jing zwar gerne wiedersehen, sei aber nicht bereit, etwas Festes oder gar Exklusives daraus zu machen. Jing beschloss, dass sie damit leben konnte. Sie ging gerne mit Cal aus, auch wenn sie keine offizielle Beziehung hatten.

»Das ist für mich in Ordnung«, erklärte sie mir. »Ich habe erkannt, dass ich jetzt noch keine feste Ansage brauche. Ich habe mir nur gewünscht, dass er mir gegenüber klar Stellung bezieht.«

Vergiss nicht: Wie du den DDB-Talk handhabst, wird eure künftige Beziehung beeinflussen, egal, ob ihr sie schon offiziell machen wollt oder nicht. Wenn du dir eine Beziehung wünschst und der andere zieht mit, dann bist du glücklich und erleichtert. Was aber, wenn du nicht die erwünschte Antwort bekommst? Dann bedank dich beim anderen für die klaren Worte, auch wenn sie für dich eine Enttäuschung waren.

Nimm die Entscheidung mit Mitgefühl und Interesse auf, um zu zeigen, dass der andere dir sagen kann, was in ihm vorgeht, auch wenn du lieber etwas anderes gehört hättest.

Übung: Vorbereitung auf den DDB-Talk

Schlag dein Tagebuch auf, und beantworte folgende Fragen, die dich auf dieses Gespräch vorbereiten:

1. Wie möchtest du das Thema anschneiden?
2. Was ist dein Ziel für dieses Gespräch?
3. Wie reagierst du, wenn der andere sich dem Gespräch entzieht oder die Beziehung eben nicht klar definieren will?

Konsultiere den »Plan für schwierige Gespräche« im Anhang. Dort findest du noch mehr Tipps zur Vorbereitung auf den DDB-Talk.

ZUSAMMENZIEHEN

Einer der wichtigsten Entscheidungspunkte in einer Beziehung ist die Frage, ob ihr heiraten wollt. (Du weißt schon, die Geschichte mit dem Ring, bei der sich einer hinkniet und ihr anschließend das Foto auf Instagram postet.) Die meisten Paare fragen sich allerdings zuerst, ob sie zusammenziehen wollen.

Die US-Bevölkerung ist seit 1960 um 80 Prozent angewachsen. Die Anzahl unverheirateter Paare, die zusammenleben, bevor sie heiraten, ist hingegen förmlich explodiert: um 1500 Prozent (von 450 000 im Jahr 1960 auf bis zu 7,5 Millionen heute).[149] Das heißt, dass heute 50 bis 60 Prozent aller Paare zusammenleben, bevor sie die Ehe eingehen.

Viele Paare nehmen diese Entscheidung für weniger wichtig, als sie sollten. Sie betrachten Zusammenziehen als Möglichkeit, ihre Beziehung zu prüfen.

Das Meinungsforschungsinstitut Pew Research Center führte eine Umfrage unter zufällig ausgewählten Erwachsenen in den USA durch. Zwei Drittel der Teilnehmer zwischen 18 und 29 Jahren gaben an, dass Paare, die vor der Ehe zusammenleben, ihrer Ansicht nach mehr Chancen auf eine glückliche Ehe hätten.[150]

Die Tatsachen sprechen allerdings eine andere Sprache: Verheiratete Paare, die vor der Eheschließung zusammenlebten, erweisen sich als weniger zufrieden und lassen sich eher scheiden als Paare, die das nicht getan haben.[151] Man nennt dies auch den *Kohabitationseffekt*.

Als man anfing, diesen wissenschaftlich zu untersuchen, gingen die Forscher davon aus, dass nur eine bestimmte Art von Paaren vor der Heirat zusammenzog.[152] Man nahm an, dass diese Paare die Ehe weniger ernst nähmen und sich daher eher scheiden ließen. Doch je mehr Menschen sich für das Zusammenleben vor der Ehe entschieden, desto weniger richtig ist die Annahme, dass nur ein bestimmter Menschentyp diesen Weg einschlägt.

Daher verfolgt die Wissenschaft nun eine neue Theorie. Man sucht die Ursachen beim Zusammenleben *selbst*.

Stell dir zwei hypothetische Paare vor: Ethan und Jamie bzw. Adam und Emily. Ethan und Jamie ziehen zusammen, weil Jamie seine Wohnung verloren hat. Adam und Emily überlegen, ob sie zusammenziehen, entscheiden sich dann aber dagegen, weil sie noch nicht dazu bereit sind.

Beide Beziehungen verschlechtern sich mit der Zeit. Adam und Emily beenden die Beziehung, Ethan und Jamie tun das nicht. Ganz einfach, weil sie jetzt einen Hund haben, einen Gummibaum und einen todschicken Kelim-Teppich aus zweiter Hand. Ihre Sachen auseinanderzudividieren, neue Wohnungen zu finden und das Besuchsrecht für den Hund zu regeln ist kompliziert. Die beiden heiraten und lassen sich ein paar Jahre später scheiden.

Was lehrt uns die Geschichte von Ethan und Jamie? Erstens, dass Zusammenleben leichter zur Heirat (und später zu Scheidungen) führt. Beides wäre nicht passiert, wären die beiden nicht zusammengezogen. Und zweitens, dass man nie einen gebrauchten Teppich kaufen sollte.

Zusammenzuziehen erschwert es dir, ehrlich zu dir selbst zu sein, was die Qualität der Beziehung angeht, weil die Trennungskosten durch eine gemeinsame Wohnung automatisch ansteigen. Außerdem kommt auch hier der *Status-quo-Fehler* ins Spiel, unsere Tendenz, die Dinge lieber zu lassen, wie sie sind.[153] Wenn du dich von jemandem trennst, mit dem du zusammenlebst, dann veränderst du damit nicht nur deinen Beziehungsstatus, sondern auch deine Wohnsituation und deinen Alltag. Und der Status-quo-Fehler wird immer schwieriger zu überwinden. Wenn ihr zusammenlebt und es zwischen euch nicht gut läuft, dann hältst du vermutlich länger an der Beziehung fest, als wenn du noch deine eigene Wohnung hättest.

Da die Entscheidung zum Zusammenleben die Wahrscheinlichkeit einer Heirat erhöht, solltest du sie als den *Beziehungsmeilenstein* (Entscheidungspunkt) sehen, der sie tatsächlich ist. Etwa 42 Prozent aller Paare, die sich bewusst für ein Zusammenleben entschieden haben, erfreuen sich einer glücklichen Ehe. Bei jenen, die bloß irgendwie reingeschlittert sind, sind es nur 28 Prozent.[154] (Wenn dir diese Zahlen niedrig vorkommen: Bei den meisten Paaren ist das die traurige Realität, was die langfristige Zufriedenheit mit der Ehe angeht. Aber es gibt Mittel und Wege, diesem Trend zu entgehen. Mehr dazu im nächsten Kapitel.)

Die Erfordernisse des täglichen Lebens – zum Beispiel der Wunsch, Geld zu sparen – sind gute Gründe, sich das Zusammenziehen zu überlegen. Dabei sollten aber nicht nur praktische Fragen zur Sprache kommen, zum Beispiel, wie ihr künftig die Miete aufteilt und wer für die Ausgestaltung der Wohnung zuständig ist. Eine Diskussion darüber, welches Sofa ihr behalten oder in welchem Viertel ihr wohnen wollt, zählt nicht als gemeinsame Zukunftsplanung. Entscheidet euch bewusst für ein gemeinsames Leben. Achtet darauf, dass ihr euch darüber einig seid, wo die Beziehung jetzt steht und wo ihr sie in Zukunft seht. *Trefft eine Entscheidung, statt die Dinge einfach laufen zu lassen.*

Zusammenzuziehen kann für jeden der Partner etwas anderes bedeuten. Wenn ihr nicht darüber sprecht, merkt ihr vielleicht gar nicht, wie weit eure Vorstellungen auseinanderliegen. Bis es zu spät ist und ihr den Mietvertrag unterschrieben habt.

Als Priya und Kathryn sich überlegten zusammenzuziehen, fiel dieses Gespräch ganz anders aus, als sie erwartet hatten. »Zum ersten Mal haben wir nach ungefähr einem Jahr über dieses Thema gesprochen«, erzählte mir Priya. »Kathryn hatte da diese tolle Wohnung in der Nähe meines Büros entdeckt und wollte, dass wir sie nehmen. Sie war dazu bereit.«

»Wir liebten uns, die Wohnung war perfekt, und wir wurden ja schließlich auch nicht jünger«, fügte Kathryn hinzu.

Doch während sie darüber sprachen, merkten die beiden, dass sie ganz unterschiedliche Einstellungen zum Zusammenziehen hatten. Für Kathryn war dies der logische nächste Schritt in der Beziehung, aber keineswegs ein Signal dafür, dass sie früher oder später heiraten würden. Priya hingegen ging davon aus, dass beides zusammengehörte.

»Wenn ich mit dir zusammenziehe, heißt das für mich, dass ich dich auch heiraten werde«, meinte sie. »Ich tue das am Ende vielleicht doch nicht, aber das ist der Hintergedanke.«

Priya machte sich Sorgen, dass sie und Kathryn nur aus Trägheit zusammenbleiben würden, sobald sie eine gemeinsame Wohnung hätten. Sie sah das Zusammenziehen als den Entscheidungspunkt, der eng mit der Frage nach der Heirat zusammenhing. »Ich sagte zu Kathryn: ›Ich respektiere deine Meinung, aber ich brauche ein bisschen mehr Zeit, bis ich weiß, ob der richtige Moment schon da ist.‹«

Bei manchen Paaren kommt die Entscheidung gegen das Zusammenziehen dem Ende der Beziehung gleich. Für Priya und Kathryn war das anders. Sie gingen weiterhin miteinander. Einige Monate später diskutierten sie diese Frage erneut. »Dieses Mal war alles anders. Wir hatten beide das

Gefühl: ›Ja, das ist ein Schritt hin zu einer möglichen Heirat‹«, meinte Priya.

Sie zogen zusammen und verlobten sich im Jahr darauf. Die Hochzeit war ein Riesenfest mit alten Freunden, Babycousinen und lautstarken Onkeln und Tanten.

»Nun gehen wir jede Entscheidung so an«, erzählte Priya. »Warum sollte man etwas übers Knie brechen, wenn man noch nicht in die gleiche Richtung will?«

Außerdem würde ich jedem Paar empfehlen, nicht nur darüber zu reden, was das Zusammenziehen für jeden der Partner bedeutet, sondern auch über die Ängste und Zweifel, die dieser große Schritt mit sich bringt. Ein Gespräch übers Zusammenziehen bringt nämlich nicht nur Klarheit über die Frage selbst.

Meine Klientin Laura wollte mit ihrem Freund zusammenziehen. Er war ein warmherziger und fürsorglicher Mensch, der der eher ängstlichen Laura ein Gefühl von Zufriedenheit und Sicherheit schenkte. Für Laura war es die erste feste Beziehung in den letzten sechs Jahren, daher hatte sie Angst, dass sie alles verderben könnten, wenn sie sich zu früh für eine gemeinsame Wohnung entschieden. Sie erzählte mir, sie sei der »CEO der Beziehung«. Sie hatte gern alles unter Kontrolle und befürchtete, dass sich diese Tendenz durch das Zusammenleben noch verstärken und sie zu einer Nörglerin werden würde. Sie hatte das bei ihren Eltern erlebt und glaubte, dass dieser Wesenszug ihrer Mutter den Vater in die Flucht geschlagen hatte.

»Mein Freund arbeitet im Außendienst, und ich bin Unternehmensanwältin«, meinte Laura. »Er ist wirklich super kompetent, aber er macht nicht immer, was er verspricht. Zumindest nicht in dem Zeitrahmen, den ich erwarte. Ich weiß, das hört sich schrecklich an, aber ich mache mir Sorgen, dass ich ihm nonstop Textnachrichten schicken werde, um ihn daran zu erinnern, mit den Hunden rauszugehen und Lebensmittel einzukaufen.«

Um sie auf das Gespräch mit ihrem Freund vorzubereiten, beriet ich Laura, wie sie das Thema anschneiden sollte (taktvoll), die Aufteilung der Haushaltspflichten regeln (gleichmäßig) und die Anpassung an das gemeinsame Leben überprüfen konnte (häufig).

Genau das tat Laura dann auch, obwohl ihr das Thema peinlich war und sie riskierte, eine Antwort zu bekommen, die sie nicht hören wollte. Eines Abends aßen sie zusammen Burger, und Laura erzählte ihrem Freund, wie sie sich fühlte, wenn sie ihn ständig an seine Pflichten erinnern musste. Sie schilderte ihm ihre Angst, sich zur Dauerkritikerin zu entwickeln. Er hörte ihr zu und gestand ihr seine Angst: Dass sie sich möglicherweise über ihn ärgern würde, weil er nur einen kleinen Teil der Miete zahlen konnte. Die beiden blieben bis weit in die frühen Morgenstunden auf und redeten darüber, was in ihnen wirklich vorging.

Am Wochenende entwickelten sie dann ein System für die Aufteilung der Haushaltsarbeiten. Sie teilten sich einen Google-Kalender, in den sie alle gemeinsamen Pflichten eintrugen. So konnte Laura ihren Freund an seine Aufgaben erinnern, ohne dass sie an ihm herumnörgeln musste. Sie wiederum versprach, ihn nie spüren zu lassen, dass sie mehr Miete bezahlte. Heute leben sie friedlich zusammen. Und Laura erzählt, dass ihre Hunde häufig ausgeführt werden.

Übung: Prüft, wo ihr steht, bevor ihr einen Mietvertrag unterschreibt

Bevor ihr eine gemeinsame Wohnung nehmt, setzt euch an einem Wochenende zusammen und klärt folgende Fragen:

1. Warum ziehen wir zusammen?
2. Was bedeutet das für jeden von uns?
3. Wo siehst du die Beziehung in der Zukunft?
4. Steht die Frage nach Heirat im Raum? Wenn ja, wann seht ihr euch als Ehepaar?
5. Welche Ängste löst das Zusammenziehen bei euch aus?

WOHIN GEHT ES FÜR UNS?

Wenn wichtige Entscheidungspunkte anstehen wie der DDB-Talk, das Zusammenziehen oder andere Beziehungsmeilensteine, fragt ihr euch vielleicht, ob ihr die Beziehung wirklich weiterführen wollt. Vielleicht wachst du ja mitten in der Nacht auf und fragst dich: »Ist dieser Mensch tatsächlich der/die Richtige für mich?«

Wenn dich diese Frage quält, erfährst du in den nächsten Kapiteln, wie du zu einer Antwort findest: Wie du erkennst, ob du Schluss machen möchtest, und, wenn ja, wie du dies auf mitfühlende Weise tun kannst. Außerdem gibt es Tipps gegen den Herzschmerz.

Entscheidest du dich für die Beziehung, dann stehst du erst recht vor einer ernsthaften, lebensverändernden Wahl: Sollen wir heiraten? In Kapitel 17 habe ich einige Übungen zusammengestellt, die dir helfen, diese Frage sinnvoll zu klären. Darüber hinaus möchte ich dir auseinandersetzen, warum du deine Hausaufgaben machen solltest, bevor du einen Ring kaufst.

DIE QUINTESSENZ

1. Ein Entscheidungspunkt ist ein Moment in deinem Leben, an dem du klären musst, ob du weitermachen willst wie bisher oder lieber einen anderen Weg einschlägst. Er polt dein Gehirn um: vom automatischen »Weiter so« auf bewusste Entscheidungen. In Beziehungen gibt es immer wieder solche Momente. Sie bieten dir die Gelegenheit, innezuhalten, durchzuatmen und nachzudenken.
2. Psychologen gehen davon aus, dass Paare auf zwei Arten in die nächste Phase ihrer Beziehung eintreten: durch bewusste Entscheidung oder indem sie einfach hineinschlittern. Bewusste Entscheidung heißt, dass man sich den Veränderungen in der Beziehung aktiv nähert. Hineinschlittern hingegen bedeutet, dass man die Dinge laufen lässt, ohne groß darüber nachzudenken. Paare, die sich bewusst für den jeweils nächsten Schritt entscheiden, sind mit ihrer Beziehung zufriedener.
3. Wenn du dich regelmäßig mit jemandem triffst, nimm nicht automatisch an, dass ihr deshalb schon eine Beziehung habt. Dazu braucht es den DDB-Talk (Definiere die Beziehung). Nur so kannst du sicherstellen, dass ihr beide auf der gleichen Wellenlänge seid, was die Zukunft eurer Verbindung angeht.
4. Eine gemeinsame Wohnung führt häufig dazu, dass man in eine Ehe reinschlittert. Nehmt das Zusammenziehen ernst und redet darüber, welche Bedeutung es jeweils für eure Vorstellung von Zukunft hat.

14

VON KLETTEN UND ABSERVIERERN

Wie du entscheidest, ob du Schluss machst

An einem Freitag um 23 Uhr abends läutete mein Telefon. Ich kannte die Nummer nicht. Ich putzte mir gerade die Zähne und wollte ins Bett. »Hallo?«, sagte ich zögernd, den Mund voller Pfefferminzschaum.

Am anderen Ende der Leitung brach jemand in Tränen aus.

Ich spuckte den Schaum ins Waschbecken. »Wer ist dran? Was ist los?«

Schniefen. Naseputzen. Dann sagte eine Stimme: »Hier ist Sydney. Ich habe Ihre Nummer von einer gemeinsamen Freundin, Hannah. Es geht um meinen Freund.«

Mein Griff um die Zahnbürste lockerte sich. Mit so etwas wurde ich fertig. »Was ist denn los?«, fragte ich noch einmal. Obwohl ich schon wusste, worauf dieses Gespräch hinauslief. Der Freund hatte mit Sydney vermutlich Schluss gemacht, und sie brauchte Unterstützung.

Sydney atmete tief durch, fasste sich und stieß dann hervor: »Er will mich heiraten!«

Ein Heiratsantrag? Das hatte ich nun nicht erwartet. »Und warum ist das so schlimm?«

»Ich glaube, ich will mit ihm Schluss machen.«

Solche Anrufe bekomme ich dauernd – gut, normalerweise nicht um diese Uhrzeit und nicht unter Tränen. Menschen aller Altersgruppen, Geschlechter und sexueller Orientierungen rufen mich an. Bei meiner Arbeit als Datingcoach geht es ja nicht nur darum, Menschen zu einer Beziehung zu verhelfen. Sie brauchen auch Hilfe, um sich aus einer belastenden Beziehung zu lösen.

Jeder Schritt in einer Beziehung erfordert bewusste Entscheidungen: mit wem wir ausgehen, wann wir zusammenziehen und ob bzw. wann wir heiraten sollen. Vielleicht warst ja auch du schon mal in der gleichen Lage wie Sydney. Du bist vor der Frage gestanden, ob du mit deinem Partner zusammenbleiben oder Schluss machen willst.

Ich wünschte, ich könnte dir einen Fragebogen oder ein Flussdiagramm geben, das wie durch Zauberhand enthüllt, was zu tun ist. Leider kann ich das nicht. Es gibt keine einfachen Antworten auf diese Frage. Jede dieser Situationen ist einzigartig. Ich kenne nicht alle Faktoren, die in deinem Fall eine Rolle spielen: wie du dich zu fühlen glaubst, wie du dich wirklich fühlst und woher deine Unzufriedenheit kommt. Vermutlich weißt du selbst das auch nicht. Ich weiß allerdings, dass hier kognitive Kräfte im Spiel sind, die uns eine solche Entscheidung erschweren. Wenn du sie verstehst, findest du leichter heraus, was du als Nächstes tun sollst.

Die Klienten, die mich um Unterstützung beim Schlussmachen bitten, fallen gewöhnlich in eine von zwei Kategorien: Die einen stecken in Beziehungen fest, die nicht funktionieren. Ich bezeichne sie als *Kletten.* Auf der anderen Seite stehen diejenigen, die Beziehungen schnell aufgeben, ohne ihnen eine Chance zum Wachsen zu geben. Das sind die von mir so genannten *Abservierer.* Natürlich kann es gut sein, dass du im Spektrum des negativen Trennungsverhaltens (keine offizielle Skala, obwohl sie das sein sollte) irgendwo in der Mitte stehst. Diese Tendenzen sind nicht immer fix. Sie sind mal stärker, mal schwächer, je nachdem, mit wem wir zusammen sind, was in unserem Leben gerade vorgeht plus viele andere Faktoren.

DIE ABSERVIERER

Bevor ich erzähle, wie die Geschichte mit Sydney weiterging, möchte ich dir Mike vorstellen. Mike ist 36 Jahre alt und lebt in Albuquerque. Als er mich kontaktierte, erklärte er mir, dass er seit nunmehr drei Monaten mit seiner Freundin zusammen sei. Sie mache ihn glücklich. Sie mache ihn darauf aufmerksam, wenn er Mist sage. Durch ihre Hilfe habe er auch herausgefunden, was er tun wolle, nachdem man ihm gekündigt hatte. »Sie ist so unglaublich liebevoll«, sagte er. »Vielleicht der gütigste Mensch, den ich je kennengelernt habe.«

Dummerweise hatte er in den letzten Wochen einen Impuls bemerkt, der ihm nur allzu vertraut war: Er wollte mit ihr Schluss machen.

»Ich tue das immer wieder«, erklärte er mir. »Ich lerne eine wirklich tolle Frau kennen, aber nach drei Monaten stechen mir ihre Fehler immer stärker ins Auge. Und dann, *bumm!,* mache ich Schluss mit ihr.«

»Was stört Sie denn an Ihrer jetzigen Freundin?«, wollte ich wissen.

»Ich weiß, das hört sich versnobt an, aber es ist die Art, wie sie redet. Sie spricht Wörter häufig falsch aus oder verwendet sie nicht korrekt. So sagt sie beispielsweise immer ›scheinbar‹ statt ›anscheinend‹ und solche Sachen.«

Eine höchst akzeptable Macke also. »Danke, dass Sie Ihre Bedenken mit mir teilen«, sagte ich und achtete dabei auf eine soignierte Aussprache. »Wie sehen denn Ihre langfristigen Beziehungsziele aus?«

»Ich will heiraten und Kinder haben.«

Da Mike Beziehungen regelmäßig nach drei Monaten beendete, würde das angestrebte Eheglück wohl immer in unerreichbarer Ferne bleiben. Aber immerhin versuchte er es. Er gestand sich ein, dass er normalerweise schon zu Beginn einer Beziehung immer mit einem Fuß in der Tür stand. Er verdünnisierte sich, ohne seiner Partnerin auch nur eine faire Chance zu geben (was sicher auch sein Verhalten in der Beziehung beeinflusste). Er löste sich schnell aus jeder Beziehung, weil er sich immer fragte, ob es nicht noch jemanden Besseren gäbe. Und wenn dir das bekannt vorkommt, dann liegst du vollkommen richtig: Mike war definitiv ein Maximalist.

SICH VERLIEBEN VERSUS SICH LIEBEN

Manche Abservierer werden von ihrer Maximalisten-Tendenz getrieben. Sie verabschieden sich zu früh aus Beziehungen, weil sie glauben, jemand Besseres finden zu können.

Andere servieren den Partner ab, weil sie zu den Romantikern gehören. Sie erwarten von ihren Beziehungen einen ewigen Zauber, wie er für die frühen Monate charakteristisch ist – das Herzklopfen, die Schweißausbrüche, die Gedanken, die sich überschlagen. Sie flüchten aus ihren Beziehungen infolge einer kognitiven Verzerrung, die wir *Auswahlregel* nennen.

Die Verhaltensökonomen Daniel Kahneman und Amos Tversky erklären sie so: Um einzuschätzen, wie sich etwas in der Zukunft anfühlen mag, konzentrieren wir uns ganz auf den anfänglichen Eindruck.[155] Man möchte doch annehmen, Lotteriegewinner seien extrem glücklich, aber das stimmt nicht. Wie ich schon erwähnt habe, sind sie etwa ein Jahr nach ihrem Gewinn genauso glücklich (oder unglücklich) wie Menschen, denen die Lottofee nicht hold war.[156]

Unsere Vorstellung eines Lotteriegewinners ist bestimmt von diesem Übergang von Otto Normalverbraucher zum glücklichen Gewinner. Das ist tatsächlich eine bemerkenswerte Veränderung. In Wirklichkeit aber verliert das viele Geld viel von seiner anfänglichen Faszination, wenn man sich erst mal an die neuen Lebensumstände gewöhnt hat. Man fühlt sich dann genauso wie vor dem großen Ereignis. (Diese Dynamik gilt übrigens auch für Unglücksfälle: Forschungsarbeiten zeigen, dass eine Querschnittslähmung die Lebenszufriedenheit längst nicht in dem Ausmaß herabsetzt, wie man denken könnte.)

Abservierer begehen den gleichen Fehler in der Liebe. Sie verwechseln aufgrund der Auswahlregel Verliebtheit mit Liebe und erwarten, dass die Beziehung sich immer so aufregend anfühlt wie zu Beginn. Aber die Menschen passen sich nun mal an. Sich zu lieben fühlt sich weniger intensiv an als Verliebtheit. Was ja auch seine Vorteile hat! Wie sollen wir je unsere Arbeit pünktlich erledigen, wenn wir herumlaufen wie Pepe, das liebestolle Stinktier aus dem Zeichentrickfilm – ständig verliebt und mit französischem Akzent parlierend?

Abservierer glauben, dass das Gefühl der Verliebtheit ewig anhält. Wenn sie spüren, dass es nachlässt, interpretieren sie das als Signal, dass diese Beziehung zum Scheitern verdammt ist. Immer wieder verfallen sie in Panik und machen Schluss, weil sie auf der Jagd nach neuen Romanzen sind.

WAS SOLL AM ABSERVIEREN FALSCH SEIN?

Dieses Verhalten verursacht Probleme, und zwar nicht nur für den Partner, der abserviert wird. Abservierer unterschätzen die Opportunitätskosten einer Trennung, weil sie nämlich nie lernen, ein guter Partner zu werden.

Nehmen wir mal an, du absolvierst hundert erste Dates. Dann entwickelst du ausgezeichnete Erstes-Date-Skills. Du weißt, wo diese zauberhaft gemütliche Weinbar liegt. Du perfektionierst die Geschichte, wie du dich als Rucksacktourist in Nepal verirrt hast.

Aber was passiert bei Date fünf bis sieben? Oder 25? Oder 55? Das weißt du nicht, weil du noch nie so weit gekommen bist. Und wenn deine Beziehungen immer nur drei Monate dauern, bekommst du nie ausreichend Erfahrung. Du weißt nicht, wie man jemanden wirklich kennenlernt. Du wirst nie erleben, wie das Gesicht deines Partners aufleuchtet, wenn er die Geburtstagskerzen sieht, die du für ihn angezündet hast. Oder wie ihr die Tränen übers Gesicht laufen, weil die Mutter krank ist. Und du hältst an deinen falschen Erwartungen an die Entwicklung einer Beziehung fest. Du begreifst nie, dass der erste Tag sich nun mal anders anfühlt als der Tausendste.

WAS KÖNNTEN ABSERVIERER STATTDESSEN TUN?

Bei unserem Gespräch bat ich Mike, die Augen zu schließen.

»Stellen Sie sich vor, Sie stehen an einer Weggabelung«, sagte ich. »Vor Ihnen tun sich zwei Pfade auf. Stellen Sie sich vor, Sie wählen den linken. Sie machen mit Ihrer jetzigen Freundin Schluss, suchen sich eine neue, trennen sich auch von ihr und so weiter. Dieser Pfad hält neue Dates und erste Küsse in endloser Zahl für Sie bereit. So geht es fort und fort, während Sie älter und älter werden. Sie genießen heiße Nächte in Las Vegas, essen in schicken Restaurants, aber Sie haben keine Frau und keine Kinder.«

»Der zweite Pfad«, fuhr ich fort, »hält anderes für Sie bereit. Sie bleiben bei Ihrer Freundin. Sie tun Ihr Bestes, damit diese Beziehung funktioniert. Sie folgen diesem Pfad und erleben Riesenpicknicks mit Ihrer Familie und der Ihrer Freundin. Richten Sie den Blick weiter in die Zukunft. Sie streiten sich, versöhnen sich im Bett und schließlich kommt die Hochzeit. Romantische Reisen und bald ein Baby. Sie wischen Ihrer Freundin Babykacke von der Stirn, während Sie sie zudecken, weil sie vor Erschöpfung auf dem Sofa eingeschlafen ist. Dann kommt noch ein Baby und damit noch mehr Kacke. Bis das Kind aufs College geht und so weiter und so fort.«

Nach dieser Übung war Mike ganz still geworden.

»Was geht jetzt vor in Ihnen?«, fragte ich.

»Ich muss darüber nachdenken.«

Zwei Wochen vergingen. Bei unserer nächsten Sitzung ergriff Mike gleich das Wort. »Letztes Mal hatte ich das Gefühl, als hätten Sie mir gezeigt, dass ich an einer Kreuzung stehe, wo ich mich entscheide zwischen Mike, dem Vater, und Mike, dem Narren. Mike, der Narr, datet weiter alle möglichen Frauen und schickt sie dann in die Wüste, um den Teufelskreis von vorne zu beginnen. Er lernt nie, wie sich eine Beziehung tatsächlich anfühlt, und hat keine Chance, je Vater zu werden. Als ich meine Augen schloss, sah ich ihn – allein in seiner Junggesellenwohnung mit einem Klappbett.«

»Und, was wollen Sie jetzt tun?«

»Ich bin bereit für den anderen Pfad.«

Mike beschloss, dieser Beziehung eine Chance zu geben. Wir arbeiteten ein Jahr lang an seiner Einstellung. Er änderte sein Verhalten und blieb bei seiner Freundin. Gemeinsam entwickelten wir Strategien, wie er sich immer wieder ihre Stärken ins Gedächtnis rufen kann. Jeden Sonntagmorgen schickte er mir eine SMS, in der er fünf Dinge auflistete, die er in der vergangenen Woche an seiner Freundin gut gefunden hatte. (Vergiss nicht! Ich warte immer noch auf deine E-Mail mit jenen fünf Dingen, die du an deinem Date toll fandest: 5goodthings@loganury.com.)

Wenn du wirklich eine dauerhafte Beziehung anstrebst, musst du dich für jemanden entscheiden und es mit dieser Person versuchen. Wenn Mike wieder mal der Hafer sticht, versichere ich ihm, dass das normal ist. Er hat sich für den Pfad zu Mike, dem Vater, entschieden. Und das ist alles andere als närrisch.

DIE KLETTE

Während es dem Abservierer schwerfällt, in einer Beziehung zu bleiben, hat die Klette Schwierigkeiten, sich daraus zu lösen. Sydney, die um 23 Uhr nachts ins Telefon weinte, weil sie sich von ihrem Freund trennen wollte, ist eine klassische Klette.

»Ich bin 26«, sagte Sydney. Mit Matteo, ihrem Freund, war sie seit zehn Jahren zusammen. »Wir stammen beide aus einer Kleinstadt in Ohio, und wir sind seit meinem 16. Lebensjahr zusammen.«

Sydney hatte das Gefühl, sie sei aus der Beziehung »herausgewachsen«. »Uns liegt der jeweils andere wirklich am Herzen, aber Matteo ist nicht der Mann, dem ich am Abend von meinem Tag erzählen möchte. Wir haben einfach keinerlei Gesprächsstoff. Wenn ich mit ihm zusammen bin, bin ich ein ungeduldiges, verwöhntes Gör.«

»Seit wann fühlen Sie sich schon so?«, fragte ich.

»Seit etwa drei Jahren. Und es wird immer schlimmer«, antwortete sie. »Ich weiß ja, dass man in einer langjährigen Beziehung immer Höhen und Tiefen erlebt. Aber das geht nun schon seit einigen Jahren so, und ich glaube, dass sich da ein Wandel abzeichnet, dem ich mich stellen muss.«

Laut fragte sie sich: »Soll ich nun auf diese Stimme hören, die mir sagt, dass ich endlich Schluss machen sollte? Verliere ich dabei nicht etwas, das mir wirklich gut getan hat? Ich wünschte fast, es würde etwas extrem Dramatisches passieren, zum Beispiel, dass mein Arbeitgeber mich ins Ausland schickt und Matteo nicht mitkommen kann. Dann müssten wir uns das Ganze noch mal überlegen.«

Bei diesen Worten war mir klar: Es war an der Zeit für den Garderobentest.

Das ist eine Technik, die ich entwickelt habe, als ich mich beruflich mit Trennungen befasste. Von all den drängenden Fragen, die ich in diesem Zusammenhang stelle, scheint diese am ehesten Klarheit zu bringen.

Bevor ich dir sage, wie diese Frage lautet, möchte ich, dass du mir etwas versprichst: Wenn du überlegst, dich zu trennen, dann nimm dir einen Moment Zeit und beantworte diese Frage für dich so ehrlich (und schnell) wie möglich. Hier ist dein Bauchgefühl gefragt.

Übung: Der Garderobentest

Wenn dein Partner ein Kleidungsstück wäre, das in deinem Schrank hängt: Welches Kleidungsstück wäre das?

____

Die Frage ist so abstrakt und absurd, dass sie meinen Klienten erlaubt, ihre wahren Gefühle zu offenbaren. Manche sehen ihren Partner als warmen Mantel oder kuschligen Pulli. In meinen Augen heißt das, dass sie die Unterstützung ihres Partners genießen. Eine Frau sagte mal, ihr Freund sei sozusagen ihr kleines Schwarzes, in dem sie sich sexy und selbstsicher fühlte. Ein Mann meinte, seine Freundin sei wie seine knallbunte Hose, die sie ihm geschenkt hatte und die er vorzugsweise auf Festivals trug. Etwas, das er liebt, das er aber nie für sich selbst ausgesucht hätte.

Andere Menschen enthüllen bei dieser Frage, wie frustriert sie von ihrer Beziehung schon sind. Ein Mann sagte, sein Freund sei wie ein Wollpullover. Er hält einen warm, aber wenn man ihn zu lange trägt, fängt er an, zu kratzen.

Ich stellte Sydney also die Garderobenfrage.

»Matteo ist wie ein schäbiges altes Sweatshirt, das man liebt, aber nie zu einer wichtigen Verabredung tragen würde«, meinte sie. »Wenn man es anzieht, fühlt man sich in seinem Element. Aber gleichzeitig ist klar, dass man so nie aus dem Haus gehen würde.«

Ach, du Schande. Ein schmuddeliges altes Sweatshirt? Sehr vielsagend. Offensichtlich hatte Sydney sich innerlich längst aus dieser Beziehung gelöst. Sie war nicht mehr stolz darauf und wollte nichts mehr in sie investieren. Die Partnerschaft passte nicht mehr zu ihr – und zu Matteo auch nicht.

Es war Zeit, das alte Sweatshirt abzulegen und sich aus der Beziehung zu lösen.

WARUM KLETTEN NICHT LOSKOMMEN

Es gibt verschiedene kognitive Verzerrungen, die erklären, warum Kletten zu lange an Beziehungen festhalten.

Stell dir vor: Du kaufst eine Eintrittskarte für eine Comedyshow für Anfänger und zahlst 22 Dollar dafür. Du setzt dich, hörst zehn Minuten lang zu und merkst: Das ist nichts für dich. Das ist wirklich zu anfängerhaft.

Dann sagst du vermutlich: »Ich bleibe. Schließlich habe ich 22 Dollar dafür berappt.« Du bleibst sitzen und verschwendest 90 Minuten deines Lebens auf etwas, das dir keinen Spaß macht. Natürlich könntest du auch gehen. Dir einen Spaziergang gönnen. Oder eine Freundin besuchen, die im selben Viertel lebt.

In beiden Szenarien hast du 22 Dollar ausgegeben. Das Geld ist weg. Aber wenn du aufstehst und gehst, bekommst du wenigstens deine Zeit zurück. Der Verhaltensökonom Amos Tversky ging regelmäßig ins Kino. Wenn ihm der Film in den ersten fünf Minuten nicht gefiel, stand er auf und ging. »Die haben mir schon mein Geld abgeknöpft«, erklärte er. »Soll ich ihnen da auch noch meine Zeit schenken?«

Tversky wusste, was der *Versunkene-Kosten-Effekt*[157] ist: das Gefühl, dass man bei einer Sache auch bleiben sollte, sobald man in sie investiert hat. Er erklärt, warum die meisten Leute sitzen bleiben, auch wenn die Vorstellung ihnen nicht gefällt.

Natürlich gilt das auch für Beziehungen, die sich überlebt haben. Der Versunkene-Kosten-Effekt hält die Klette in der Beziehung fest. Ich habe einmal mit einem Mann gearbeitet, der mich anrief und sagte: »Ich bin jetzt seit drei Jahren mit meiner Freundin zusammen. Die ersten sechs Monate waren großartig, die letzten zweieinhalb Jahre hingegen schrecklich.« Als ich ihn fragte, warum er bei ihr bleibe, obwohl er doch offenbar unglücklich sei, antwortete er: »Ich habe diese ganze Zeit in sie investiert. Es wäre ja blöd, wenn ich jetzt aufgeben würde.«

Ich erklärte ihm den Versunkene-Kosten-Effekt in Worten, die er vermutlich am besten verstand: »Die ersten sechs Monate waren sozusagen Staffel 1 von *True Detective* – einfach unfassbar gut. Staffel 2 und 3 waren dagegen eher glanzlos. Bleibt man da am Ball und guckt, wie Staffel 4 wird? Oder schaut man sich nach einer neuen Lieblingsserie um?« Was er auch tun würde, er war drei Jahre mit ihr zusammen gewesen. Nun stand die Entscheidung an: Wollte er weitere drei Jahre bleiben oder war er bereit für etwas Neues?

Kletten sind auch von der *Verlustaversion* betroffen. Die Verhaltensökonomen Amos Tversky und Daniel Kahneman beschreiben sie in einem Aufsatz.[158] Verluste, so heißt es darin, werden höher gewichtet als Gewinne.

Nehmen wir mal an, du gehst in einen Laden, um für den Preis von 500 Dollar ein neues Telefon zu kaufen. Der Verkäufer gibt dir 100 Dollar Rabatt. Super Sache, oder? Nun stell dir vor, dass du in den Laden gehst und dir der Verkäufer sagt, dass es bis gestern auf jeden Kauf 100 Dollar Rabatt gab. Diesen Verlust spürst du so richtig.

Im ersten Szenario hast du 100 Dollar gewonnen, weil dich das Telefon bloß 400 Dollar gekostet hat. Im zweiten Szenario hast du 100 Dollar verloren, weil du nun weißt, dass du die Rabattaktion knapp verpasst hast. Beide Male geht es um 100 Dollar, also könnte man doch annehmen, dass die Freude bzw. die Enttäuschung über die entgangene Gelegenheit in etwa von der gleichen Intensität ist. Aber das ist nicht der Fall. Verluste wiegen schwerer als Gewinne. Die Verlustaversion sorgt dafür, dass der Verlust von 100 Dollar von uns doppelt so heftig empfunden wird wie die Freude, die wir über einen Rabatt gehabt hätten. Um also ein ähnlich intensives Gefühl zu haben wie beim Verlust von 100 Dollar, hätten wir 200 Dollar Gewinn haben müssen.

Und wir haben gelernt, unser Verhalten an diese kognitive Verzerrung anzupassen: Wir tun, was wir können, um Verluste zu vermeiden. In puncto Kleidung heißt das, dass wir so lange wie möglich alte T-Shirts behalten, die wir heute nie mehr kaufen würden.

In Bezug aufs Daten bedeutet es, dass wir an Beziehungen festhalten, die ihr Verfallsdatum längst überschritten haben. Der mögliche *Verlust* des Partners schreckt uns mehr als der mögliche *Zugewinn*, nach einer Trennung jemand anderen daten zu können.

DAS PROBLEM DER KLETTEN

Eine Trennung ist eine schwerwiegende Entscheidung, die massive Konsequenzen nach sich zieht. Eine Entscheidung, die man gerade deshalb gerne aufschiebt. Dabei merkst du aber nicht, *dass du bereits eine Entscheidung triffst,* indem du die Beziehung *nicht* beendest.

Eine Trennung ist schließlich keine Abschussrampe, sie gleicht eher einer T-Kreuzung. Links geht's zur Trennungsstraße, rechts zum Wir-bleiben-zusammen-Berg. In welche Richtung du dich auch immer bewegst: Du triffst eine Entscheidung.

Wie die Abservierer unterschätzen auch die Kletten die Opportunitätskosten. Die Klette beraubt sich nämlich der Chance, einen anderen Partner kennenzulernen. Um die Metapher der Kreuzung beizubehalten: Je länger du an der Weggabelung stehen bleibst, desto länger brauchst du, um ans Ziel zu kommen. (Und du vergeudest dabei auch noch Benzin, was nun wirklich gar nicht geht. Der Klimawandel ist längst da, Leute!)

Das Schlimmste aber ist: Du bist ja nicht allein im Auto. Dein Partner sitzt auf dem Beifahrersitz. Wenn du im Sinn hast, die Beziehung zu beenden, verschwendest du mit jedem Tag, an dem du diese Entscheidung hinausschiebst, auch *dessen* Zeit. Dies gilt vor allem, wenn du mit einer Frau zusammen bist, die sich Kinder wünscht. Du unterschätzt die Opportunitätskosten, die sie trägt, weil sie mit dir zusammen ist, ganz gewaltig.

Je länger du die Trennung hinausschiebst, desto weniger Zeit hat sie, einen neuen Partner zu finden und eine Familie zu gründen. Das Netteste, was du für sie tun kannst, ist, ihr eine klare Antwort zu geben, damit sie mit ihrem Leben weitermachen und jemand anderen finden kann.

SHOULD I STAY OR SHOULD I GO?

Mittlerweile weißt du vermutlich, ob du zu den Kletten oder zu den Abservierern zählst. Aber vielleicht ist dir ja immer noch nicht klar, was du in puncto Beziehung unternehmen willst. Daher habe ich eine Reihe von Fragen zusammengestellt, die dir helfen sollen, zu entscheiden, ob du bleibst oder ob du gehst. Brüh dir eine Kanne Tee auf und nimm dir Zeit, dich schriftlich mit diesen Fragen auseinanderzusetzen.

1. Der Garderobentest: Wenn dein Partner ein Kleidungsstück wäre, das in deinem Schrank hängt: Welches Kleidungsstück wäre das?

Wie du die Antwort interpretierst: Sie enthüllt dir, wie du deinen Partner und die Beziehung siehst. Wie bereits gesagt: Die Frage ist so abstrakt, dass sie dir vermutlich verborgene Wahrheiten über die Partnerschaft verrät. Dazu musst du auch einen klaren Blick in deine Psyche werfen. Im Allgemeinen ist es vielversprechend, wenn es sich um Outdoorbekleidung handelt wie einen Pulli bzw. eine Jacke, die dich warmhält. Aber auch dein Lieblingsshirt, eine tolle Hose oder schicke Schuhe sind gut. Wenn das Kleidungsstück alt und abgetragen oder unbequem ist, etwas also, das du nie in der Öffentlichkeit tragen würdest wie einen ramponierten Mankini, dann wird es gefährlich.

2. Gibt es mildernde Umstände, das heißt Probleme, die dein Partner im Moment durchlebt? Eine neue Arbeitsstelle, kranke Eltern oder sonst etwas, das die Person daran hindert, sich dir so zuzuwenden, wie du dir das wünschen würdest? Ist es möglich, dass sich das Problem klärt, sobald diese Situation vorüber ist?

Wie du die Antwort interpretierst: Nehmen wir mal an, es liegt an einer besonderen Situation – etwa an einem besonders fordernden Projekt im Beruf –, dass dein Partner abgelenkt, weniger präsent, weniger geduldig oder weniger großzügig ist als sonst. Natürlich ist es wichtig für dich, zu wissen, wie er auf Stress reagiert, aber das heißt nicht, dass sein Verhalten typisch für seinen Charakter ist und er sich jetzt und in Zukunft immer so verhalten wird. Vielleicht zeigt er dieses Verhalten nur kurzfristig.

Vergiss nicht, wer dein Partner vor dieser Situation war. Kannst du vielleicht noch ein bisschen länger durchhalten, bis die Lage sich verändert hat, und der Partner zu seinem normalen Verhalten zurückkehrt?

3. Hast du versucht, die Sache zu regeln und deinem Partner Feedback zu geben?

Wie du die Antwort interpretierst: Stell dir vor, man kündigt dir, bevor du überhaupt nur mitbekommst, dass dein Job in Gefahr ist. Das wäre doch echt mies, oder? Aus diesem Grund führen Unternehmen regelmäßig Mitarbeitergespräche durch. Diese geben den Leuten die Gelegenheit, ihre Leistung zu verbessern. Deine Ex kann dich nicht vor den Kadi zitieren, weil du sie ohne jede Vorwarnung in die Wüste geschickt hast.

Trotzdem möchte ich dir ein solches Verhalten nicht empfehlen. Gib dem anderen zumindest eine Chance, sich mit dir darüber auseinanderzusetzen, was zwischen euch vorgeht. Statt einfach den Rückzug anzutreten, solltest du dich der Herausforderung eines solchen Gesprächs stellen. Erklär, wie sich die Beziehung in deinen Augen verändert hat. (Im nächsten Kapitel findest du Tipps, wie du mit solch schwierigen Gesprächen am besten umgehst.)

4. Welche Erwartungen hast du an eine langfristige Beziehung? Sind diese realistisch?

Wie du die Antwort interpretierst: Zunächst solltest du dir klarmachen, dass niemand vollkommen ist, auch du nicht. Hör auf, dich wegen kleiner Fehler so aufzuregen! Jeder hat seine Macke, also verwechsle das bitte nicht mit

No-Gos, die eine Beziehung unmöglich machen. Sei bitte nicht wie Jerry, die Figur aus der Sitcom *Seinfeld*: der ewige Junggeselle, der Frauen abserviert, weil sie »Männerhände«[159] haben, »Pst«[160] zu ihm sagen, ihre Erbsen Stück für Stück essen oder einen Werbespot für Freizeitkleidung mögen, den er schrecklich findet.[161]

Speziell wenn du zu den Romantikern gehörst (siehe Kapitel 3), solltest du deine Erwartungen überprüfen. Romantiker erwarten eine glückliche Beziehung »bis dass der Tod euch scheidet« und haben Probleme, wenn die Partnerschaft unvermeidlich in schweres Fahrwasser gerät. Weil sie denken: »Wenn mein Partner wirklich mein Seelengefährte wäre, dann wäre es nicht so schwierig.« Aber alle Partnerschaften kennen Höhen und Tiefen. Wenn du weißt, dass so etwas auf dich zukommen kann, wirst du damit besser fertig.

Ein Stimmungstief kann sich einstellen, wenn der erste Zauber verflogen ist. In den ersten Jahren einer Beziehung steht unser Gehirn quasi unter der Droge der Liebe. Die nächste Phase ist prosaischer, weniger intensiv. Eher: »Was soll ich dir vom Supermarkt mitbringen?« Und weniger: »Machen wir's auf dem Küchenfußboden!«

Viele Menschen finden diesen Übergang enttäuschend und versuchen, die heiße Phase neu zu erleben, indem sie sich einen anderen Partner suchen. Wenn du jedoch mit einem festen Partner eine langfristige Beziehung eingehen willst, dann machst du dir besser klar, dass dieser Übergang unvermeidlich ist. Freilich kannst du dir ein neues High verschaffen, indem du den Partner wechselst, aber auch da bleibt die Dynamik die gleiche.

5. Zu guter Letzt solltest du prüfen, wer du in dieser Beziehung warst. Du bist schließlich für die Hälfte ihrer Dynamik verantwortlich. Hast du die beste Version deiner selbst eingebracht? Tust du deinerseits alles Menschenmögliche, damit die Partnerschaft funktioniert? Kannst du daran arbeiten, als Partner großzügiger und präsenter zu sein?

Wie du die Antwort interpretierst: Richte dein Augenmerk nicht nur auf die Fehler des Partners, sondern nimm dich auch selbst in den Blick. Wenn du etwas dafür tun kannst, dass die Beziehung funktioniert, zum Beispiel netter zu sein, dann versuch das, bevor du den Stecker ziehst.

Wenn du die beste Version deiner selbst nur anderen Menschen vorführst (Kollegen, Freunden, Angehörigen) und deinem Partner den unerfreulichen Rest zumutest, solltest du vielleicht darüber nachdenken, was es bringt, wenn du wieder mehr in die Beziehung investierst. In Kapitel 18 findest du Tipps, wie du eine langfristige Beziehung am Laufen hältst.

FRAG EINEN FREUND ODER ANGEHÖRIGEN

Wenn du immer noch nicht weißt, ob du bleiben oder gehen sollst, solltest du vielleicht zum Telefon greifen und einen Freund anrufen. Du brauchst vermutlich Feedback. Der gute Ton verlangt es, dass wir unseren Mund halten, wenn es um fremde Beziehungen geht, selbst wenn wir da Gefahrensignale zu erkennen glauben. Daher werden Freunde und Angehörige dir nur auf Nachfrage sagen, was sie von deiner Beziehung halten. Oder wie mein Vater sagt: »Ich gehöre zum Empfangskomitee, nicht zur Auswahlkommission.«

Aber Freunde und Angehörige sehen häufig Dinge, für die wir blind sind. Denn in den ersten zwei bis drei Jahren sind wir von unserem Partner so verzaubert, dass wir die eigene Beziehung kaum je richtig beurteilen.[162]

Eine meiner Freundinnen hat ihre Hochzeit wenige Wochen vor dem großen Ereignis abgesagt. Erst zu diesem Zeitpunkt hatten ihr einige Freunde Zweifel an ihrem Freund mitgeteilt, weil sie vorher keine ungebetenen Ratschläge geben wollten.

Lass nicht zu, dass es dir genauso ergeht. Frag einen vertrauenswürdigen Freund oder Angehörigen, was er von deiner Beziehung hält. Und wähle deinen Ratgeber weise. Es sollte ein Mensch sein, der dich und deinen Partner gut kennt, dem deine Interessen am Herzen liegen und der dir helfen kann, eine für dich stimmige Entscheidung zu treffen. Keine Leute, die ihre eigenen Probleme auf dich projizieren (etwa, wenn sie kein Vertrauen mehr haben können, weil der Partner sie betrogen hat); die dich in einer Beziehung oder als Single sehen wollen, weil dies auch Einfluss auf ihr

Leben hat (weil du dann mit ihnen auf Double Dates gehen oder sie zu Veranstaltungen begleiten kannst); die in dich verknallt sind und dir daher keine objektive Einschätzung geben können!

Sag dieser Person, dass du sie nicht in eine schwierige Lage bringen möchtest, aber wirklich ihren Rat brauchst. Meredith zum Beispiel hat mit ihrer besten Freundin einen Deal: Wann immer eine der beiden mit jemandem geht, den die andere für unpassend hält, wird sie der Freundin Bescheid sagen, auch wenn dies ein schwieriges Gespräch ist.

Halte dich an das Versprechen, deinem Ratgeber seinen Rat nicht übel zu nehmen, auch wenn du ihn nicht befolgst. Bitte bestrafe diese Person nicht dafür, dass sie dir auf deinen Wunsch hin ehrlich gesagt hat, was sie denkt! Und wenn eine Person nicht auf deine Bitte eingeht, dann zwing sie nicht dazu.

Letztendlich musst du ohnehin deine eigene Entscheidung treffen. Was hast du aus dem Gespräch mit deinem Ratgeber gelernt? Hat er deine Ängste bestätigt? Oder dir vorgeschlagen, dass du die Sache durchstehen sollst? Häufig ist die eigene Reaktion auf den Ratschlag ebenso vielsagend wie der Rat selbst. Wie hast du dich gefühlt, als dein Ratgeber mit dir Klartext geredet hat? Erleichtert? Panisch? Nutze diese Erfahrung, um deine Gefühle zu prüfen. Dann findest du auch heraus, was bei dir als Nächstes ansteht.

WAS NUN?

Du gehörst zu den Abservierern, hast der Beziehung jedoch eine Chance gegeben, und es hat trotz allem nicht funktioniert: Trenn dich von deinem Partner. Vielleicht ist er nicht der Richtige für dich. Das ist in Ordnung.

Aber das heißt nicht, dass du schon vom Haken bist. Behalte im Hinterkopf, dass du ein Abservierer bist. Wenn du in der nächsten Beziehung wieder diesen vertrauten Drang wahrnimmst, Schluss zu machen, würde ich dich bitten, die obigen Fragen noch einmal durchzugehen. Damit du dich aus den richtigen Gründen trennst.

Du gehörst entweder zu den Abservierern oder zu den Kletten, hast der Beziehung aber keine Chance gegeben (indem du beispielsweise nicht die beste Version deiner selbst eingebracht hast): Halte die Beziehung aufrecht, und achte darauf, was passiert, wenn du geduldig bist und in die Partnerschaft investierst. Alle Beziehungen kennen Höhen und Tiefen. Je länger sie dauern, desto wahrscheinlicher wird es, dass es Zeiten (mitunter gar Jahre) gibt, in der die Zufriedenheit mit der Beziehung nachlässt. Du solltest wissen, dass ein Tief nicht heißen muss, dass eine Trennung ansteht.

Eli Finkel, Professor für Psychologie an der Northwestern University, schreibt in seinem Buch *The All-or-Nothing Marriage*, dass Paare lernen sollten, während solcher Phasen ihre Erwartungen an die Beziehung nachzujustieren.[163]

Tiefs können eine ganze Reihe von Gründen haben, zum Beispiel, dass die Partner sich um kleine Kinder oder alte Eltern kümmern müssen bzw. Stress im Beruf haben. Viele Eheberater meinen ja, man solle mehr Zeit und Energie in eine Beziehung investieren, wenn es schlecht läuft. Doch das ist häufig unrealistisch. Wenn man ohnehin schon ausgelaugt ist, hat man nicht mehr viel zu geben. Sinnvoller wäre es, in solchen Phasen – kurzfristig – weniger von der Beziehung zu verlangen, während man sich bemüht, seine anderen Probleme auf die Reihe zu bekommen.

Richte dein Augenmerk zuerst auf dich selbst. Wir können Liebe vor allem dann geben, wenn wir uns erfüllt fühlen. Je selbstbewusster wir sind, desto leichter fällt es uns, anderen etwas zu geben. Wenn du es verstehst, dich selbst glücklich zu machen, statt dies vom Partner zu erwarten, wird die Beziehung automatisch besser laufen.

Der Gedanke an eine Paartherapie schreckt auf den ersten Blick vielleicht ab. Aber du solltest dir das überlegen, selbst wenn ihr nicht verheiratet seid. Es ist ein Fehler, zu glauben, dass die Beziehung zum Scheitern verurteilt ist, wenn ihr einen Paartherapeuten braucht.

John Gottman, der sich sein Leben lang mit Paarbeziehungen beschäftigt hat, sagt, dass es in den USA zwar Jahr für Jahr eine Million Scheidungen gibt, dass aber höchstens zehn Prozent dieser Paare je mit einem professionellen Berater gesprochen haben.[164] In den letzten Jahrzehnten wurde die Wirksamkeit von Paartherapien festgestellt und gründlich untersucht.

Wer weiß, wie viele dieser Beziehungen sich hätten retten lassen, wenn die Beteiligten professionelle Hilfe gesucht hätten?

Ich jedenfalls gebe diesen Ratschlag gerne weiter, denn auch ich habe mich einmal fürs Bleiben entschieden.

Vor einigen Jahren saß ich mit Scott in einem todschicken Restaurant in New York. Ein Kellner trat an unseren Tisch und bot uns einen Korb voller frisch gebackener Brötchen an. Ich suchte mir eines aus und bestrich es mit frischer Fassbutter mit grobkörnigem Meersalz.

»Wie lief es denn bei dir so in der Arbeit?«, fragte ich Scott.

Damals gingen wir seit drei Jahren miteinander und lebten seit einem Jahr in San Francisco zusammen. Ich war nur für vier Monate nach New York gegangen, weil ich als TED-Resident ausgewählt worden war, um mit anderen zusammen innovative Ideen zu verfolgen und einen TED-Talk zu halten. Scott hatte mich mit diesem festlichen Abendessen überrascht, um das Ende der vier Monate zu feiern. Es war eine tolle Geste, die ich zu schätzen wusste, weil es zwischen uns damals nicht gerade gut lief.

Unsere Beziehung war ins Trudeln geraten, und das schon seit Januar desselben Jahres. Das lag vor allem an einigen massiven Veränderungen in meinem Leben. Ich war fast ein Jahrzehnt in der Unternehmenswelt tätig gewesen und wollte damit aufhören, um meiner Leidenschaft nachzugehen. Statt eines irrwitzigen Gehalts von einem der großen Tech-Unternehmen bezog ich nun gar kein Salär mehr. Statt mit Tausenden von Menschen in einem Büro zu arbeiten, saß ich nun in einer fremden Stadt allein vor dem Bildschirm.

Scott und ich hatten einige lange und schwierige Gespräche. Ich erklärte ihm, welche meiner Werte aktuell keine Erfüllung fanden (Gemeinsamkeit, Freunde, Reisen), und bat ihn, mehr in diese Bereiche zu investieren. Wir gingen sogar zu einem schrecklichen Paartherapeuten, der dauernd seine eigenen Facebook-Posts zitierte und meinte, dass wir (die neurotischen Juden) doch mit einer Extremsportart anfangen sollten, um wieder zueinanderzufinden. Ironischerweise brachte uns die einhellige Ablehnung dieses Typen einander wieder näher.

Bei einem dieser schwierigen Gespräche erzählte Scott, dass ich seiner Ansicht nach nie zuhörte, wenn er über seinen Beruf sprach. »Weil du glaubst, dass meine Arbeit langweilig ist«, sagte er. »Das stimmt aber nicht. Wir versuchen, das Leben von Frauen zu retten, indem wir das Brustkrebs-Screening verbessern.«

Er hatte recht. Ich hatte nie verstanden, was er machte. Obwohl ich selbst in einem großen Technologie-Unternehmen tätig war, bin ich kein Techniker. Ich kann kaum meine DSLR-Kamera bedienen. Wenn mich jemand fragte, was Scott bei der KI-Abteilung von Google eigentlich machte, antwortete ich mit einem Wortsalat aus »Maschinenlernen«, »Computervision« und »bildgebende Verfahren in der Medizin«. So lange, bis mein Gegenüber mitfühlend nickte und das Thema wechselte.

Nun waren die vier Monate Fernbeziehung endlich vorbei. Scott war vom anderen Ende der USA gekommen, um meinen TED-Talk über Liebesbeziehungen zu sehen. Es war natürlich hochironisch, dass ich versuchte, anderen Menschen zu einer dauerhaften Partnerschaft zu verhelfen, während meine eigene gerade auseinanderzubrechen drohte.

Scott hatte mich in das tolle Restaurant eingeladen, um zu feiern. In diesem Augenblick beschloss ich, zu lernen, worum es in seinem Beruf eigentlich ging.

Er brachte mir die Grundlagen bei – was er machte und wieso das die Radiologie revolutionieren konnte. Ich saß da und hörte zu, wie er seine Rolle im Mammografie-Team beschrieb. Ich war ja so stolz auf ihn. Und ich fragte mich, warum ich nie mit ihm über seine Arbeit hatte reden wollen.

Vor diesem Abendessen hatte ich viele Stunden allein und mit Freunden zugebracht und mich gefragt, ob wir uns nicht besser trennen sollten. Ich hatte all die Übungen gemacht, die ich dir gerade vorgestellt habe. Und ich litt unter den gleichen Ängsten.

An jenem Abend aber wurde mir mein Verhalten klar: Ich hatte von Scott verlangt, sich für unsere Beziehung zu ändern, ohne selbst zu dieser Arbeit bereit gewesen zu sein.

Die Arbeit besteht darin, mehr Aufmerksamkeit zu schenken, Fragen zu stellen, zuzuhören. Vor diesem Abend hatte ich mich eines alten Vergehens schuldig gemacht, das pointiert in einem bekannten Sprichwort Ausdruck findet: »Die Kinder des Schusters haben die schlechtesten Schuhe.« In dem

Bemühen, anderen Paaren in Beziehungsfragen zu helfen, hatte ich meine eigene Beziehung vernachlässigt.

Bei diesem Abendessen unternahm ich den leidenschaftlichen Versuch, über seinen Beruf den Draht zu Scott wiederherzustellen. Ich öffnete Türen, und er ging hindurch. Was folgte, war eines der besten Gespräche in unserer Beziehung.

Heute sehe ich diesen Abend als Wendepunkt in unserer Partnerschaft. Als den Moment, in dem ich begriff, dass ich ihn für selbstverständlich genommen und ihm meine Arbeit, E-Mails und Klienten vorgezogen hatte.

Das hieß nun nicht, dass sofort alles glattging, aber es lief doch deutlich besser. Ich gab mir noch mehr Mühe und widmete Scott noch mehr Aufmerksamkeit. Scott wiederum versprach, mehr von meinen Freunden kennenzulernen, mehr in unser gemeinsames soziales Netz zu investieren und sich auch auf die eine oder andere Reise einzulassen. Wir beide gaben unserer Beziehung eine höhere Priorität. Wir bemühten uns um sie. Wir reparierten sie, statt sie aufzugeben.

Du gehörst zu den Kletten, hast der Beziehung jedoch eine Chance gegeben, und es hat trotz allem nicht funktioniert: Trenn dich. Das wird für euch beide schwierig, aber es ist Zeit, zu neuen Ufern aufzubrechen.

Warum solltest du noch mehr Wochen, Monate oder gar Jahre deines Lebens in eine Beziehung investieren, die dir nichts gibt? Ich glaube, dass auch auf dich eine erfüllende Beziehung wartet, aber du musst dich nun mal zuerst aus der jetzigen lösen, bevor du eine andere in deinem Leben willkommen heißen kannst.

Und das war es, was Sydney letztendlich tat. Ein paar Monate nach ihrem nächtlichen Anruf fragte ich sie, ob wir uns in San Francisco mal sehen könnten.

Wir gingen zu einem veganen Mexikaner. Ich war früh zur Stelle, weil ich mich freute, sie endlich persönlich kennenzulernen. Eine Blondine in einem gelben Regenmantel kam auf mich zu. Ich streckte ihr die Hand entgegen, aber Sydney umarmte mich einfach. »Danke«, flüsterte sie.

Als wir später unsere Tortillachips in die Salsa tauchten, erzählte sie mir von ihrem Liebesleben. »Am Tag nach unserem Gespräch ging mir dauernd durch den Kopf, dass ich Matteo mit einem schäbigen alten T-Shirt verglichen hatte. Da wurde mir klar, dass ich Schluss machen musste.« Was einige Wochen später auch geschah. »Diese Beziehung abzuschütteln fühlte sich an, als würde ich einen schweren Umhang – oder ein altes T-Shirt – ablegen, der mich niedergedrückt hatte.«

Ich nickte. Ich war stolz, zu hören, dass sie diese Entscheidung getroffen und durchgezogen hatte.

Ein paar Monate danach lernte Sydney in New York einen anderen Mann kennen, der ganz das Gegenteil von Matteo war – ehrgeizig, weltgewandt und eine ständige Herausforderung. Bald darauf zog er nach San Francisco, um mit Sydney zusammen zu sein. Sie schickte mir ein Update per E-Mail: »Ich bin in einer gesunden und wunderschönen Beziehung mit jemandem, den ich vergöttere. Und Sie haben mir geholfen, dass ich den Mut aufbrachte, dafür Raum zu schaffen.«

Die Frage, ob du bleiben oder gehen sollst, ist immer schwierig, zu entscheiden. Aber wenn du dir sicher bist, dass es dir nach einer Trennung besser gehen wird, musst du überlegen, wie du sie umsetzen kannst, ohne die Gefühle deines Partners grob zu verletzen. Im nächsten Kapitel findest du Tipps, wie du eine Beziehung auf mitfühlende Weise beenden kannst.

DIE QUINTESSENZ

1. Wenn jemand überlegt, ob er eine Beziehung beenden oder fortführen soll, fällt er vermutlich in eine von zwei Kategorien: **Abservierer oder Klette.**

2. **Abservierer verabschieden sich zu früh aus Beziehungen und geben ihr keine Chance zur Entwicklung.** Sie verwechseln Verliebtheit mit Liebe. Sie erwarten, dass die Beziehung stets so spannungsgeladen bleibt wie zu Beginn. Und sie unterschätzen die mit dem Abservieren verbundenen **Opportunitätskosten:** Sie lernen nie, wie man eine Beziehung am Leben erhält.

3. **Kletten hingegen verharren zu lange in dysfunktionalen Beziehungen. Sie unterliegen dem Fehlschluss des Versunkene-Kosten-Effekts:** Sie bleiben, weil sie bereits eine Menge investiert haben. Und sie sitzen der **Verlustaversion** auf: Wir empfinden Verluste immer als gravierender als Gewinne. Kletten unterschätzen auch die mit ihrem Verhalten verbundenen *Opportunitätskosten*: Sie nehmen sich die Möglichkeit zu einer befriedigenderen Partnerschaft.

4. Wenn du herausfinden willst, ob du gehen oder bleiben sollst, **überleg dir, wie du in Beziehungen früher reagiert hast bzw. ob du der Partnerschaft eine Chance gegeben hast.** Hol dir nötigenfalls Rat bei einer vertrauenswürdigen Person. Und mach den **Garderobentest:** Wenn dein Partner ein Kleidungsstück wäre, das in deinem Schrank hängt: Welches Kleidungsstück wäre das?

15

DER TRENNUNGSPLAN

Wie du dich am fairsten trennst

Als ich mich entschloss, Menschen zu helfen, die Liebe zu finden und dauerhafte Beziehungen aufzubauen, hätte ich mir nie träumen lassen, dass dazu auch eine »Trennungsberatung« gehören könnte. Ich weiß, es hört sich komisch an, dass man mit einem Klienten daran arbeitet, einen Trennungsplan zu erstellen, aber tatsächlich ist dies einer der wichtigsten Bereiche meiner Arbeit. Um die Partnerschaft ihrer Träume zu finden, brauchen viele Menschen zuerst eine Exit-Strategie aus einer mittelmäßigen oder schlechten Beziehung. Und auch dabei unterstütze ich sie.

Denn häufig fällt es meinen Klienten schwer, eine faire Trennung zu vollziehen. Sie haben Angst vor dem schwierigen Gespräch, vor dem Alleinsein und sie wollen ihren Partner nicht verletzen. Sie möchten sich zwar trennen, aber sie zögern diesen Schritt manchmal monate- oder sogar jahrelang hinaus.

Vor diesem Hintergrund hat sich daher die Forschung intensiv mit der Frage befasst, welche Techniken den Menschen am effektivsten helfen, ihre Ziele auch umzusetzen. Deswegen werden wir uns hier zunächst mit dem Thema Zielsetzungen beschäftigen, auch wenn das auf den ersten Blick ein wenig seltsam wirkt.

Wenn Leute ihre Ziele nicht erreichen, liegt das gewöhnlich daran, dass sie keinen entsprechenden Plan haben. Die Wirtschaftswissenschaftlerin Annamaria Lusardi und ihr Team haben untersucht, wie ein Unternehmen seine Mitarbeiter dazu motivieren kann, einen vom Arbeitgeber geförderten Sparplan einzurichten.[165] Sie entwickelten eine Planungshilfe für neue Mitarbeiter. Darin hieß es, die neuen Angestellten sollten sich Zeit nehmen, um sich für den Sparplan anzumelden. Dann beschrieb man den Anmeldeprozess mit genauen Angaben, wie viel Zeit man in etwa für jeden Schritt brauchen würde. Schließlich bot man noch Unterstützung an, falls jemand mit dem Anmeldeprozess Probleme haben sollte. Allein mit dieser Planungshilfe gelang es, den Prozentsatz derjenigen, die den Sparvertrag abschlossen, um zwölf Prozentpunkte auf 21 Prozent zu steigern.

Also: Betrachte das Folgende als Planungshilfe für deine Trennung. Ich werde dir jeden einzelnen Schritt sowie seinen Sinn und Zweck anhand wissenschaftlicher Daten genau erklären. Achtung: Dieser Plan ist gedacht für Paare, die in einer Beziehung leben, aber nicht verheiratet sind und keine Kinder haben. Denn in diesem Fall sind bei einer Trennung auch komplexe rechtliche Fragen wie die Aufteilung des Vermögens oder das Sorgerecht für die Kinder zu bedenken. Um solche Dinge geht es hier ausdrücklich nicht.

Hast du dagegen mit deinem Partner gerade mal ein paar Dates gehabt, ist dieser Plan viel zu kompliziert. Schick dem anderen eine nette Textnachricht, in der du dich für die gemeinsam verbrachte Zeit bedankst, aber auch klarmachst, dass du nicht interessiert bist. Oder du rufst die Person einfach an. Vielleicht liest du ja erst meine Ausführungen zum Ghosting (siehe Kapitel 12), dort findest du ein paar nützliche Tipps.

Schritt 1: Schreib auf, welche Gründe dich zur Trennung bewegen

Unsere Motivation bleibt nicht immer gleich. Wir erleben vielmehr etwas, was BJ Fogg, Verhaltensforscher an der Universität Stanford, als *Motivationswellen* bezeichnet, die einen Gipfel- und einen Tiefpunkt haben.[166] Wenn unsere Motivation an ihrem Höhepunkt ist, bekommen wir selbst

Dinge mühelos fertig, die uns sonst Schwierigkeiten bereitet hätten. Der Knackpunkt ist, dass wir erst in diesem Moment aktiv werden. Wenn deine Stadt gerade ängstlich auf den nächsten sich zusammenbrauenden Hurrikan wartet, kann dir das die Motivation verleihen, um endlich sturmsichere Fensterläden montieren zu lassen.

Wenn du bereit bist, mit jemandem Schluss zu machen, dann ist deine Motivation vermutlich auf ihrem Höhepunkt. Sie wird dich durch die ersten harten Tage tragen, aber du musst damit rechnen, dass sie sich wieder abschwächt und du dich fragst, ob du nicht gerade den Fehler deines Lebens gemacht hast. Daher möchte ich, dass du am Höhepunkt deiner Motivation alles aufschreibst, was dich zur Trennung bewegt. Damit kannst du dich gegen spätere Motivationstiefs wappnen.

Schreib dir selbst einen Brief, in dem du alle Gründe aufzählst, warum du deinem Partner den Laufpass geben willst. In ein paar Wochen, wenn du Lust auf Sex hast oder dich einsam fühlst (oder vielleicht beides), wenn du jemanden brauchst, der dein Haustier füttert, während du in Urlaub bist, dann kannst du deine Erinnerung auffrischen, warum du diese schwierige Entscheidung getroffen hast.

Als Beispiel möchte ich dir nun einen Brief zeigen, den eine meiner Klientinnen sich geschrieben hat:

> Wenn ich nachts im Bett neben ihm liege, habe ich das Gefühl, mir selbst etwas vorzumachen. Er ist nicht nett zu mir. Für mich ist er immer die absolute Nr. 1, ich bin für ihn aber nur eine Freizeitmöglichkeit unter vielen. Er lässt mich immer im Stich, und meine Freunde sind ihm gleichgültig. Ich finde ihn attraktiv. Wir haben viel Spaß zusammen, aber das reicht mir nicht. Ich kann ja so tun, als würde es mich nicht berühren, dass ich immer an fünfter Stelle stehe – nach seinem Job, dem Fitnessstudio, dem Schwimmtraining und dem Radfahren. Ich wünsche mir eine Beziehung, in die beide Partner investieren. Ich werde ihn vermissen. Ich werde den tollen Sex vermissen. Aber ich mache das, weil ich glaube, etwas Besseres verdient zu haben als das, was er mir im Augenblick gibt.

Jetzt bist du an der Reihe.

Übung: Schreib deine Gründe für die Trennung auf

Schreib dir selbst einen Brief und erkläre, warum du diese Entscheidung getroffen hast.

Schritt 2: Mach einen Plan

Die Forschungsarbeiten von Gail Matthews, Professorin für Psychologie, zeigen, dass Studienteilnehmer, die ihre Ziele schriftlich festhielten, einen Aktionsplan entwarfen und einem Freund wöchentlich einen Bericht über ihre Fortschritte schickten, ihre Ziele mit einer um 33 Prozent höheren Wahrscheinlichkeit erreichten als andere, die das nicht taten.[167]

Du hast die Gründe, aus denen du dich für eine Trennung entschieden hast, schon schriftlich niedergelegt, obwohl sie schmerzlich und erschreckend wirken können. Nun wird es Zeit, das Heftpflaster abzuziehen. Wenn du deine Entscheidung getroffen hast, schieb das Ganze nicht noch weiter hinaus.

Wir haben uns in diesem Buch ja schon mehrmals mit dem Thema beschäftigt,[168] wie wirksam es ist, sich Termine zu setzen, vor allem, wenn sie kurzfristig sind.[169] Das ist bei Trennungen nicht anders. Setz dir einen Termin, um deinen Entschluss durchzuziehen. Ich empfehle für gewöhnlich, den Termin so zu setzen, dass er in die zwei Wochen nach deiner Entscheidung fällt. Damit bleibt dir genug Zeit zur Vorbereitung, und du wirst dabei vom Schwung deiner Motivation getragen. Gleichzeitig ist nicht so viel Zeit, um deine Entscheidung wieder umzuwerfen.

Übung: Setz dir einen Termin

Ich verpflichte mich, dieses Gespräch bis zum ____________________ zu führen.

Sobald du den Termin festgesetzt hast, machst du einen konkreten Plan, wann und wo du dieses Gespräch führen willst. Forschungsarbeiten von David W. Nickerson von der Universität Notre Dame und Todd Rogers von Ideas42, einer sozialwissenschaftlichen NGO, verdeutlichen, wie zielführend es ist, sich einen konkreten Plan zu machen.[170] Sie stellten Wählern, die als Single lebten, genaue Fragen, wie und wann sie zu wählen gedachten. Zum Beispiel: »Um welche Zeit wollen Sie am Dienstag ins Wahllokal gehen?« Oder: »Von wo werden Sie vermutlich kommen, wenn Sie dienstags zum Wählen gehen?« Und: »Was glauben Sie, werden Sie tun, bevor Sie dienstags ins Wahllokal gehen?«

Nach der Wahl stellte man fest, dass Menschen in Singlehaushalten, die diese Fragen beantwortet hatten, mit einer um neun Prozent höheren Wahrscheinlichkeit tatsächlich wählen gingen als andere, die das nicht getan hatten. Dieser Anreiz zur Reflexion hatte einen deutlichen Unterschied bewirkt!

Ein konkreter Plan hilft dir nicht nur, deine Trennungspläne tatsächlich umzusetzen. Er stellt auch sicher, dass du mit deinem Partner in dieser schwierigen Situation mitfühlend umgehst.

Wähle einen ruhigen Ort, entweder bei dir zu Hause oder bei deinem Partner. Mach nicht öffentlich Schluss. Das ist letztlich nur ein feiger Trick, um zu verhindern, dass der Partner eine Szene macht. Und soll ich dir was verraten? Das wird er/sie vielleicht auch tun. Es ist dein gutes Recht, dich zu trennen. Aber es ist auch *das gute Recht deines Partners*, darauf eine starke emotionale Reaktion zu zeigen.

Überleg dir das Timing gründlich. Schließlich bist du drauf und dran, im Leben des anderen eine Bombe platzen zu lassen. Du weißt, was auf dich zukommt, der andere nicht. Sei fair, und verkünde deine Entscheidung nicht gerade dann, wenn dein Partner am nächsten Tag eine schwierige Prüfung hat oder kurz vor einem wichtigen Vorstellungsgespräch steht. Einer meiner Klienten machte mit seiner Freundin am Samstagabend um 18 Uhr Schluss, obwohl deren Nichte um 19 Uhr ihr erstes Konzert gab. Das ist unfair. Die Trennung wird dem anderen den Abend, das Wochenende und die Zeit danach verderben. Also überleg dir gut, welchen Zeitpunkt du wählst.

Eine andere Klientin wusste, dass ihre Partnerin am folgenden Montag eine wichtige Präsentation hatte. Also verschob sie das Trennungsgespräch auf die Zeit danach. Genauer gesagt auf den Freitag der Folgewoche, als die Präsentation abgeschlossen war. Ihre Partnerin hatte dadurch ein ganzes Wochenende Zeit, sich mit der Trennung auseinanderzusetzen. (Im nächsten Kapitel findest du Tipps, wie du über eine Trennung hinwegkommst. Sie helfen dir, dich auf die Bedürfnisse deiner/deines künftigen Ex einzustellen.)

Verschieb das Gespräch nicht allzu lange. Auch wenn dein Partner einen stressigen Job und ständig wichtige Meetings hat: Du kannst die Trennung nicht ewig aufschieben. Aber sei zumindest nicht fies.

Übung: Wie du den Zeitpunkt für euer Trennungsgespräch konkret und mitfühlend wählst

Ich werde es am ______________ machen, weil _________________ .

(Zum Beispiel: Ich mache es am Freitag nach der Präsentation, die er nächste Woche hat. So kann er sich am Wochenende damit auseinandersetzen.)

Wenn du entschieden hast, wann und wo das Trennungsgespräch stattfinden soll, machst du dir am besten einen Plan, was du genau sagen willst. Wie schneidest du das Thema an? Ich würde dir empfehlen, deutlich zu machen, dass du lange darüber nachgedacht hast und du die Beziehung tatsächlich beenden möchtest. Sei mitfühlend, aber klar.

So kannst du beispielsweise sagen: »Du liegst mir wirklich am Herzen, und ich möchte dir nicht wehtun. Aber ich finde, wir sollten uns trennen. Wir wissen doch beide, dass unsere Partnerschaft schon seit einiger Zeit nicht mehr funktioniert. Wir haben versucht, das zu ändern, aber ich glaube nicht mehr, dass wir die nötigen Veränderungen gemeinsam hinbekommen. Ich möchte, dass wir beide die Liebe finden und glücklich sind. Und ich denke nicht, dass unsere Beziehung uns das geben kann.«

Oder: »Ich muss mit dir reden. Ich liebe dich und ich finde auch an unserer Beziehung vieles toll. Aber ich bin unglücklich, und ich weiß, dass es dir auch so geht. Es ist so unglaublich schwer, das auszusprechen, weil ich dich nicht verletzen möchte. Ich bin dankbar für die Zeit, die wir miteinander hatten. Doch ich habe gründlich darüber nachgedacht, und ich bin der Ansicht, dass wir uns trennen sollten.«

Natürlich wird dein Partner verletzt sein. Das ist unvermeidlich. Tu dein Bestes, damit er oder sie sich besser fühlt. Aber wenn man dir die Frage stellt: »Was stimmt denn nicht an mir?«, gib bitte keine Antwort! Das hat seine Gründe: Dein Gegenüber mag *für dich* der falsche Partner sein, trotzdem ist an dieser Person nichts verkehrt.

Aber selbst wenn dem so wäre, ist es nicht an dir, das auszusprechen. An diesem Punkt bist du einfach zu sehr vorbelastet. Du hast dich entschieden, dich von diesem Menschen zu trennen. Du kannst Gründe anführen, weshalb du nicht mit ihm zusammenbleiben möchtest – zum Beispiel, weil er deine Ängste verstärkt, weil ihr zu oft streitet oder du ihn immer wieder gebeten hast, an bestimmten Aspekten der Beziehung zu arbeiten, ohne Gehör zu finden. Aber du bist nicht die höchste Autorität, was seine »guten« oder »schlechten« Charakterzüge angeht.

Vergiss nicht: Es geht um eine *Trennung*, nicht um ein *Feedbackgespräch*. Wie ich schon im letzten Kapitel sagte: Es liegt in deiner Verantwortung, Probleme anzusprechen, und zwar bevor du dich für eine Trennung entscheidest.

Auf diese Weise kannst du deinen Ex-Partner in der Zeit nach der Trennung vor unnötigem Schmerz bewahren. Was immer du sagst: Dein Ex wird sich darauf konzentrieren, weil er der sogenannten *narrativen Täuschung* unterliegt.[171] Unser Gehirn versucht, eine Ursache-Wirkung-Geschichte zu erstellen, um aus unserer Erfahrung schlau zu werden, selbst wenn diese Geschichte falsch ist. Jede Trennung ist vermutlich eine Reaktion auf eine ganze Reihe von Situationen und Faktoren. Aber wenn du dich von jemandem trennst und dafür einen bestimmten Grund angibst, dann wird dein Ex-Partner sich nur noch damit beschäftigen. Also achte darauf, keinen so sinnlosen »Samen« in seinen/ihren Geist zu pflanzen.

Ich hatte einmal eine Klientin, deren Freund sich von ihr trennte, weil

»er ihren Geruch nicht mochte«. Ja, es gibt Pheromone, und, ja, Wissenschaftler konnten nachweisen, dass Menschen häufig solche Partner wählen, die ihnen genetisch ähnlich sind. Das ist entwicklungsgeschichtlich sinnvoll, weil der Nachwuchs dann ein gutes Immunsystem hat und somit mehr Überlebenschancen. Aber als die Frau hörte, dass es an »ihrem Geruch« lag, dachte sie nicht an ihre Nachkommen – die beiden gingen gerade mal sechs Monate miteinander. Nein, sie hatte das Gefühl, schlecht zu riechen! Sie wechselte das Deo, dann die Bodylotion. Sie ließ einen Abstrich machen und sogar ihre Darmflora testen! Ich versuchte ihr beizubringen, dass sie nicht schlecht roch. Aber sie hatte sich nun mal in den Kopf gesetzt, dass ihr Geruch an der Trennung schuld war. Für sie gab es nur noch diesen einen Grund.

Wenn bei dir eine Trennung ansteht, dann sag etwas darüber, wie sehr du den anderen respektierst, aber dass die Beziehung deiner Ansicht nach auf lange Sicht nicht funktionieren wird und du deshalb nicht die Zeit deines Partners verschwenden möchtest.

Es ist verlockend, noch zu bleiben, um den anderen zu unterstützen. Vielleicht hast du auch das Gefühl, auf jede Frage eine Antwort geben zu müssen. Doch Marathondiskussionen, warum wer was für falsch hielt, bringen niemandem etwas. Schließlich möchtest du nicht, dass du am Ende doch etwas Verletzendes sagst. Daher rate ich dir, für dieses erste Trennungsgespräch ein zeitliches Limit zu setzen: 60 oder 90 Minuten. Dann sollte Schluss sein. Du musst das dem anderen nicht sagen: »Wir werden uns jetzt eine Stunde unterhalten, dann ist Sense.« Stell bitte keine Stoppuhr! Aber du solltest auch nicht zulassen, dass sich das Gespräch ewig hinzieht. Wenn es nicht anders geht, versprichst du, am nächsten Tag noch einmal zu reden. Wenn ihr euch schon länger kennt oder eure Sachen auseinanderdividieren müsst, dann zieht das Trennungsgespräch sich vielleicht über mehrere Tage hin.

Damit du dich so fair, klar und mitfühlend wie möglich ausdrücken kannst, habe ich einen *Plan für schwierige Gespräche* entwickelt (siehe Kasten). Die kursiv gesetzten Antworten stammen von meinen Klienten. Daher habe ich noch ein Blankoformular in den Anhang aufgenommen. Du kannst es übrigens für alle möglichen schwierigen Gespräche nutzen.

Übung: Plan für schwierige Gespräche

1. Welches Ziel hast du bei diesem Gespräch? (Anders ausgedrückt: Wann ist das Gespräch erfolgreich verlaufen?)

Wir sagen beide, was wir empfinden. Sie fühlt sich gehört, und es ist klar, dass wir uns trennen.

2. Welche Kernbotschaft möchtest du mitteilen?

Ich habe viel darüber nachgedacht, und du bist mir als Mensch wirklich wichtig, aber ich glaube nicht, dass dies die richtige Beziehung für mich ist.

3. Welchen Tonfall sollten deine Aussagen haben? Was willst du auf keinen Fall?

Ruhig, mitfühlend, zugewandt. Ich möchte nicht gefühllos oder defensiv wirken.

4. Wie möchtest du das Gespräch eröffnen?

»Ich vermute, dass dich dieses Gespräch nicht vollkommen überrascht, denn wir haben ja in den letzten Monaten mehrmals darüber gesprochen, dass wir nicht glücklich sind. Ich habe viel über das Ganze nachgedacht. Und obwohl du mir am Herzen liegst, glaube ich, dass dies nicht die richtige Beziehung für mich ist. Ich finde, wir sollten uns trennen.«

5. Was muss gesagt werden?

- *Danke, dass du mich unterstützt hast, als ich einen neuen Job gesucht habe. Dass du immer so nett zu meiner Familie warst und mir so viel von der Welt gezeigt hast.*
- *Ich war lange unsicher, was dies angeht. Ich habe mein Innerstes gründlich erforscht, und ich glaube nicht, dass dies für mich die richtige Beziehung ist.*

- *Wir haben in letzter Zeit viel gestritten. Ich mag die Seiten nicht, die diese Beziehung an mir zum Vorschein bringt.*
- *Wir haben uns bemüht, diese Beziehung zu retten, aber ich glaube mittlerweile, dass es für uns beide das Beste ist, sie zu beenden.*

6. Machst du dir Sorgen, wie der andere reagieren wird? Wenn ja, welche?

Sie wird mich fragen, was sie falsch gemacht hat. Oder sie wird gemeine Sachen über mich sagen.

7. Was tust du, wenn dies passiert?

- *Wenn sie fragt, was sie falsch gemacht hat: »Hier geht es nicht darum, was du getan hast oder wer du bist. Sondern um das, was passiert, wenn wir zusammen sind. Ich habe nicht das Gefühl, dass diese Beziehung das Beste an mir zum Vorschein bringt. Du hast nichts falsch gemacht, und ich möchte nicht, dass du dir Vorwürfe machst.«*
- *Wenn sie gemeine Sachen über mich sagt: »Ich verstehe, dass du wütend bist und dass ich dich verletzt habe. Daher willst du jetzt mir wehtun. Du hast jedes Recht, wütend zu sein, aber ich will das Ganze nicht schlimmer machen, als es ist. Bitte hör auf, mich anzugreifen.«*

8. Wie möchtest du das Gespräch beenden?

Ich werde meine Argumente wiederholen, ihr für die Zeit danken, die wir zusammen verbracht haben, und ich biete ihr an, ihrem Bruder eine Textnachricht zu schicken, damit er herkommt und sich um sie kümmert. Kein Sex!

Du kannst auch einen Freund bitten, mit dir einzuüben, was du sagen möchtest. (Ich spiele Trennungen mit meinen Klienten immer durch, auch wenn sie es schwierig finden, mich »zurückzuweisen«.) So bringst du deine Botschaft vielleicht klarer rüber. Außerdem kannst du auf diese Weise sicherstellen, dass du so nett und einfühlsam wie möglich bist. Übung macht die Trennung zu keiner »klinisch sauberen« Sache, aber wenn du vorher »trainierst«, findest du eher die richtigen Worte, wenn es dann ernst wird.

Schritt 3: Bau dir eine soziale Rechenschaftspflicht ein

Du hast einen Termin gesetzt. Du weißt, was du wann und wo sagen willst. Wie kannst du sicherstellen, dass du die Trennung auch wirklich vollziehst? Die Wahrscheinlichkeit dafür ist höher, wenn du dir eine *soziale Rechenschaftspflicht* auferlegst.[172] Dabei geht es kurz gesagt darum, dass du andere bittest nachzufragen, ob du deinen Entschluss auch umgesetzt hast.

Der Bestsellerautorin Gretchen Rubin zufolge funktioniert diese Rechenschaftspflicht deswegen so gut, weil die meisten von uns *Teamplayer* sind.[173] Heißt: Wir erfüllen Erwartungen, die von außen an uns herangetragen werden, die eigenen aber nicht. Daher erreichen wir Ziele, die wir nur für uns setzen (mehr Sport), meist nicht. Wenn wir jemand anderem etwas versprechen (den Sohn der Nachbarin von der Schule abzuholen), halten wir das gewöhnlich auch ein. Wenn du also einen Freund oder eine Freundin um Unterstützung bittest, dann machst du ein rein »inneres« Ziel zu einem »äußeren«.

Such dir einen vertrauenswürdigen Freund (jemand, der deinen aktuellen Partner nicht mag, hilft dir vermutlich liebend gerne). Versprich, dass du ihn oder sie nach dem Trennungsgespräch kontaktierst. Wenn du in puncto Rechenschaftspflicht noch eins draufsetzen möchtest: Setze Anreize.

Verhaltensforscher wissen, dass positive wie negative Anreize sich auf das Verhalten der Menschen auswirken. Einer meiner Klienten schrieb einen Scheck über 10 000 Dollar für den Wahlkampf eines Präsidentschaftskandidaten aus, den er leidenschaftlich hasste. Eine Freundin würde den Scheck losschicken, wenn er nicht zum festgelegten Termin mit seiner Freundin Schluss machen würde.

Er führte das Trennungsgespräch noch am selben Tag.

Übung: Richte ein System zur Rechenschaftspflicht ein

Mein Rechenschaftspartner ist: ______________________________

Ich verspreche, ____

wenn ich den von mir gesetzten Termin nicht einhalte.

(Zum Beispiel: Mein Rechenschaftspartner ist Tom. Ich verspreche, die Suchhistorie meiner letzten drei Pornos öffentlich zu machen, wenn ich diesen Termin nicht einhalte.)

Schritt 4: Ein Trennungsgespräch, kein Sex!

Wir sind also beim härtesten Schritt angelangt: der eigentlichen Trennung. Denk an all die Dinge, die du vorher geplant und geübt hast. Vergiss nicht, das Gespräch am ersten Tag zeitlich einzugrenzen. Setz es, wenn nötig, an anderen Tagen fort.

Während des Gesprächs achtest du darauf, dass es nicht zum *Cortisolschub* kommt. In diesem Zustand steigt der Cortisolspiegel im Blut an.[174] Dieses Stresshormon versetzt den Körper in den Kampf-Flucht-Modus. Für unsere Vorfahren war das wichtig, wenn sie einem Säbelzahntiger gegenüberstanden. Bei einem wichtigen Gespräch aber ist der Cortisolschub nicht erwünscht, weil wir dann nicht zuhören können und keine neuen Informationen aufnehmen. Spürt einer von euch beiden diesen Schub (Unruhe, Aggression, unklare Gedanken), solltet ihr eine Pause von etwa 20 Minuten einlegen, um euch zu beruhigen.

Setzt das Gespräch anschließend fort und behalte dein Ziel klar vor Augen. Sei freundlich, aber entschieden. Dein Ziel ist: Am Ende des Gespräches habt ihr euch definitiv getrennt.

Und bitte, bitte, bitte vermeide eines: kein Sex nach dem Gespräch! Vielleicht findest du diesen Hinweis ja überflüssig. Aber glaub mir, ich habe mittlerweile von so vielen Trennungen gehört, dass ich weiß, wovon ich rede. Trennungssex ist cool, aber das Ganze wirklich nicht wert. Dabei entstehen nur zwiespältige Gefühle. Vor allem, wenn ihr lange keinen Sex mehr hattet und die intensiven Emotionen einer Trennung euch direkt ins Bett treiben. Wenn du mit deinem Partner schläfst, wird es dir nur noch schwerer fallen, bei deinem Entschluss zu bleiben. Vielleicht nimmst du dann plötzlich alles Gesagte zurück. Das verkompliziert nur alles.

Damit du nicht in diesen Fehler verfällst, *schließt du vor dem Gespräch den Odysseus-Pakt.* In Homers *Odyssee* weiß Odysseus, dass er mit seiner Mannschaft an den Sirenen vorbeisegeln muss.[175] Deren Gesang ist so bezaubernd, dass er Seeleute dazu verleitet, das Schiff ans Ufer der Sireneninsel zu lenken. Odysseus verlässt sich hier nicht auf seine Willenskraft, sondern schmiedet einen Plan. Seine Männer binden ihn am Mast des Schiffes fest, damit er den Kurs nicht ändern kann. Seiner Mannschaft befiehlt er, sich die Ohren mit geschmolzenem Wachs zu verschließen, damit sie den Gesang erst gar nicht hören. Er selbst schützt sich so vor der Verlockung, denn außer Hörweite ist der Zauber schnell gebrochen.

Verhaltensforscher entwerfen Odysseus-Pakte, die den Leuten helfen, Verlockungen zu widerstehen. Die Wirtschaftswissenschaftlerin Nava Ashraf und ihr Team untersuchten dies bei Kunden einer Bank auf den Philippinen.[176] Die Teilnehmer entschieden sich *freiwillig* für ein Programm, das es ihnen unmöglich machte, vor einem bestimmten Datum oder vor Erreichen eines Sparziels Geld von ihrem Sparkonto abzuheben. Ihre Sparziele legten sie selbst fest. Die Vergleichsgruppe hingegen konnte jederzeit Geld abheben. Nach zwölf Monaten hatten die Kunden, die der Sperrklausel zugestimmt hatten, 81 Prozent mehr Geld auf dem Konto als die anderen Teilnehmer.

Nach der Trennung bist du für Verführung anfällig. Die Sirenen locken dich ins Bett deines/deiner Ex. Also schließ einen Odysseus-Pakt mit dir selbst für die Zeit unmittelbar nach dem Trennungsgespräch. Und sprich darüber mit einem Freund.

Einer meiner Klienten machte sich Sorgen, dass er doch mit seiner künftigen Ex ins Bett steigen könnte. Dem beugte er vor, indem er versprach, gleich nach dem Trennungsgespräch einen Freund vom Flughafen abzuholen. Diesen Termin durfte er keinesfalls verpassen, und das schaffte er auch.

Schritt 5: Mach dir einen Plan für die Zeit gleich nach der Trennung

Selbst wenn du nicht mit dem/der Ex schläfst, wirst du nach der Trennung ein Auf und Ab der Gefühle erleben. Vielleicht bist du erleichtert, aber auch traurig. Also überleg dir, was du tun kannst, damit du in dieser Verfassung keine Entscheidungen triffst, die du später bereuen könntest.

Mach einen Plan, was du nach der Trennung tun willst. Wo gehst du hin? Nimm dir nichts Großes vor. Vielleicht kannst du eine Freundin besuchen, dort beim Lieferdienst deine Leibspeise bestellen, damit ihr *Die Sopranos* ab Folge 1 angucken könnt. Idealerweise ist dies jemand, der dich ablenkt oder dir hilft, mit deinen Gefühlen ins Reine zu kommen. An den ersten Abenden nach der Trennung solltest du nicht allein sein. Wenn du dich einsam und verunsichert fühlst, steigt die Gefahr, dass du Zuflucht bei deinem/deiner Ex suchst.

Noch etwas: Wenn du mit deinem Partner zusammengelebt hast, ist ein Plan für die Zeit gleich nach der Trennung noch wichtiger. Frag Freunde, ob du in den nächsten Tagen bei ihnen übernachten kannst.

Übung: Erstelle einen Plan für die ersten Tage

Unmittelbar nach dem Trennungsgespräch gehe ich: …

Während der ersten Tage danach werde ich Folgendes unternehmen:

___

(Zum Beispiel: Gleich nach dem Trennungsgespräch werde ich meine Schwester besuchen. In den ersten Tagen danach werde ich Folgendes machen: Ich schaue mir die britische Version von *Das Büro* an, gehe in den Yogakurs und mixe mir lauter tolle Smoothies.)

Schritt 6: Schließe mit deinem Ex-Partner einen Vertrag

Nach dem ersten Trennungsgespräch signalisiert dein früherer Partner vielleicht, dass er weiteren Gesprächsbedarf hat. Darauf kannst du ruhig eingehen, aber behalte dabei Schritt 1 bis 3 im Hinterkopf.

Einen Aktionsplan für dich selbst zu haben, ist eine Sache. Aber du solltest auch mit deinem Ex-Partner einen Plan aufstellen. Forschungsarbeiten belegen, dass die Menschen engagierter sind, wenn sie sich aktiv für etwas entscheiden.[177]

Die Sozialwissenschaftler Delia Cioffi und Randy Garner bewiesen diesen Effekt mit einem Experiment. Sie baten Studenten, bei einem AIDS-Aufklärungsprogramm in den umliegenden Schulen mitzuhelfen. Der einen Hälfte der Studenten sagte man, wer mitmachen wolle, müsse vorher ein Formular ausfüllen. Der anderen Hälfte sagte man hingegen, wer mitmachen wolle, müsse kein Formular ausfüllen. Ausfüllen, so wurde ausdrücklich gesagt, müssten sie das Formular nur, wenn sie *kein* Interesse am Mitmachen hätten. Von beiden Gruppen meldete sich ungefähr der gleiche Prozentsatz als Helfer an. Doch als die Helfer dann tatsächlich erscheinen sollten, zeigte sich ein bedeutsamer Unterschied. Von jenen, die das Formular nicht hatten ausfüllen müssen, kamen nur 17 Prozent. Die

»Ausfüller« dagegen hielten zu 49 Prozent ihr Versprechen ein: also fast drei Mal so viele wie aus der Vergleichsgruppe.

Wenn du dich aktiv bereit erklärst, etwas zu tun, hast du das Gefühl, dass dies deine persönliche Entscheidung ist. Du siehst sie als direktes Ergebnis deiner Vorlieben und Ideale. Wenn du hingegen nur passiv zustimmst, ist dies nicht der Fall. Wenn du also mit dem ehemaligen Partner einen Vertrag schließt, werdet ihr mit diesem ansonsten recht schmerzhaften Prozess besser fertig. Daher habe ich für euch einen Trennungsvertrag aufgesetzt.

»Wie bitte! Was hat sie da gerade gesagt: ein Trennungsvertrag?«

Ja, genau. Ich weiß, das hört sich erst mal komisch an, aber ich habe mich vor einiger Zeit intensiv mit den Forschungsarbeiten von Cioffi und Garner beschäftigt. Ich habe diesen Vertrag für zwei Freunde aufgesetzt, die eine schwierige Trennung durchlebten. Seit dieser Zeit haben mehrere Tausend Paare aus aller Welt die Onlineversion dieses Vertrags abgerufen, und ich habe Dutzende E-Mails erhalten, wie hilfreich dieser Vertrag zur Verarbeitung der Trennung war. (Wie ich zu Beginn dieses Kapitels bereits erwähnt habe: Trennungen sind viel komplizierter, wenn man verheiratet ist und/oder gemeinsame Kinder hat. Der Trennungsvertrag ist nicht für solche Fälle bestimmt.)

Hol zum Aufsetzen eines Trennungsvertrages am besten deinen Ex-Partner gleich mit ins Boot: »Ich weiß, das hört sich jetzt komisch an, aber ich glaube, es könnte uns helfen, wenn wir festlegen, was wir uns von unserem weiteren Leben wünschen. Würdest du das mit mir gemeinsam machen?«

Ihr müsst ja nicht in jedem Punkt übereinstimmen. Das wäre wohl wirklich zu viel verlangt. Aber dieser Vertrag ist eine gute Möglichkeit, dieses schwierige Gespräch weiterzuführen, indem ihr euch überlegt, was euch helfen könnte, das Ganze zu verarbeiten.

Schritt 7: Ändere deine Gewohnheiten

Deine Trennung reißt vermutlich ein paar Löcher in dein Leben. Aber diese können wir gemeinsam füllen. Ist dein Hintergrundbild auf dem Smartphone ein Foto von euch beiden, wie ihr mit seinem Hund im Park spazieren geht? Ersetze es durch ein Bild von dir mit deinen Freunden – am besten diesen coolen Schnappschuss von der letzten Silvesterparty, auf dem du so umwerfend aussiehst!

Hast du am liebsten mit deiner Ex *Netflix* geguckt? Dann lade doch eine Freundin dazu ein. Oder ruf sie zumindest an, während du fernsiehst. Bist du mit ihm ständig laufen gegangen oder hast dir abends Dim Sum reingezogen? Vielleicht hat ja deine Mutter Lust zu laufen … und ihr endet am Ende im *Drunken Dragon* und esst Shaomai.

Einer der schwierigsten Aspekte jeder Trennung ist, dass du deinem Partner nicht mehr texten kannst, wenn im Büro etwas Aufregendes passiert oder du mal so richtig über die Familie schimpfen willst. Charles Duhigg, der ein Buch über *Die Macht der Gewohnheit* geschrieben hat, meint, solche Gewohnheiten ließen sich am besten ändern, indem man andere an ihre Stelle setzt.[178]

Um meinen Klienten zu helfen, solche Gewohnheiten zu durchbrechen, bitte ich sie, eine Liste jener Situationen aufzustellen, die für sie schwierig sein könnten. Daneben führst du dann auf, wem du statt deines/deiner Ex eine Textnachricht schicken könntest.

Hier ein Blankoformular für »SMS-Unterstützung«. Ich habe ein paar Situationen aufgeführt, aber natürlich wirst du eigene Vorschläge haben.

Meine SMS-Unterstützer-Liste	
Situation	**Wem schreibe ich?**
Gute Nachrichten aus der Arbeit	
Schlechte Nachrichten aus der Arbeit	
Etwas unternehmen am Wochenende	
Über Politik reden	
»Unser« TV-Programm sehen (das ich immer mit dem Ex geguckt habe)	

Schritt 8: Spiel nicht den »netten Schlussmacher«

Die Zeit nach einer Trennung ist nie leicht, auch wenn sie von dir ausging. Vermutlich leidest auch du unter Zweifeln, Ängsten oder Unsicherheiten. Nur weil du die Trennung veranlasst hast, heißt das ja nicht, dass sie dir nicht wehtut. Im nächsten Kapitel wirst du mehr darüber erfahren, wie du Herzschmerz am besten begegnest. Hier ein paar Tipps, die speziell für Menschen gedacht sind, die eine Trennung wollten.

Vermutlich wirst du noch eine Zeit lang mit dem Auf und Ab deiner Gefühle konfrontiert sein: enorme Erleichterung, extremes Bedauern.

»Warum habe ich das nur getan?« Oder: »Muss ich jetzt allein sterben?« Wenn das der Fall ist, wende dich an dein Netzwerk zur sozialen Rechenschaftspflicht. Lies dir den Brief durch, in dem du festgehalten hast, warum dir eine Trennung unvermeidlich schien. Oder bitte die Freundin, mit der du das Trennungsgespräch durchgespielt hast, dich an deine Gründe zu erinnern.

Vielleicht fühlst du dich auch schuldig, weil du jemanden verletzt hast, der dir etwas bedeutet. Selbst wenn das so ist, achte darauf, dass du nicht ständig guckst, was dein Ex gerade treibt. Vor allem nicht in den ersten Wochen.

Als ich das Interview mit dem Philosophen Alain de Botton machte, erteilte er exakt denselben Rat: »Es gibt da ein schreckliches Phänomen, das ich mal ›den netten Schlussmacher‹ nennen möchte. Wir hören ja viel von Leuten, die sich bei der Trennung als wahre Ekel entpuppen. Über die zwanghaft netten Leute hört man viel zu wenig, jene, die auch danach noch für ihren Partner da sind, die ihn am Geburtstag anrufen und so weiter.«[179]

Lass dich nicht auf dergleichen ein, denn in Wirklichkeit ist es gar nicht nett. Meist versucht man auf diese Weise nur, vor sich selbst besser dazustehen, und nicht, dem anderen zu helfen. »Habe den Mut, für den von dir angerichteten Schaden auch Verantwortung zu übernehmen, ohne sofort zu versuchen, alles wiedergutzumachen«, meinte de Botton. »Vermutlich betrachtet der andere dich eine Weile als den Teufel persönlich. Damit musst du leben. Ich sehe immer wieder Menschen, die unbedingt nett sein wollen, auch wenn sie etwas tun, was dem anderen wirklich schwer zusetzt.«

Also sei nicht nett, nur damit du dich selbst besser fühlst. Lass deinem Ex-Partner lieber genug Raum, um die Trennung zu verarbeiten.

DIE QUINTESSENZ

1. **Wenn du beschlossen hast, dich von jemandem zu trennen, solltest du einen Plan machen.** Überleg dir, was du sagen willst und wann und wo du dieses Gespräch führst. Sei freundlich, aber entschieden.
2. **Schaff dir ein Netzwerk zur sozialen Rechenschaftspflicht.** Setz vielleicht sogar Anreize, um dich zur Umsetzung deines Plans zu motivieren.
3. **Verfasse mit deinem Ex-Partner einen Trennungsplan,** in dem auch seine Bedürfnisse berücksichtigt sind. Keinen Sex nach der Trennung!
4. **Mach auch einen Trennungsplan für dich selbst.** Halte darin fest, wen du anschreibst, wenn du die Versuchung verspürst, dem oder der Ex zu texten.
5. Gib dem anderen nach der Trennung Raum. **Verfall nicht in den Modus des »netten Schlussmachers«.** Das gibt dir vielleicht ein besseres Gefühl, aber für den anderen wird die Trennung dadurch noch härter.

16

EINE TRENNUNG IST KEIN VERLUST, SONDERN EIN GEWINN

Wie du mit dem Herzschmerz fertig wirst

Stell dir vor, du bist Onkologe, also Krebsarzt. Du hast einen Patienten, der Lungenkrebs hat, und musst nun entscheiden, wie du ihn behandelst. Operation oder Bestrahlung? Mit der Operation hat der Patient eine höhere Chance, langfristig zu überleben. Kurzfristig allerdings ist diese Option riskant, der Patient könnte auf dem OP-Tisch sterben.

Du forschst nach und siehst, wie viele Patienten kurzfristig überleben: 90 Prozent bei der Operation, 100 Prozent bei der Bestrahlung. Wofür würdest du dich entscheiden? Was, wenn du stattdessen die kurzfristige Sterblichkeit studiert hättest: zehn Prozent bei der Operation, null Prozent bei der Bestrahlung?

In einer mittlerweile berühmt gewordenen Studie stellte die Harvard-Forscherin Barbara McNeil Ärzten genau diese Frage. Einer Gruppe legte sie die Zahlen zu Überlebenschancen vor, der anderen die Sterblichkeitsrate.[180]

Erschreckenderweise führte ein und dieselbe Information zu massiv unterschiedlichen Beschlüssen, nur weil sie auf jeweils unterschiedliche Art formuliert worden war. Als McNeil die Operation mit den Zahlen zur Überlebenschance präsentierte, entschieden sich 84 Prozent der Ärzte dafür. Als sie die Mortalitätsraten anführte, wählte nur ungefähr die Hälfte der Befragten diese Möglichkeit.

Woran lag das? Die Ärzte reagierten auf die Art, wie die Information formuliert wurde. Man nennt dies auch den *Framing-Effekt*: Wir schätzen Dinge danach ein, wie sie uns präsentiert werden, ob es nun um die Risikobewertung von Ärzten geht oder den eigenen Herzschmerz nach einer Trennung.[181]

Die Formulierung ist jedoch der Schlüssel dazu, wie du mit einer Trennung fertig wirst. Du kannst den Heilungsprozess beschleunigen, indem du den begrifflichen Rahmen veränderst. Zum Beispiel, indem du dir vor Augen führst, was du alles nicht mehr machen konntest, weil dein Partner diese Dinge nicht zu schätzen wusste. Dazu später noch mehr. Dahinter steht das Bemühen, nicht so sehr die niederschmetternden Aspekte einer gescheiterten Beziehung zu sehen, sondern jene Faktoren, die dein Leben von nun an dauerhaft verbessern werden.

Also reiß dich los vom Binge-Watching aller *Bridget-Jones*-Filme, setz die rosarote Brille auf und mach aus der Selbstmitleidparty ein Freudenfest. Ich werde dir hier vier Perspektiven ans Herz legen, die dir helfen, die Trennung in einem ganz neuen Licht zu sehen. Denn wenn du den Herzschmerz überwinden willst, brauchst du vor allem eines: eine neue Sicht auf die Ereignisse.

WAS ALLES IN GEHIRN UND KÖRPER PASSIERT

Bevor wir uns aber mit neuen Perspektiven beschäftigen, möchte ich dir schildern, was bei einer Trennung in deinem Gehirn und Körper passiert. Die Psychologen Claudia Brumbaugh und R. Chris Fraley betrachten eine Trennung (genauer gesagt eine »Beziehungsauflösung«) als »eines der am stärksten mit Stress belasteten Ereignisse, das einem Menschen im Laufe seines Lebens widerfahren kann«.[182]

Und wie bereits erwähnt, studiert die Anthropologin Helen Fisher, was die Liebe mit unserem Gehirn anstellt. Mit bildgebenden Verfahren wie der fMRT (funktionelle Magnetresonanztomografie) späht sie unseren

Kopf aus. Sie legt Menschen in den verschiedensten Stadien ihrer Beziehung ins MRT: frisch Verliebte, Menschen, die sich noch nach Jahren lieben oder die eine Trennung durchleben.

Fisher und ihr Team fanden heraus, dass ein bestimmter Bereich namens Nucleus accumbens aufleuchtet, wenn wir ein Bild des geliebten Menschen betrachten.[183] Dieselbe Region macht sich bemerkbar, wenn Süchtige an ihre nächste Dosis denken. Auch während einer Trennung ist es vor allem diese Region, die uns zu schaffen macht. Ob unser Gehirn nun Drogen- oder Liebesentzug verarbeitet, es tut dies am gleichen Ort. Kein Wunder also, dass wir nach Informationen über den/die Ex lechzen. Sieh es ein: Du bist süchtig nach Liebe.[184]

Trennungen belasten unseren Organismus, unsere Gefühle und unser Verhalten. Dazu noch ein Spritzer Einsamkeit und ein Teelöffel Kummer, und schon ist der tödliche Trennungscocktail beisammen. Helen Fisher zufolge hat man nach Trennungen einen erhöhten Cortisolspiegel (Stresshormon).[185] Dieser unterdrückt unser Immunsystem und schwächt unsere Abwehrkräfte. Daraufhin leiden Menschen unter Schlaflosigkeit, nicht enden wollenden Gedankenspiralen, Depressionen, Wut und einer sie stark belastenden Angst.[186]

Erstaunlicherweise aber schneiden sie auch bei IQ-Tests schlechter ab und bei komplexen Aufgaben, die logisches Denken erfordern.[187] Menschen, die mitten im Trennungsprozess stehen, konsumieren mehr Drogen und begehen öfter kriminelle Handlungen.[188] Das gilt übrigens auch für die Menschen, von denen die Trennung ausgeht (und die in der Forschung als »Initiator« bezeichnet werden).[189]

Ich habe viele Klienten durch Trennungsphasen begleitet. Weil unser Gehirn stark auf Verluste reagiert, sind Trennungen so schmerzlich.[190] Sie stellen eine ganz massive Verlusterfahrung dar. Sie sind der Tod unserer gemeinsamen Zukunft mit dem Partner. Du trauerst um den Verlust dessen, was war, was nicht mehr ist und was niemals sein wird. Kein Wunder also, dass die meisten Menschen Trennungen lieber aus dem Weg gehen – siehe *Verlustaversion.*

Doch das Gute ist: Die Psychologen Eli Finkel und Paul Eastwick fanden heraus, dass »eine Trennung nicht mal annähernd so schlimm ist, wie die Menschen sich das vorstellen«.[191] Wie glücklich ein Paar auch gewesen sein mag, der Trennungsschmerz ist gewöhnlich weniger intensiv als erwartet.[192]

Gary Lewandowski zufolge, Professor für Psychologie und ehemaliger Fakultätsvorsitzender an der Monmouth University, meint, wir seien resilienter, als wir denken.[193] Er beschäftigte sich mit einer Gruppe Menschen, die man für die unglücklichsten überhaupt halten könnte: Sie waren nach einer mehrjährigen Beziehung in den Monaten vor der Untersuchung verlassen worden und hatten noch keinen neuen Partner gefunden.[194] Intuitiv würden wir doch erwarten, dass die Mehrheit von ihnen die Trennung als traumatisch betrachtet. Doch als Lewandowski und seine Mitarbeiter nachhakten, stellte sich heraus, dass nur ein Drittel die Trennung negativ einschätzte. Etwa 25 Prozent empfanden sie als neutral und 41 Prozent sogar als positiv.

Gestatte mir eine abgedroschene Plattitüde: Auch diese Erfahrung wird vorübergehen. Was du jetzt fühlst, ist irgendwann vorbei. Deine merkwürdigen Körperreaktionen (Lebt wohl, Immunsystem und Schlaf!) werden aufhören, der Schmerz lässt nach, und du hast diese schreckliche Zeit hinter dir.

Neue Perspektive Nr. 1: Konzentriere dich aufs Positive

Du kannst den Schmerz nicht wegzaubern, aber du kannst ihn zu einer weniger schmerzhaften Geschichte uminterpretieren. Vergiss nicht: Dein Gehirn ist dein Freund. Es ist gut darin, dir beim Rationalisieren zu helfen, damit du über das Ganze hinwegkommst. Zeit, das schlaue Biest zu füttern! Du kannst den Heilungsprozess beschleunigen, indem du deinem Gehirn gibst, was es haben will: vernünftige Gründe, warum der Bruch das Beste war, was dir hatte passieren können.

Lewandowski führte ein Experiment durch, bei dem er die Teilnehmer bat, entweder die positiven Aspekte einer Trennung (warum es gut ist, dass ihr auseinandergegangen seid), die negativen Aspekte (warum es schlecht ist, dass es zur Trennung kam) oder etwas vollkommen Belangloses aufzuschreiben, das mit der Trennung nichts zu tun hatte. Diese Übung sollte an drei aufeinanderfolgenden Tagen jeweils für 15 bis 30 Minuten durchgeführt werden.

Die Leute, die über die *positiven* Aspekte ihrer Trennung schrieben, gaben danach an, sich glücklicher, klüger, dankbarer, selbstsicherer, besser, energiegeladener, kraftvoller, optimistischer, erleichterter und zufriedener zu fühlen als zu dem Zeitpunkt, als die Studie begann.

Daher bitte ich auch meine Klienten, die Übung durchzuführen, wenn sie eine Trennung durchleben. Hier eine Liste, die Jing mir nach ihrer Trennung schickte. Du erinnerst dich: die Klientin, die mit 31 ihr erstes Date hatte.

Die positiven Punkte an meiner Trennung:

1. Ich muss mir keine Sorgen mehr machen, ob ich wegen meines Ex nach Montana ziehen muss, wo seine Familie lebt.
2. Keine Diskussionen mehr darüber, wer den größten Teil der Bettdecke beansprucht.
3. Mehr Zeit für die Freunde, die mein Ex nicht mochte.
4. Ein kürzerer Weg zur Arbeit, weil ich nicht mehr bei meinem Ex übernachte.
5. Ich muss nicht mehr mit Hundehaaren an der Kleidung in die Arbeit.
6. Ich muss nicht zu der teuren Hochzeit, die sich über das verlängerte Wochenende am Tag der Arbeit hinzieht.
7. Mehr Zeit, um an meiner Musik zu arbeiten.
8. Ich muss mich nicht rechtfertigen, wenn ich Zeit mit meinem Bruder verbringe, den mein Ex gehasst hat.
9. Ich muss nicht mehr so tun, als würde mir *Der Bachelor* gefallen.
10. Ich habe die Chance, eine glückliche und gesunde Beziehung einzugehen.

Übung: Was sind die positiven Punkte an meiner Trennung?

Mach aus deinen Ängsten ein flammendes Manifest. Wie diese emotionalen Songs, die du als Teenager vielleicht geschrieben hast, nur dass du diesmal keine 80 Leute zwingst, dir beim Schulfest zuzuhören.

Geh in dein Lieblingscafé oder setz dich auf eine Parkbank. Nimm ein leeres Tagebuch mit. (Guck keinesfalls den Film *Wie ein einziger Tag*, wo es auch um Tagebücher geht.) Stell auf deinem Handy den Timer auf 30 Minuten. Und nun schreibst du all das auf, was dir die Trennung an Gutem beschert – ohne innezuhalten. Wenn du eine Schreibblockade spürst und nicht so recht in die Gänge kommst, mach eine Liste.

1. ______________________________

2. ______________________________

3. ______________________________

4. ______________________________

5. ______________________________

6. ______________________________

7. ______________________________

8. ______________________________

9. ______________________________

10. ______________________________

Neue Perspektive Nr. 2: Was waren die negativen Punkte an dieser Beziehung?

Okay, okay. Du bist also noch nicht bereit, über deine Trennung »positiv zu denken«.

Nun ja, es gibt noch andere Möglichkeiten. In einer Studie, die ganz ähnlich angelegt war wie die soeben beschriebene, haben die klinischen Psychologen Sandra Langeslag und Michelle Sanchez die Teilnehmer gebeten, sich für eine von drei Möglichkeiten zu entscheiden, mit einer Trennung fertig zu werden: die negativen Aspekte der Beziehung zu überdenken; Artikel zu lesen, in denen es darum geht, dass es normal ist, nach einer Trennung intensive Gefühle zu erleben; oder etwas ganz anderes zu tun, zum Beispiel essen.[195]

Wer sich für die negativen Beziehungsaspekte entschied, lief weniger Gefahr, dem oder der Ex weiterhin nachzuhängen, als die Teilnehmer in den beiden anderen Gruppen.

Übung: Die negativen Aspekte dieser Beziehung

Hier richtest du den Blick ins Dunkel, um zum Licht vorzudringen. Schreib alle negativen Aspekte auf, die dir an dieser Beziehung aufgefallen sind. Zum Beispiel damals, als sie sich vor deinen Freunden über dich lustig machte, weil du dachtest »soup du jour« (Tagessuppe) sei ein neues Rezept. Oder als er dich einfach in seiner Wohnung sitzen ließ und dich nicht mal zum Flughafen brachte. Das flaue Gefühl im Bauch, als du beim Abendessen versucht hast, ihn dazu zu bringen, dich nach dem Telefonat mit deiner Schwester zu fragen. Oder als sie mal hackedicht war, aus dem Auto gekotzt hat und dir ins Gesicht sagte, ihr Ex sei so viel amüsanter als du. Wow, was mir da doch alles einfällt! Und dabei sind das deine Erfahrungen.

Setz dich an drei aufeinanderfolgenden Abenden hin und schreib 30 Minuten lang auf, was dir zu den negativen Aspekten dieser Beziehung einfällt. Alles, was der Partner getan hat und was dir auf die Nerven ging. Alles, was dazu geführt hat, dass eure Partnerschaft nicht funktionierte. Welche Seite von dir musstest du unterdrücken, um die Beziehung aufrechterhalten zu können?

Neue Perspektive Nr. 3: Entdecke dich neu

Wissenschaftliche Untersuchungen von Eli Finkel und seinen Kollegen belegen, dass Trennungen eine Art Identitätskrise auslösen, weil so vieles von dem, was uns ausmacht, mit dieser Beziehung verbunden ist.[196] Vielleicht geistert dir immer noch im Kopf herum, wer du zusammen mit deinem Partner warst – die Hälfte eines dynamischen Duos, die gern gesehenen Gäste auf jeder Hochzeit. Diese Sicht der Dinge ist zwar verständlich, aber sie betont die *Verlusterfahrung*. Also konzentrieren wir uns lieber darauf, wer du als Single jetzt wieder sein kannst.

Diese Neuausrichtung ist laut der Wissenschaftler sogar besonders effektiv. In einem Experiment teilte Gary Lewandowski seine trennungsgeschädigten Teilnehmer in zwei Gruppen ein.[197] Der einen Gruppe trug er auf, zwei Wochen lang ganz *alltägliche Dinge* zu tun, die ihnen Spaß machten, zum Beispiel ins Kino, ins Fitnessstudio oder zu Freunden gehen. Die andere Gruppe erhielt den Auftrag, sich *neu zu entdecken* und etwas zu unternehmen, was sie noch nie getan hatten, vor allem nicht mit dem oder der Ex – beispielsweise Jazzklubs zu besuchen oder zu Spinningkursen zu gehen.

Lewandowski fand heraus, dass beide Ansätze funktionierten. Die alltäglichen Aktivitäten trugen dazu bei, dass die Leute aus dem Haus gingen, sich nicht ständig Fotos vom früheren Partner ansahen und nicht kiloweise Makkaroni mit Käsesoße (meine Lieblingsmeditation) reinzogen.

Doch die Resultate bei der anderen Gruppe fielen noch besser aus. Wer sich neu erfinden sollte, holte sich einen Teil seiner Identität zurück, die in der Beziehung nicht hatte gelebt werden können. Lewandowski erklärte, dass »für diese Menschen ein neuer Tag heraufzog«. Sie waren glücklicher, weniger allein und hatten ein positiveres Selbstbild.

Übung: Entdecke dich neu

Überlag mal: Welche Aktivitäten hast du aufgegeben, weil dein/e Ex nicht daran interessiert war? Hat sie den Strand gehasst und die Stirn gerunzelt, wenn du von Livekonzerten sprachst? (Was ist denn das für ein Monster?) Nun, all das kannst du jetzt machen, um wieder zu dir zurückzufinden.

Also, zieh los! Hol deine Boxhandschuhe heraus, kauf dir Aquarellfarben, ruf deinen alten Freund von der Uni an, den deine Ex so nervig fand. Forsche nach, wer du mal warst und wieder werden kannst. Wenn du eine Schwäche für spirituelle Themen hast, empfehle ich dir einen Klassiker: *Der Weg des Künstlers* von Julia Cameron. Auch wenn du dich nicht für künstlerisch begabt hältst, kann dir das Buch Inspiration schenken, um den Weg zurück zu dir (und zu deinem kreativen Geist) zu finden.

Schreib mindestens drei Dinge auf, die du in diesem Monat ausprobieren willst:

1. ______________________________

2. ______________________________

3. ______________________________

Wirf ruhig mal die Angel aus!

Manchmal zwinkern mir Leute auf Partys zu und meinen: »Dann stimmt es also: Der beste Weg, über den Ex-Partner hinwegzukommen, ist es, unter jemand anderen drunterzurutschen.« Erstens: Hört auf, mir zuzublinzeln. Zweitens: Das kommt ganz darauf an.

Nicht jeder Mensch, der eine Trennung durchlebt, braucht Monate, um damit fertig zu werden. Vor allem, wenn du der Mensch bist, von dem die Trennung ausging. Diane Vaughan, Professorin für Soziologie an der Columbia University, hat über Trennungen geforscht und das Buch geschrieben: *Wenn Liebe keine Zukunft hat.198*

Ihrer Ansicht nach verläuft die Trauer über eine verlorene Beziehung in Phasen. Menschen, die die Trennung aktiv betreiben, hatten vermutlich schon eine ganze Weile – vielleicht ein Jahr oder länger – negative Gefühle, während sie noch in der Beziehung lebten. Daher brauchen sie weniger Zeit, wenn die Trennung hinter ihnen liegt.

Wenn du nach einer Trennung nicht so schockiert bist, wie du dachtest, dann ist das kein Grund zur Sorge. Du bist kein herzloses Wrack. Du hast die Trauer über die Beziehung noch in der Beziehung durchlebt, also bist du nun bereit, dein Leben neu auszurichten.

Bist du der Verlassene, dann geht deine Trauer erst los, wenn die Beziehung zu Ende ist. Kein Wunder, dass du danach länger zur Heilung brauchst.

Und was ist mit Rückschlägen? Die Psychologen Claudia Brumbaugh und R. Chris Fraley fanden heraus, dass »Menschen, die schnell eine neue Beziehung eingehen, nicht unbedingt schlechter dran sind als solche, die länger warten. In manchen Bereichen scheinen sie sogar besser zurechtzukommen.«[199]

Die Autoren erläutern, dass Menschen, die sich längere Zeit nicht auf eine neue Beziehung einlassen, häufig unter niedrigem Selbstwertgefühl leiden. Dieser Schlag bleibt Menschen, die sich schnell für eine neue Partnerschaft entscheiden, meist erspart. Wer schnell eine neue Beziehung eingeht, verbringt weniger Zeit allein und stellt nicht dauernd seinen Wert als Person infrage.

Aber woher weißt du, wann du bereit zu neuen Dates bist? Der einzige Weg, um das herauszufinden, ist ein echtes Date. Wenn du nach Hause kommst und dich weinend aufs Sofa fallen lässt, dann brauchst du vermutlich noch ein bisschen Zeit. Wenn du dagegen Spaß hast – selbst wenn es nur ein klitzekleines bisschen ist –, dann kannst du das als Zeichen nehmen, dass du Schritt für Schritt weitergehen kannst.

Neue Perspektive Nr. 4: Betrachte die Trennung als Chance, aus der Vergangenheit zu lernen, um in Zukunft bessere Entscheidungen zu treffen

Es hört sich vielleicht schwierig an, aber versuch mal, die Trennung als Möglichkeit zum Dazulernen zu betrachten. Die Psychologen Ty Tashiro und Patricia Frazier fanden heraus, dass die wenigsten die Trennung als Chance zur persönlichen Fortentwicklung nutzen.[200]

Viele Menschen schwingen sich wie Tarzan von einer Beziehung zur nächsten, ohne sich je zu fragen, was sie aus ihrer letzten Partnerschaft gelernt haben und wie sie diese Erfahrung auf die nächste anwenden können. Diesen Fehler solltest du nicht begehen.

Das ist vor allem dann von Bedeutung, wenn du ständig Partner auswählst, die aus immer dem gleichen Grund nicht zu dir passen. Ich hatte viele Klienten, die ständig denselben Typus daten.

Eine Klientin entschied sich immer für jüngere Männer. Nette, witzige, attraktive Typen, die mit ihr jedoch keine Beziehung eingehen wollten. Sie war eben auf der Suche nach dem heißen Date für den Abschlussball, nicht nach einem Lebenspartner. Ihre letzte Trennung fand statt, als die Corona-Pandemie zuschlug. So hatte sie endlich genug Zeit, über sich und ihre Gewohnheiten nachzudenken.

Bei unseren wöchentlichen Onlinesitzungen lernte sie, dieses Muster bei sich zu erkennen. Sie gelangte zu der Erkenntnis, dass sie sich durch ihr Handeln selbst den Weg zur Liebe versperrte. Sie lernte zwar über die Jahre viele potenziell gute Partner kennen, entschied sich aber immer wieder für die jungen Männer, die sich emotional nicht auf sie einließen. So verhinderte sie, dass es tatsächlich zu einer Beziehung kam, denn im Grunde hatte sie Angst davor, verletzt zu werden.

Sie gab sich selbst das Versprechen, dieses Verhalten zu ändern. Sie überprüfte ihre Prioritätenliste und achtete auf Warnsignale für zu heiße Dates. Sie gab erstmals Männern eine Chance, die in ihrem Alter waren oder älter, und chattete per Video mit einigen geeigneten Verehrern. Dann ging sie mit dem Mann spazieren, den sie am sympathischsten fand. Nach einigen Treffen mit Abstandsregel beschlossen die beiden, sich eine gemeinsame Quarantäne zuzumuten. Bei jemandem zu leben, den sie kaum kannte, katapultierte sie aus ihrer Komfortzone heraus. Aber die Welt war ohnehin vollkommen aus den Fugen, also konnte auch sie etwas Neues wagen. Die beiden leben immer noch zusammen und planen mittlerweile eine große USA-Rundreise, um die Familien kennenzulernen.

Übung: Was willst du in künftigen Beziehungen ändern?

Es ist ein entscheidender Schritt in dein neues Leben, dir klarzumachen, welche Entscheidungen du in der alten Beziehung getroffen hast und was du in der künftigen anders machen willst. Folgende Fragen helfen dir dabei auf die Sprünge. Beantworte sie in deinem Tagebuch oder zusammen mit einem Freund.

1. Wer warst du in der letzten Beziehung? (Zum Beispiel: Hast du das Tempo bestimmt und deinen Partner immer mitgerissen? Oder warst du der Stubenhocker, der sich mitziehen ließ? Der Mentor oder der Trainee? Die Person, der eine ernsthafte Beziehung leichtfiel, oder die, die Schwierigkeiten hatte, Wurzeln zu schlagen?)
2. Wer willst du in der nächsten Beziehung sein?
3. Was hast du darüber gelernt, worauf es in einer langfristigen Beziehung wirklich ankommt?
4. Welche Eigenschaften sind dir künftig bei einem Partner wichtig, auf die du beim letzten Mal keinen besonderen Wert gelegt hast?

Der Schlüssel zu neuen Sichtweisen liegt in der Erkenntnis, dass jeder Verlust auch einen Gewinn bringt. Psychologen nennen dies *Sinnstiftung*. Damit ist ein Prozess gemeint, mit dem wir versuchen, einem Erlebnis, einer Beziehung oder uns selbst einen bestimmten Sinn zu geben. In seinem bahnbrechenden Buch *Trotzdem Ja zum Leben sagen*[201] beschreibt Viktor Frankl, Psychologe und Holocaust-Überlebender, diesen Prozess, der uns erlaubt, vom Leid zum Wachstum überzugehen: »In gewisser Weise hört das Leiden auf, Leiden zu sein, sobald es eine Bedeutung findet.«[202]

Betrachte die Trennung also nicht als Scheitern deinerseits, sondern als Chance, in Zukunft bessere Entscheidungen zu treffen. Verpass deinen Gedanken ein Update: von »Die Zeit heilt alle Wunden« zu »Sinn heilt alle Wunden«.

Übung: Erforsche den tieferen Sinn

Nimm dir Zeit, folgende Fragen zu beantworten:

1. Was hast du aus dieser Beziehung gelernt?
2. Was hast du aus der Trennung gelernt?
3. Wie unterscheidest du dich von dem Menschen, der du vor dieser Beziehung warst?
4. Welche Veränderungen wirst du aufgrund dieser Erfahrung in deinem Leben vornehmen?

Brich nicht zusammen, sondern öffne dich. Vielleicht reifst du dadurch zu einer stärkeren und schöneren Persönlichkeit heran. In seinem TEDx-Talk erklärt Gary Lewandowski das Prinzip des Kintsugi. Damit ist eine spezifisch japanische Kunstform gemeint, bei der man zerbrochene Töpferwaren mit Gold oder Silber kittet. Das hat zur Folge, dass das reparierte Stück häufig schöner ist als das ursprüngliche.

Lewandowski ermutigt uns, das gebrochene Herz genauso zu kitten: »[Kintsugi] ist eine Philosophie: Man sieht Brüche und deren Reparatur als Chance – die wir ergreifen sollten und nicht verpassen. Oder? Genau das kann in Beziehungen passieren. Natürlich lässt uns eine zu Ende gegangene Beziehung mit ein paar Sprüngen zurück. Aber diese Sprünge, die Unvollkommenheiten, sind Quellen der Stärke und Schönheit. Trennungen müssen uns nicht vollkommen gebrochen zurücklassen, denn du bist stärker, als du glaubst.«[203]

Du hattest vielleicht keine Wahl, was deine frühere Beziehung anging, aber für die nächste kannst du (zumindest teilweise) entscheiden, welches Gefühl sie dir gibt und was du als Nächstes tun wirst.

DIE QUINTESSENZ

1. **Wir werden durch Framing beeinflusst – unsere Tendenz, Dinge danach zu beurteilen, wie sie uns dargestellt werden.** Du kannst den Heilungsprozess nach einer Trennung beschleunigen, indem du dieser Erfahrung einen neuen Sinn gibst: Statt sie als Verlust zu betrachten, siehst du sie künftig als Chance für Lernen und Wachstum.
2. Trennungen belasten uns körperlich und seelisch. **Aber wir sind resilienter, als wir glauben.** Was du in der Trennungsphase erlebst, wird vorübergehen.
3. **Ein Tagebuch hilft.** Halte darin die positiven Punkte der Trennung und die negativen Aspekte der Beziehung fest. Das bahnt dir den Weg in dein neues Leben.
4. **Erobere dir dein durch die Trennung erschüttertes Identitätsgefühl zurück, indem du dich selbst wiederentdeckst.** Probiere all die Dinge aus, die dir vor der Beziehung am Herzen lagen und auf die du während der Partnerschaft verzichtet hast.
5. Du kannst an dieser Erfahrung wachsen, indem du dich darauf konzentrierst, was du gelernt hast und was du in Zukunft anders machen wirst. **Verpass deinem Denken ein Update: von »Die Zeit heilt alle Wunden« zu »Sinn heilt alle Wunden«.**

17

BEVOR DU JA SAGST

Wie du entscheidest, ob du in den Hafen der Ehe einlaufen sollst

»Bitte füll diese drei Arbeitsblätter bis Mittwoch aus«, sagte ich.

Und nein, diese Aufforderung galt nicht einem meiner Klienten.

Ich drückte Scott mehrere Bögen Papier mit Fragen über sein Leben, seine Familie und unsere Beziehung in die Hand. Er ächzte kurz. Was ich ihm nicht verübeln konnte.

Willkommen im Leben des Mannes an meiner Seite. Wir waren nun vier Jahre zusammen, daher war er mittlerweile daran gewöhnt, dass er mir als Versuchskaninchen dienen musste. An ihm testete ich, was in Beziehungen so abgeht, damit ich meinen Klienten deutlich bessere Ratschläge geben konnte.

Dieser spezielle Arbeitsauftrag diente als Diskussionsgrundlage für die Frage, ob wir heiraten sollten oder nicht, eine Frage, über die wir schon eine ganze Weile nachgedacht hatten. Die zentralen Entscheidungspunkte in einer Beziehung hatten wir hinter uns: *Gehen wir miteinander? Sollen wir zusammenziehen? Sollen wir uns trennen?* Doch jetzt standen wir einer Reihe neuer und schwieriger Fragen gegenüber: Möchten wir unser Leben miteinander verbringen? Wie würde dieses Leben aussehen? Ich liebte ihn, doch wusste ich auch genug über Beziehungswissenschaften, um mir über die künftigen Herausforderungen im Klaren zu sein? Denn unglaublich viele Ehen gehen auseinander.

Das war gefühlt die bisher wichtigste Entscheidung unseres Lebens. Und bald war uns klar, dass wir sie besser nicht unvorbereitet treffen sollten. Die Ehe ist ein entscheidender Schritt, mehr als dir vielleicht bewusst ist.[204] In ihrem Buch *The Case for Marriage* haben die Journalistin Maggie Gallagher und die Soziologin Linda J. Waite Belege dafür zusammengetragen, welche enormen Auswirkungen Glück und Erfüllung in der Ehe auf unsere individuelle Zufriedenheit, körperliche und geistige Gesundheit, Lebenserwartung, Wohlstand und das Wohlergehen der Kinder haben.

Ich dachte mir, dass Scott und ich da ein voreheliches Trainingslager ganz gut gebrauchen könnten, also richtete ich ein solches ein. Es nennt sich: *Die Zeit läuft: Vergangenheit, Gegenwart und Zukunft.* (Anmerkung am Rande: Auf Platz zwei landete der Titel: *Die Zeit läuft. Steck endlich den scheiß Ring an.*) Dieses Programm hilft dir bei der Frage, woher du kommst, wo du im Moment stehst und wo du hinwillst. Zum Glück machte der immer wagemutige Scott bei dieser Sache widerspruchslos mit. Diese Technik hat uns geholfen, also habe ich sie seither meinen Freunden und Klienten weitergegeben. Und nun auch an dich.

Vielleicht denkst du jetzt ja: *Was juckt mich die ganze Heiraterei? Die Ehe ist eine bescheuerte Einrichtung. Ich brauche weder Staat noch Kirche, die mir erzählen, wie ich leben soll.* Das ist völlig in Ordnung. Aber nachdem du dieses Buch liest, nehme ich an, dass du hoffst, einen Partner für eine langfristige Beziehung zu finden. In diesem Kapitel spreche ich von »Ehe«, aber wenn du nicht vorhast zu heiraten und »Ehe« lieber durch »ernsthafte Langzeitbeziehung« ersetzen möchtest (und den traditionellen Ringtausch dadurch ersetzt, dass ihr euch jeweils das Porträt des anderen ins Gesicht tätowieren lasst), so lässt sich dieses Kapitel auch wunderbar auf dieser Grundlage lesen.

WIR LIEBEN UNS. REICHT DAS NICHT?

Zur Erinnerung: Liebe ist eine Droge. Oder wie George Bernard Shaw es in seiner Komödie *Heiraten* ausdrückt: »Das tatsächliche Ergebnis ist aber, dass man von zwei Menschen, wenn sie unter dem Einfluss der heftigsten, wahnsinnigsten, täuschendsten und vergänglichsten aller Leidenschaften stehen, den Schwur verlangt, in diesem erregten, abnormalen und erschöpfenden Zustand zu verharren, bis der Tod sie scheidet.«[205]

In den Anfangsjahren einer Beziehung, wenn unser Hirn unter dieser Droge steht,[206] ist es so gut wie unmöglich, die Partnerschaft rational zu bewerten.

Paare, die schon längere Zeit miteinander gegangen sind, bevor sie heiraten, haben bessere Aussichten, dass die Beziehung hält, weil der Rausch der Flitterwochenphase schon im Verfliegen ist, wenn sie das Band der Ehe schließen. Ihr Blick ist klarer, wenn sie »Ja, ich will« sagen. Bei einem Paar, das ein oder zwei Jahre wartet, ehe es den Schritt zum Altar wagt, liegt die Wahrscheinlichkeit einer Scheidung um 20 Prozent niedriger als bei einem Paar, das weniger als ein Jahr wartet, bis es sich die Ringe ansteckt.[207] Bei Paaren, die sich mindestens drei Jahre Zeit lassen, liegt die Wahrscheinlichkeit einer Scheidung sogar um 39 Prozent niedriger als bei Paaren, die mit dem Heiraten weniger als ein Jahr warten.[208]

Doch es geht nicht bloß darum, zu warten, bis du mit jemandem lange genug zusammen warst. Es kann sich auch positiv auswirken, wenn du erst heiratest, wenn du schon ein bisschen älter bist. Forscher wie der Soziologe Philip Cohen führen die seit den 1980er-Jahren sinkende Scheidungsrate teils darauf zurück, dass Paare später heiraten.[209] Vielleicht solltest du dich an die Regel halten, die meine leicht verschrobene Tante Nancy ihren Kindern auferlegt hat: »Vor dreißig wird mir nicht geheiratet!«

Doch sogar, wenn du dir mit dem Heiraten ein paar Jahre Zeit lässt, kann die Liebe noch deine Prioritäten vernebeln. Als ich eine Reihe von Scheidungsanwälten interviewte (und einen ziemlichen Eiertanz aufführen musste, um Scott diese neue Freizeitbeschäftigung zu erklären), berichteten etliche von ihnen, dass viele heiratswillige Paare immer den gleichen großen Fehler machen würden. Vor lauter Verliebtheit würden sie annehmen, dass der Partner im Leben genau dasselbe wolle wie sie. Daher nähmen sie sich nicht genug Zeit, um offen und klar über wichtige Entscheidungen zu sprechen, zum Beispiel darüber, wo sie leben wollen und ob sie Kinder haben möchten.

Und tatsächlich gelangt die Journalistin Naomi Schaefer Riley in ihrem Buch *Til Faith Do Us Part. How Interfaith Marriage Is Transforming America* zu der Feststellung: »Es fällt auf, dass weniger als die Hälfte der von mir befragten interkonfessionellen Paare vor der Eheschließung die Frage diskutiert haben, in welchem Glauben sie ihre Kinder erziehen wollen.«[210]

Wenn Paare dann entdecken, dass ihre grundlegenden Wertvorstellungen nicht zusammenpassen, sind sie schon verheiratet. Und der Scheidungsanwalt betritt die Bühne.

Die optimistische Annahme, dass du und dein Partner dasselbe wollen, kommt übrigens nicht von ungefähr. Was uns da in die Irre führt, ist ein Faktor, den man als *Falschen-Konsensus-Effekt* bezeichnet.[211] Damit ist unsere Ansicht gemeint, dass die Mehrheit der Menschen unsere Werte, Überzeugungen und Verhaltensweisen teilen würde. Stell dir jemanden vor, der sehr umweltbewusst ist und deshalb versucht, seinen Fleischkonsum und den Gebrauch von fossilen Brennstoffen bzw. Plastik einzuschränken. Würde nun am Wohnort dieser Person abgestimmt, ob Plastiktüten verboten werden sollten, so wird sie vermutlich erwarten, dieser Antrag würde locker durchgehen, weil sie denkt, dass andere denselben grünen Blick auf die Welt haben wie sie.

In einer Beziehung gehen wir wie selbstverständlich davon aus, dass unser Partner die Welt genauso sieht wie wir und deshalb auch dasselbe will wie wir, egal, ob es um die Zahl der Kinder, unseren Wohnort oder die Frage geht, wofür wir unser Geld ausgeben bzw. sparen. Der Rausch des Verliebtseins zusammen mit dem Falschen-Konsensus-Effekt verleitet zahlreiche Paare dazu, vor der Eheschließung nicht die entscheidenden Fragen zu klären. Also: Verliebt zu sein reicht keinesfalls. Es wird vielmehr Zeit, dir kritische Gedanken zu machen, ob ihr wirklich heiraten solltet.

TEIL 1: ALLES ÜBER MICH

Übung: Beantworte die folgenden »Alles über mich«-Fragen

Bevor du dir über dich als die eine Hälfte eines Paares Gedanken machst, solltest du über deine ganz individuellen Wünsche und Bedürfnisse nachdenken. Nimm dir Zeit für dich selbst. Mein Vorschlag ist, dass du dir am Wochenende einen Vormittag frei hältst und dich mit einem Notizheft in ein Café setzt, um die folgenden Fragen zu beantworten.

1. Ist mein Partner eher ein heißes Date für den Abschlussball oder einer fürs Leben? Anders gesagt: Ist dies der Mensch, den ich langfristig an meiner Seite haben möchte, oder will ich einfach nur jetzt eine gute Zeit mit ihm haben?
2. Der Garderoben-Test: Wenn mein Partner ein Kleidungsstück wäre, das in meinem Schrank hängt: Welches Kleidungsstück wäre das?
3. Ist das ein Mensch, mit dem ich wachsen kann?
4. Bewundere ich diesen Menschen?
5. Welche Seiten bringt dieser Mensch in mir zum Vorschein?
6. Ist das der Mensch, mit dem ich gute Neuigkeiten teilen möchte?
7. Wenn ich einen schweren Arbeitstag hatte, würde ich dann gerne mit meinem Partner darüber reden?
8. Schätze ich den Rat meines Partners?
9. Freue ich mich darauf, mir mit diesem Menschen eine gemeinsame Zukunft aufzubauen? Kann ich mir vorstellen, mit ihm zusammen bestimmte Meilensteine im Leben, wie ein Haus zu kaufen oder eine Familie zu gründen, zu verwirklichen?

10. Kann ich mit meinem Partner gemeinsam schwierige Entscheidungen treffen? Wenn ich mir einen schweren Schicksalsschlag vorstelle, zum Beispiel arbeitslos zu werden oder ein Kind zu verlieren, ist das dann der Mensch, den ich an meiner Seite wissen möchte, wenn es darum geht, Fragen zu beantworten wie »Sollen wir umziehen?« oder »Wie können wir mit unserer Trauer umgehen und uns trotzdem gut um unsere anderen Kinder kümmern?«.
11. Ist unsere Kommunikation gut? Können wir konstruktiv streiten?

Lies dir deine Antworten durch. Aber statt sie als Bestandsaufnahme deiner selbst zu betrachten, stellst du dir vor, du liest, was dein bester Freund über seine Beziehung geschrieben hat. Die Absicht dabei ist, dass du zu dir so ehrlich wie möglich bist. Verschaff dir selbst ein wenig Abstand, indem du dir vorstellst, einem Freund/einer Freundin zu helfen; das erweitert deinen Blick.

Ginge es hier um deine beste Freundin, die du von Herzen gernhast und für die du nur das Beste wünschst, welchen Rat würdest du ihr geben? *Bist du für diese Heirat? Hast du irgendwelche Bedenken? Welche ungelösten Fragen sollten die beiden angehen, bevor sie diesen Schritt wagen?*

Bleib bei den Gefühlen, die in dir aufsteigen, während du deine Antworten durchgehst. Das ist der Moment für dich, zu entscheiden, ob du aufs Gas oder auf die Bremse trittst. Nimm dir Teil 2 erst vor, wenn du dir sicher bist, dass für dich diese Beziehung *in diesem Augenblick die richtige* ist. Wenn du dir da nicht sicher bist, dann kannst du zum Beispiel noch einmal Kapitel 14 lesen, um dir klar zu werden, ob du an der Beziehung arbeiten oder sie beenden möchtest. Und wenn du das Gefühl hast, fürs Heiraten noch nicht bereit zu sein, dann ist das auch kein Weltuntergang. Du brauchst vielleicht einfach noch Zeit, die du in deine Beziehung investieren kannst, bevor du bereit für den nächsten Schritt bist. Es hat einfach keinen Sinn, eine derart weitreichende Entscheidung zu überstürzen. Zur Erinnerung: Bei Paaren, die sich mit dem Heiraten mindestens drei Jahre Zeit lassen, liegt die Wahrscheinlichkeit, dass sie sich wieder scheiden lassen, um 39 Prozent niedriger als bei Paaren, die nach weniger als einem Jahr heiraten.

TEIL 2: ALLES ÜBER UNS

Wenn die Ergebnisse von Teil 1 so sind, dass du den nächsten Schritt tun möchtest, dann wird es Zeit, mit deinem Partner zu reden. Das sind wichtige Gespräche, die nun anstehen. Setzt dafür drei Abende an und verteilte sie über einen ganzen Monat. Packt nicht alles in einen einzigen Abend.

Übung: Beantworte die folgenden »Alles über uns«-Fragen

Nehmt euch für jedes der folgenden Gespräche einen Abend Zeit. Ich würde euch raten, vorher gemeinsam etwas zu unternehmen, um ein Gefühl der Verbundenheit zu schaffen. Die Psychotherapeutin Esther Perel sagt, dass wir uns unserem Partner immer dann besonders verbunden fühlen, wenn wir seine besonderen Talente bewundern.[212] Stärkt dieses Gefühl der gegenseitigen Anziehung, indem ihr euch etwas Neues beibringt. Wenn zum Beispiel einer von euch ein guter Koch ist, warum dem anderen nicht mal ein neues Rezept zeigen?

Sicher wollt ihr diesen Abend auch romantisch gestalten. Immerhin geht es bei diesen Gesprächen darum, ob ihr vielleicht heiraten wollt, und was könnte es Romantischeres geben als das? Gestalte einen stimmungsvollen Rahmen. Wirf dich in Schale. (Soll heißen: Bitte zieh nicht diese fürchterliche rote Jogginghose an, die dir vor zehn Jahren mal jemand bei einer Kommunionfeier geschenkt hat und die du partout nicht wegwerfen willst, obwohl dein Partner sie hasst.) Hol die Flasche Wein hervor, die du für besondere Anlässe aufgehoben hast, spiel Songs von Sam Cooke und dann kuschelt euch zusammen, um die folgenden Fragen zu beantworten.

Gespräch Nr. 1: Die Vergangenheit

- Von welchen drei Momenten deiner Vergangenheit hast du das Gefühl, dass sie bestimmend waren für das, was dich heute ausmacht?
- Wie weit bestimmt deine Kindheit deiner Meinung nach, wer du heute bist?
- Haben sich deine Eltern häufig gestritten? Welche Ängste hast du in Bezug auf Konflikte in einer Partnerschaft?
- Welche deiner Familientraditionen möchtest du in unserer Familie beibehalten?
- Wie wurde in deiner Familie während deiner Kindheit und Jugend über das Thema Sex gesprochen (bzw. nicht gesprochen)?
- Welches Verhältnis hatte deine Familie zu Geld?
- Welchen familiären Ballast möchtest du hinter dir lassen?

Gespräch Nr. 2: Die Vergangenheit

- Fühlst du dich wohl dabei, wenn du mit mir über problematische Dinge sprichst?
- Gibt es an der Art, wie wir miteinander reden, etwas, woran du arbeiten möchtest?
- Hast du das Gefühl, dass du in unserer Beziehung du selbst sein kannst? Wieso bzw. wieso nicht?
- Was möchtest du an unserer Beziehung ändern?
- Wie gut, denkst du, gehen wir mit Konflikten um?
- Welches unserer gemeinsamen Rituale magst du am liebsten?
- Möchtest du, dass wir bestimmte Dinge öfter gemeinsam machen?
- Wie gut, glaubst du, kenne ich deine Freunde und deine Familie? Gibt es jemand in deinem Leben (Verwandter, Freund, Kollege), von dem du möchtest, dass ich ihn besser kennenlerne?

- Wie oft möchtest du Sex haben? Wie könnten wir unser Sexleben verbessern? Was kann ich dafür tun? Gibt es etwas, das du immer schon mal ausprobieren wolltest, aber dich nie zu fragen getraut hast?
- Wie oft denkst du über Geld nach?
- Lass uns unsere finanziellen Verhältnisse offen besprechen. Musst du noch ein Studiendarlehen zurückzahlen? Kreditkartenschulden? Sind meine Schulden deine Schulden?
- Wie viel würdest du im Höchstfall für ein Auto ausgeben? Ein Sofa? Ein Paar Schuhe?

Gespräch Nr. 3: Die Zukunft

- Wo möchtest du einmal leben?
- Möchtest du Kinder haben. Wenn ja, wie viele? Und wann? Wenn wir keine eigenen Kinder haben können, welche anderen Optionen sollten wir in Betracht ziehen? Adoption? Leihmutterschaft?
- Welche Erwartungen hast du, was die Aufteilung der Hausarbeit und die Kindererziehung angeht?
- Wie oft möchtest du deine Familie besuchen?
- Welche Rolle sollen Religion und Spiritualität in unserem Leben spielen?
- Was denkst du über einen Ehevertrag? Löst der Gedanke bei dir irgendwelche Ängste aus?
- Was erwartest du, wie wir künftig unsere Kosten aufteilen?
- Denkst du, dass du immer arbeiten möchtest? Was tun wir, wenn einer von uns eine Auszeit braucht?
- Ab welcher Summe möchtest du vor größeren Anschaffungen gefragt werden? (Was wäre zum Beispiel für dich die Obergrenze, wie viel ich ausgeben kann, ohne das mit dir abzusprechen?)
- Was sind deine Langzeitziele in finanzieller Hinsicht?

- Worauf freust du dich am meisten, wenn du an die Zukunft denkst?
- Welche Zukunftsträume hast du? Kann ich dir helfen, einen dieser Träume zu verwirklichen?

Vielleicht sind dir beim Lesen Bedenken gekommen, dass diese Fragen peinlich oder künstlich wirken könnten. Scott und ich dachten das auch. Aber als wir die Fragen dann durchgingen, fielen uns längst vergessene Geschichten aus Kindertagen ein, die wir einander erzählen konnten.

Zum Beispiel, wie ich in der Mittelstufe am Boden zerstört war, weil meine Nachbarin von ihren Eltern zehn schimmernde MAC-Lidschatten (für Zwölfjährige das Gegenstück einer Rolex) zum Valentinstag geschenkt bekommen hatte. (Frage: Welche Eltern machen ihren Kindern zum Valentinstag Geschenke?) Scott hingegen erzählte mir die lustige Geschichte, wie seine Mutter sich geweigert hatte, ihm eine teure JNCO-Jeans (in den späten 90ern das modische Nonplusultra, das sich jeder Mittelstufenschüler wünschte) zu kaufen. (Nachdem ich mir im Internet Bilder dieses Monsters von einer Jeans angesehen hatte, befand ich, dass seine Mutter da genau die richtige Ansage gemacht hat.)

Bei einem unserer Gespräche stellte sich heraus, dass Scott nur ein Kind wollte, ich aber zwei. Er ist ein Einzelkind, ich habe eine Schwester, und ganz offensichtlich wollten wir beide die Dynamik wiederholen, die wir als Heranwachsende erlebt haben. Unser Date bekam plötzlich Zweikampfcharakter, als wir über die jeweiligen Vorzüge unserer Kindheit debattierten. Scott vertrat die Überzeugung, dass es moralisch fragwürdig sei, mehr als ein Kind in diese überbevölkerte Welt zu setzen. Ich hielt dagegen, dass man mit Geschwistern automatisch ein zehntausendstündiges Training in emotionaler Intelligenz bekomme.

Auch wenn wir uns in diesem Punkt nicht einig waren, war ich doch froh, dass wir zumindest unsere unterschiedlichen Standpunkte kannten. Wir waren uns aber einig, dass das kein K.-o.-Kriterium war. Auch wenn unsere Vorstellungen in dieser Frage auseinandergingen, so waren wir beide bereit, einen fairen Kompromiss zu finden. Deshalb wollen wir erst mal schauen, wie es uns mit einem Kind geht, und dann über ein zweites entscheiden.

Nach diesen Gesprächen war ich mir sicher, dass das für die jetzige Situation nicht nur die richtige Beziehung war, sondern dass diese richtige Beziehung sich auch weiterentwickeln konnte. Ich hege große Bewunderung dafür, wie diszipliniert Scott ist, wie er Tag für Tag trainiert, gesunde vegane Mahlzeiten auf den Tisch bringt und bis spät in die Nacht aufbleibt, um Fehler in seiner Software zu finden. Ich genieße es, wenn wir vor uns hinblödeln und Witze machen, die nur wir verstehen. Und ich glaube an uns als Team. Wir wissen, wie man Kompromisse schließt und mal dem einen, mal dem anderen den Vortritt lässt. Als ich mir selbst die Garderoben-Testfrage stellte, verpasste ich ihm das Bild meines rot karierten Lieblingspyjamas, in dem ich mich sicher, warm und umfangen fühle. So, als wäre ich in eine Umarmung geschlüpft.

Etwa ein halbes Jahr, nachdem wir diese Gespräche geführt hatten, lud Scott mich ein in die Zaubershow unseres Freundes David. David ist ein begabter Mentalist, der die entlegensten Ferienziele total fremder Leute herausfindet oder die Namen der Haustiere, die sie als Kinder hatten. Er tritt regelmäßig jeden Mittwochabend auf einer Bühne auf, die zu einer Bar namens *PianoFight* gehört.

Als David an diesem Abend seinen Auftritt beendet hatte, erhob sich das Publikum zu stehenden Ovationen. Nachdem der Applaus verebbt war, sagte David: »Einen Trick habe ich noch auf Lager.« Vor der Vorstellung hatten die Besucher ihren Namen und jeweils ein einzelnes Wort auf leere Spielkarten geschrieben. Nun bat David einen Freiwilligen, eine Karte zu ziehen. Ich hörte, wie er meinen Namen vorlas, und ging vor zur Bühne.

Dann forderte David mich auf, noch eine Karte zu ziehen. Wie von Zauberhand trug die Karte, die ich zog, Scotts Namen. Scott kam dazu, um neben mir auf der Bühne Platz zu nehmen.

Also saßen wir da vorne, während die 50 Zuschauer im Publikum für uns unsichtbar mit dem Licht der Scheinwerfer verschmolzen. David ließ sich dann das Handy eines Freiwilligen geben, machte die Rechner-App auf und multiplizierte die Zahlen, die ihm aus dem Publikum zugerufen wurden. Als Wert kam schließlich heraus: 452015. David fragte Scott und mich, ob wir mit dieser Zahl irgendetwas anfangen könnten. Sie sagte mir gar nichts.

Dann aber unterteilte David die Zahl mit zwei Schrägstrichen und heraus kam 4/5/2015. »Ist das vielleicht dein Geburtstag? Oder der von Scott?«, wollte er wissen. Nein, es war unser Jahrestag.

Nun nahm David den Stapel Karten, den die Zuschauer vor seinem Auftritt mit Namen und einem Wort beschriftet hatten, und bat mich, ihn in fünf Stapel aufzuteilen. Scott sollte jeweils die oberste Karte umdrehen, während es meine Aufgabe war, auf eine große Tafel zu schreiben, was auf der Karte stand.

»Willst …«, schrieb ich an die Tafel, als Scott die erste Karte vorlas.

»Du … mich …«

Ich verbarg mein Gesicht in meinen Händen, während ich wartete, bis Scott die letzte Karte vorlas.

»Heiraten.«

Scott stand von seinem Stuhl auf, griff in seine Tasche und holte einen Ring hervor. Er kniete vor mir nieder. Ich nickte, nahm den Ring und zog Scott an mich, um ihn fest zu umarmen. Die Zuschauer brachen in Begeisterungsstürme aus, und David manövrierte uns schleunigst aus dem Theater hinaus. Wir schlüpften in die Bar, wo wir von 30 Freunden begrüßt wurden. Mit über den Kopf erhobenen Händen bildeten sie für uns den legendären »Tunnel der Liebe«. Und wir liefen strahlend hindurch.

Dieser Heiratsantrag war eine Riesenüberraschung, aber das gilt nicht für die Tatsache, dass wir heiraten wollten. Wir hatten die Vorarbeiten erledigt. Wir hatten über die schwierigen Themen geredet. Für uns war klar: Wir wollten bewusst in den Hafen der Ehe einlaufen, nicht einfach so hineinschlittern.

DIE QUINTESSENZ

1. Die Liebe ist eine Droge, die unser klares Denken vernebelt.
2. Als Falschen-Konsensus-Effekt bezeichnet man das Phänomen, davon auszugehen, dass andere die Dinge genauso sehen wie wir selbst. Wenn am Anfang einer Beziehung Verliebtheit und der Falsche-Konsens-Effekt zusammenkommen, versäumen Paare es meist, wichtige Aspekte ihrer gemeinsamen Zukunft zu klären, bevor sie heiraten.[213] Beide Partner gehen davon aus, dass sie dieselben Ziele haben, ohne sich dessen je zu vergewissern, was zu einem traurigen Ende führen kann.
3. Bevor du beschließt, das Band der Ehe zu knüpfen, kannst du den Falschen-Konsensus-Effekt ausschalten, indem du dir mithilfe der Fragen aus **Die Zeit läuft: Vergangenheit, Gegenwart und Zukunft** Klarheit über deine Einstellung und die deines Partners verschaffst. Du und dein Partner solltet miteinander über die Vergangenheit (wo ihr herkommt), über die Gegenwart (wo ihr jetzt steht) und über die Zukunft (wo ihr hinwollt) reden. Es ist enorm wichtig, dass ihr euch die Zeit nehmt, miteinander über Themen wie Geld, Sex, Religion und Kinder zu sprechen.

18

DIE ABSICHTSVOLLE LIEBE

Wie du eine stabile Beziehung aufbaust

Erinnerst du dich noch an das, was wir über die »Bis dass der Tod sie scheidet«-Illusion gesagt haben? Über die irrige Annahme, der schwierige Teil der Liebe sei, einen Partner zu finden? Doch das ist bloß der erste Akt deiner Lovestory. Es ist nämlich mindestens genauso schwierig, aus einem Date eine Langzeitbeziehung zu machen. Das folgende Kapitel soll dir helfen, das hinzubekommen.

Doch ich möchte dir gleich zu Anfang reinen Wein einschenken. Bei vielen Paaren sieht eine Langzeitbeziehung so aus:

Die Grafik auf Seite 303 zeigt, wie sich die Zufriedenheit im Laufe ihrer Ehe entwickelt.[214] Demnach sind Paare umso unzufriedener, je länger sie verheiratet sind. Glücklich bis an ihr Lebensende – ha ha ha!

Auch die zweite Grafik ist aufschlussreich. Sie zeigt den Prozentsatz aller Paare, die im Zeitraum von 1972 bis 2014 ihre Beziehung als »sehr glücklich« eingestuft haben.[215]

Wie du siehst, ist der Prozentsatz derer, die in einer langfristigen Beziehung Erfüllung finden, in den letzten 40 Jahren kontinuierlich geschrumpft.

Doch es gibt Hoffnung. Niemand ist dazu verdammt, eine frustrierende

Beziehung zu führen. Eine tolle Beziehung ist etwas, das man sich schafft, nichts, was man fix und fertig vorfindet. Ihr könnt für Beständigkeit sorgen, wenn ihr an eurer Beziehung arbeitet, und ihr habt die Möglichkeit, die Beziehung aufzubauen, von der ihr immer geträumt habt.

EHELICHE ZUFRIEDENHEIT IM LAUFE DER ZEIT[229]

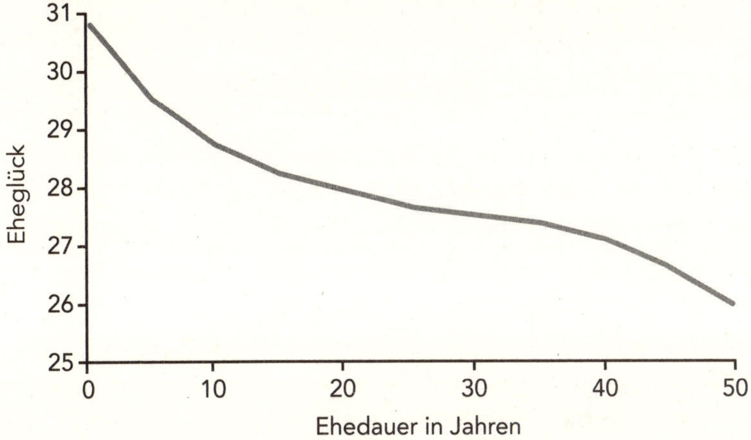

RÜCKGANG DER ALS GLÜCKLICH EINGESTUFTEN EHEN[230]

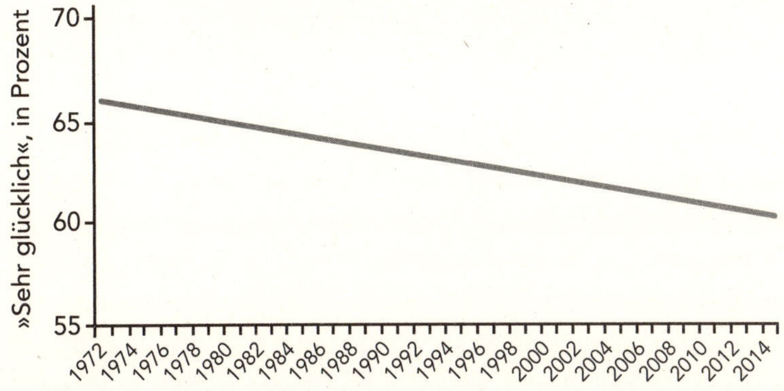

EINE BEZIEHUNG SCHAFFEN, DIE SICH MIT DEN PARTNERN VERÄNDERT

Werde ich gefragt, was nötig ist, damit eine Beziehung auf Dauer funktioniert, verweise ich gern auf Charles Darwin und sein Zitat über die natürliche Auslese: »Es sind nicht die stärksten Exemplare einer Art, die überleben, und auch nicht die intelligentesten, sondern die, die sich etwaigen Veränderungen am besten anpassen.«[216]

Auch wenn du heute eine stabile Beziehung hast, kann sie zerbrechen, wenn du dich möglichen Veränderungen nicht anpassen kannst. Dein Leben oder das deines Partners kann eine völlig unvorhergesehene Wendung nehmen. Damit eine Beziehung Bestand haben kann, müsst ihr sie so gestalten, dass sie sich weiterentwickelt.

Du denkst vielleicht, dass du dich nicht mehr großartig verändern wirst. Dass du schon der Mensch bist, der du langfristig sein wirst.

Übung: Beantworte die folgenden Fragen

1. Wie sehr hast du dich deiner Meinung nach in den letzten zehn Jahren verändert?

   ____

2. Wie sehr wirst du dich deiner Meinung nach in den kommenden zehn Jahren verändern?

   ____

Diese beiden Fragen haben der Harvard-Psychologe Daniel Gilbert und sein Team einer großen Untersuchungsgruppe vorgelegt.[217] Ein Teil der Befragten sollte einschätzen, wie sehr sie sich ihrer Meinung nach im Lauf der nächsten zehn Jahre verändern würden. Der andere Teil wurde gefragt, wie sehr sie sich in den vergangenen zehn Jahren verändert hätten. Ergebnis:

Die meisten waren der Ansicht, sich in der Vergangenheit erheblich verändert zu haben, rechneten aber nicht damit, sich in der Zukunft noch sonderlich zu ändern. Irrtum! Gilbert nennt diese Fehleinschätzung die *»Ende der Geschichte«-Illusion.*[218]

Gilbert hob hervor, dass wir zwar voll damit rechnen, körperlich zu altern (dass unsere Haare grau werden und sich andere körperliche Alterungsprozesse zeigen). Aber wir glauben, »dass mein innerster Kern, meine Identität, meine Werte, meine Persönlichkeit, meine ureigensten Vorlieben sich im Großen und Ganzen nicht mehr ändern werden.« Tatsache aber ist: Wir hören niemals auf, zu wachsen und uns zu verändern.

Und so, wie wir uns als Individuen im Laufe des Lebens ständig verändern, so ist es auch mit unseren Beziehungen. Manchmal gerät ein Partner in Schwierigkeiten, und der andere hält die Familie über Wasser. Ihr seid ein Herz und eine Seele, doch manchmal würdet ihr euch am liebsten an die Gurgel gehen. Ihr könnt oft mühelos miteinander reden, dann wieder ist es so, als stünde eine Mauer zwischen euch.

Da eine Beziehung immer in Bewegung ist, sollten wir sie behandeln, als wäre sie ein lebendes, atmendes Wesen. Doch nur allzu oft behandeln wir unsere Beziehung wie einen Toaster. Wir packen ihn aus, stecken den Stecker in die Dose und hoffen, dass er immer so bleibt, wie er aus der Schachtel kam. Doch ein Toaster funktioniert am besten, wenn wir ihn neu gekauft haben, und nutzt sich im Laufe der Zeit ab.

Niemand erwartet ernstlich, dass sein Toaster sich an neue Umstände anpasst oder durch Gebrauch besser wird. Aber was die Ehe angeht, so verpflichten wir uns am Tag der Hochzeit dieser Institution und erwarten, dass sie so bleibt wie am ersten Tag – bis dass der Tod uns scheidet.

Wie viel Glück haben wir aber mit diesem neuen »Toaster«? Sieht man sich die Scheidungs- bzw. Trennungszahlen an, so zeigt sich, dass 50 Prozent der Paare ihren Toaster zurückgeben.[219] Dass unsere Beziehungen in diesem Ausmaß scheitern, liegt zum Teil auch daran, dass sie, darwinistisch formuliert, nicht so angelegt sind, dass sie sich an Veränderungen anpassen können.

Also weg mit dem Toaster. Bringen wir lieber die Romantik zurück ins 21. Jahrhundert, indem wir uns die Philosophie der absichtsvollen Liebe zu eigen machen. In diesem Buch geht es darum, wie du bewusst deine Beziehung angehst. Dieser Ansatz ist auch das Leitmotiv für Teil II deiner Lovestory.

Zu diesem Zweck habe ich, wieder mit Rückgriff auf die Erkenntnisse der Verhaltensforschung, Methoden entwickelt, die dir helfen sollen, eine stabile Beziehung aufzubauen – ein Wunsch, den wir alle haben, nur dass die wenigsten wissen, wie man ihn verwirklicht. In den vergangenen Jahren haben sich Tausende von Paaren in aller Welt dieser Methoden bedient in der Hoffnung, eine Beziehung aufzubauen, die mitwächst, die belastbar ist und – das ist der wichtigste Aspekt – auch hält.

DER BEZIEHUNGSVERTRAG

Die meisten Leute formulieren Eheversprechen nur ein einziges Mal in aller Ausführlichkeit, und zwar anlässlich der Hochzeit. Doch mit unserer steigenden Lebenserwartung liegt vielleicht ein halbes Jahrhundert zwischen unserem Ehegelöbnis und dem Tag, an dem die »Bis dass der Tod uns scheidet«-Klausel in Kraft tritt. Wir brauchen daher ein zeitgemäßes System, das uns erlaubt, Beziehungen an die Entwicklungen und Veränderungen der Partner anzupassen. Darf ich vorstellen? Der Beziehungsvertrag!

In Kapitel 15 habe ich erklärt, wie nützlich ein schriftlicher Plan für eine Trennung ist und dass die Wahrscheinlichkeit deutlich größer ist, dass wir Dinge auch wirklich tun, wenn wir uns mit unserer Unterschrift aktiv dazu verpflichten, als wenn wir nur passiv Ja und Amen sagen. Dasselbe Prinzip steht hinter dem Beziehungsvertrag, der sozusagen ein lebendes, atmendes Dokument ist und im Laufe der Zeit mit der Beziehung mitwächst und sich verändert.

Ein Beziehungsvertrag funktioniert für verheiratete Paare ebenso wie für jene, die in einer Langzeitbeziehung leben. Eine Anmerkung vorweg zur Entwarnung: Das Wörtchen »Vertrag« in »Beziehungsvertrag« könnte vielleicht etwas abschreckend wirken, aber wir reden hier nicht von einem Ehevertrag. Hier geht es nicht um ein rechtskräftiges Dokument, sondern darum, der gemeinsamen Vision von einer Beziehung Ausdruck zu verleihen, der beide Partner zustimmen. Ihr könnt euren Beziehungsvertrag auf eine Serviette kritzeln, in einer Word-Datei entwerfen oder mit Magnetlettern an der Kühlschranktür ausbuchstabieren.

Diese Vereinbarungen beruhen auf den Gesprächen, die Paare regelmäßig führen sollten, um sich darüber klar zu werden, was sie von ihrer Beziehung erwarten. In diesen Gesprächen sollte es um Fragen gehen wie: *Wie oft wollen wir unsere Familien besuchen? Wer zahlt was? Wie wichtig ist Sex für uns? Sind wir monogam? Wie definieren wir Monogamie?*

Die Psychologen Jesse Owen, Galena Rhoades und Scott Stanley haben festgestellt, dass Paare, die sich die Zeit nehmen, um wichtige Entscheidungen durchzudiskutieren, glücklicher sind als Paare, die das nicht tun.[220] Mit Workshops überall im Land konnte ich Paaren helfen, genau das zu tun, einfach, indem sie einen Beziehungsvertrag aufsetzten.

Wenn ihr euren Beziehungsvertrag festlegt, solltet ihr euch aufrichtig, verletzlich und kompromissbereit zeigen. Das ist absolut nicht der Moment, um auf den Schwächen des anderen herumzureiten oder um Forderungen zu stellen. Das Ganze sollte auch nicht zum Kuhhandel ausarten, zum Beispiel: »Ich mache die Wäsche, wenn du dich ums Geschirr kümmerst.« Vielmehr sollten eure gemeinsamen Werte im Mittelpunkt stehen: »Wir versprechen einander, den anderen dabei zu unterstützen, seine Träume zu verwirklichen und die dafür nötigen Opfer zu bringen.«

Jedes Mal wieder bin ich überrascht, wie unterschiedlich die Klauseln in solchen Verträgen ausfallen. Manche sind ernst und gewichtig wie zum Beispiel die jenes Paares, das einen Plan aufstellte, wie es seine Studiendarlehen zurückzuzahlen gedachte. Andere sind eher ein wenig albern wie bei dem Paar, das gelobte, künftig keine IKEA-Möbel mehr zu kaufen.

Jedes Paar, das einen Beziehungsvertrag aufsetzt, hält gleich auf der ersten Seite das Datum fest, zu dem es seine Vereinbarung neu verhandeln will. Zu dem festgesetzten Datum geben sich die Partner Feedback, wie es mit der Umsetzung gelaufen ist. Manche Paare gehen ihren Vertrag jedes Jahr durch, andere nach fünf oder sieben Jahren.

Diese »Vertragsverhandlungen« setzen einen Fixpunkt, an dem jedes Paar sich überlegen kann: *Was braucht unsere Beziehung jetzt?* Dann können die Partner ihren Vertrag so abändern, dass er ihre individuelle Entwicklung widerspiegelt. So können sie auch regelmäßige Kurskorrekturen an der Beziehung vornehmen, bevor es zu einem Crash kommt. Um John F. Kennedy zu zitieren: »Die beste Zeit, das Dach zu reparieren, ist dann, wenn die Sonne scheint.«[221] Er hat zwar nicht seine Ehe angesprochen, aber ich denke, du weißt, was gemeint ist.

Euer Motto sollte sein: bewusst entscheiden, nicht hineinschlittern. Im Anhang findest du eine zweiteilige Übung zur Erstellung deines eigenen Beziehungsvertrags. Dieses Material habe ich zusammen mit meiner Freundin und Mitarbeiterin Hannah Hughes entwickelt. Teil 1 ist ein Arbeitsblatt zur Selbstreflexion. Dort beantwortest du Fragen wie: Wie viel Zeit brauchst du für dich selbst? Wie drückst du Liebe und Zuneigung üblicherweise aus? Welche Beziehungsrituale magst du? Teil 2 ist ein Blankoformular des Beziehungsvertrags, das du anschließend mit deinem Partner bearbeiten kannst.

Übung: Der Beziehungsvertrag

Setzt ein Wochenende fest, an dem ihr beide frei habt. Wenn ihr das Ganze mit einem Ausflug verbinden könnt – umso besser! Wenn nicht, plant einen romantischen Aufenthalt auf Balkonien bzw. in den eigenen vier Wänden. Aber vor allem: Schaltet eure Handys aus. Nehmt euch zwischen kulinarischen Köstlichkeiten und heftigem Knutschen immer wieder Zeit, um an eurem Beziehungsvertrag zu arbeiten. Sprecht darüber, was Liebe und Verbundenheit für euch bedeuten. Denkt immer daran: Was ihr hier tut, das ist ein Akt (und kein Kontrakt) der Liebe.

DAS CHECK-IN-RITUAL

Es gibt einen Satz der Psychotherapeutin Esther Perel, der mich total begeistert: »Deine Lebensqualität wird bestimmt von der Qualität deiner Beziehungen. Beziehungen sind deine Geschichte. Schreib sie gut und überarbeite sie so oft wie möglich.«[222]

Doch wie oft ist oft? Ich persönliche stehe total auf das allwöchentliche Check-in-Ritual, ein kurzes Gespräch, bei dem du und dein Partner über alles redet, was euch so durch den Kopf geht. Wenn der Beziehungsvertrag euch hilft, die Richtung festzulegen, in die eure Beziehung sich entwickeln soll, so stellt das Check-in-Ritual sicher, dass ihr in der Spur bleibt.

Viele Paare scheuen sich davor, offen und aufrichtig über ihre Wünsche zu sprechen, ob es nun darum geht, Kinder zu haben, die Beziehung zu öffnen oder sie vielleicht sogar zu beenden. In jeder Beziehung gibt es Probleme, und fast allen Menschen ist unwohl bei dem Gedanken, sie anzusprechen. Der Beziehungsvertrag und das Check-in-Ritual sind Instrumente, die eigens zu dem Zweck entwickelt wurden, dieses Unwohlsein zu verringern.

Jeden Sonntagabend lassen Scott und ich uns auf unserer großen weißen Couch nieder, um miteinander zu reden. Er sitzt immer nahe an der Tür (ich will jetzt mal nicht zu viel hineininterpretieren), während ich mich auf dem Sofa ausstrecke. Er isst dabei für gewöhnlich Popcorn, während ich noch voll bin vom Abendessen.

Dann stellen wir uns gegenseitig folgende drei Fragen: *Wie war letzte Woche für dich? Hast du dich von mir unterstützt gefühlt? Wie kann ich dich nächste Woche unterstützen?* Manchmal braucht es für unser Check-in keine fünf Minuten. Haben wir dagegen eine Woche frei, wird aus unserem Check-in oft ein langes, inniges Zwiegespräch. Klar, diese Diskussionen können schwierig sein, aber oft sind sie wichtig und echt erhellend. Wir versuchen, uns mit Problemen auseinanderzusetzen, sobald sie entstehen. So halten wir die Verbindung zwischen uns aufrecht und finden immer wieder Neues über uns und unsere Beziehung heraus. Dieses Ritual hat uns ermöglicht, problematische Themen anzusprechen, ehe zu viel Zeit verstreicht und sich zu viel Groll aufgestaut hat.

Wobei das Check-in-Ritual selbst ebenso wichtig ist wie die Gespräche, die man bei dieser Gelegenheit führt. Macht man daraus ein ständig wiederkehrendes Ereignis, so macht man sich ein simples Prinzip zunutze, das von Verhaltensforschern gerne eingesetzt wird: Tragen wir etwas in den

Terminkalender ein und machen es zu unserem Standardmodus, so ist es sehr viel wahrscheinlicher, dass wir es tatsächlich tun. Und weil diese Check-ins als regelmäßig wiederkehrendes Ereignis auf unserem Kalender stehen, muss keiner am anderen herumnörgeln, dass er sich nie Zeit nimmt, um wichtige Dinge zu besprechen. Der Kalender gibt uns dafür den nötigen Anreiz. Viele Paare, mit denen ich gearbeitet habe, berichten, dass das Check-in-Ritual sie glücklicher, leidenschaftlicher und auch resilienter gemacht hat.

Frag dich selbst: Wie würde mein Leben aussehen, wenn ich mich regelmäßig mit meinem Partner hinsetzen und sagen würde, was wirklich mit mir los ist? Ich kann dir eines versprechen: Es ist die Mühe wert. *Entscheide dich für die absichtsvolle Liebe!*

Übung: Gestaltet euer eigenes Check-in-Ritual

Setz dich mit deinem Partner zusammen und beantwortet gemeinsam die folgenden Fragen:

1. Wann wollt ihr dieses wöchentliche Ritual durchführen?
2. Wo soll euer Check-in stattfinden? Findet einen Ort, an dem ihr euch beide wohlfühlt. Das Sofa? Eine Bank im Park, wo ihr ungestört seid?
3. Welche Fragen wollt ihr euch jede Woche gegenseitig stellen?
4. Wie könnt ihr dieses Ritual zu etwas Besonderem machen? Zum Beispiel, indem ihr euer Lieblingsdessert verzehrt, während ihr die Fragen beantwortet? Oder euch gegenseitig eine Fußmassage verpasst?
5. Wie wollt ihr euer Check-in abhalten, wenn ihr räumlich getrennt seid?

DER NÄCHSTE SCHRITT: DIE WELT DER ABSICHTSVOLLEN LIEBE

Starke Partnerschaften sind keine Glückssache, sie erfordern Aufmerksamkeit und bewusste Entscheidungen. Sie brauchen absichtsvolle Liebe. Damit ist ein bewusst gelebtes Leben gemeint, das in der Rückschau eine Reihe wohlüberlegter, bewusst getroffener Entscheidungen erkennen lässt.

Sei es, dass du einen Menschen mehr geliebt hast als den anderen, sei es, dass du drei wichtige Beziehungen hattest oder Single geblieben bist und ein spannendes Leben hattest. Was auch immer der Fall gewesen sein mag, es war ein Abenteuer, kein Zufallsprodukt. Du hast dein Leben in deine eigenen Hände genommen, hast dafür keinem anderen die Verantwortung zugeschoben außer dir selbst. Du warst ehrlich zu dir selbst, bist zu dir und deinen Wünschen gestanden und, das ist der wichtigste Aspekt überhaupt, du hast immer, wenn es nötig war, Kurskorrekturen vorgenommen. Du hast dein eigenes Leben gelebt, nicht die Vorstellungen eines anderen umgesetzt.

Bei den Recherchen für dieses Buch hatte ich das Privileg, mit vielen inspirierenden Menschen in Berührung zu kommen, Menschen, die das Ideal vorsätzlicher, bewusster Liebe verkörpern.

Da ist zum Beispiel der Mann, der daten geht und offen und ehrlich sagt, was er will, nämlich nichts Ernstes, und meistens wird dieses Bekenntnis positiv und mit Erleichterung aufgenommen.

Dann ist da die Transfrau, die endlich einen Partner gefunden hat, der sie in ihrem neuen Körper zum Orgasmus bringt. Die beiden haben sich unlängst zusammen ein Haus von ihrer Kriegsversehrtenrente gekauft.

Da ist der Mann, der gelernt hat, von seiner Frau das zu fordern, was er sich in ihrem gemeinsamen Haus immer gewünscht hat: einen Raum für sich, den er ganz nach seinen eigenen Vorstellungen gestalten kann.

Und da ist noch das polygame Paar, das ein Haus gekauft hat, um ihre anderen Partner darin aufzunehmen und mit allen zusammen eine Familie zu gründen.

Einige dieser Partnerschaften dürften theoretisch gar nicht funktionieren, doch weil sie so gewollt sind, sind die Menschen in diesen Beziehungen froh und glücklich. Einige dieser Paare haben Tragödien erlebt wie seltene Krebserkrankungen und mehrfache Fehlgeburten. Aber sie kämpfen sich da durch, indem sie tagtäglich eine unglaubliche Energie in ihre Beziehung investieren. Sie sind fest entschlossen, allen Widrigkeiten die Stirn zu bieten und zu dem allzu niedrigen Prozentsatz glücklicher und glückender Beziehungen zu gehören.

Auch du hast diese Möglichkeit. Das hinzubekommen ist keine Hexerei. Ich hoffe, du hast aus diesem Buch gelernt, wie es geht. Und nun zieh hinaus in diese Welt und lebe in voller Absicht glücklich bis ans Ende deiner Tage.

DIE QUINTESSENZ

1. Seit 40 Jahren finden immer weniger und weniger Menschen ihr Glück in Langzeitbeziehungen. Die frohe Botschaft lautet: **Gute Beziehungen erarbeitet man sich, sich fallen einem nicht in den Schoß.** Du kannst dir die Beziehung aufbauen, von der du immer geträumt hast.

2. **Eine Beziehung aufzubauen, die sich mit den Partnern entwickelt, ist der Schlüssel für eine stabile Langzeitpartnerschaft.** Wir unterschätzen, wie sehr wir uns in der Zukunft noch entwickeln und verändern werden. Wir sollten also Beziehungen anstreben, in denen wir uns gemeinsam mit dem Partner weiterentwickeln können.

3. **Ein Beziehungsvertrag** ermöglicht euch, die Richtung festzulegen, in die sich eure Beziehung entwickeln soll, und euer Beziehungsideal im Lauf der Zeit immer wieder unter die Lupe zu nehmen und gegebenenfalls zu korrigieren. Ein wöchentliches **Check-in-Ritual** hilft euch, auftretende Probleme zeitnah anzugehen.

4. In einer Welt der **absichtsvollen** *Liebe* gestaltest du dein Leben nach deinen Vorstellungen, übernimmst selbst die Verantwortung dafür, bist dir selbst gegenüber ehrlich, was dich und deine Wünsche angeht. Und was das Wichtigste ist: Du nimmst Kurskorrekturen vor, wenn es nötig ist. Du lebst keine fremden Vorstellungen vom Leben, sondern deine eigenen. **Und jetzt zieh hinaus in die Welt und lebe in voller Absicht glücklich bis ans Ende deiner Tage.**

DANK

Ein Buch schreibt man immer allein. Außer du hast wie ich eine Gemeinde vertrauenswürdiger Freunde und Ratgeber, die dein Projekt behandeln, als wäre es ihr eigenes.

Scott Mayer Mckinney: Du hast unzählige Stunden damit zugebracht, das Manuskript zu redigieren, für meine geistige Gesundheit zu sorgen und mich daran zu erinnern, dass ich auf dem Sektor »Wissenschaftliche Arbeiten zum Thema Beziehungen« noch viel zu lernen habe. Ich werde dich für immer und ewig als Co-Autor betrachten.

Molly Glauberman, meine innig geliebte Produktmanagerin: Du hast den Raum und die Unterstützung geschaffen, die ich brauchte, um dieses Buch zu schreiben. Es ist nur fair, dass du dafür Ben bekommen hast.

Ellen Huet, meine Grammatik-Korrektorin und Beraterin: Dein großzügiges Feedback zu jeder Tages- und Nachtzeit hat meine Ideen, meinen Schreibstil und meinen Witz geschärft. Als Erwachsener Freunde zu finden, ist gar nicht so einfach. Ich habe acht Jahre gebraucht, um euch beide aufzutreiben, aber ich bin jeden Tag dankbar dafür, dass ich nie aufgehört habe, zu suchen.

Connor Diemand-Yauman: Ich habe so ein Glück, dass du dich dieses

Projekts angenommen hast. Dank deines Inputs ist jedes einzelne Kapitel witziger und tiefgründiger geworden.

Liz Fosslien: Ich bewundere deine Kreativität, deinen Witz, dein brillantes Denken. Danke für dein offenes Feedback beim Schreiben. Mit dir kann ich immer ganz ich selbst sein, und das ist ein seltenes Geschenk.

Kimberly Baudhuin: Wir sind ein tolles Team. Danke, dass du oft die Situation gerettet hast.

Britt Nelson und Hannah Hughes: Danke, dass ihr mir euren ausgezeichneten Geschmack geborgt habt. Eure Design-Skills haben mir in schwerer Zeit Auftrieb gegeben.

Rose Bern: Danke für deinen unschätzbar wertvollen Beitrag zum Proposal für den Verlag und für grundlegende Recherchearbeiten.

Toby Stein, meinen Komplizen bei allerlei Unfug: Du bist der Inbegriff des guten Freundes. Und deine praktischen Hinweise zum Buch waren sehr wichtig.

Emily Graff, meine unermüdliche Lektorin bei Simon & Schuster: Du hast dieses Buch von Anfang an in mir gesehen und hast mich daher bei seiner Schöpfung immer unterstützt. Wir haben dieses Projekt zusammen aus der Taufe gehoben.

Meine lebenslangen Freunde: Ihr habt mich zu dem werden lassen, was ich heute bin. Die Beziehungen zu euch sind meine größte Leistung. Ich lebe für unsere Gespräche, für die Zeit, die wir zusammen verbringen. Ich bin hier, ich habe es an dieses lebenslange Ziel geschafft, weil ihr die ganze Zeit hinter mir gestanden seid.

Dani Helitzer: Unsere Freundschaft dauert nunmehr 30 Jahre – und hat unzählige Ex-Freunde überdauert. Du gehörst einfach zur Familie.

Lana Schlesinger: Wie haben wir uns gleich noch mit 14 kennengelernt? Was mein ist, ist dein. Du bist mehr als eine Freundin, du bist ein Teil von mir.

Alison Congdon, Tori Simeoni, Michela DeSantis: Ich bin so stolz darauf, was wir geschafft haben, indem wir uns immer unterstützt haben. Wir haben Glück, dass wir gemeinsam in der vierten Dimension leben.

Tessa Lyons-Laing, meine Schwester: Du bist seit der Geburt meine

Komplizin. Ich finde es wunderbar, dass ich mit dir zusammen durchs Leben gehen darf.

Martabel Wasserman: Ich weiß deinen Mut, deine Originalität und Intelligenz zu schätzen. Ich finde es toll, mich durch deine Augen zu betrachten.

Kristen Berman: Du bist die Kapitänin unserer Bay-Area-Superhelden-Liga. Du hast immer Ja zu mir gesagt. Und all diese Jas haben zu unglaublich vielen tollen Dingen geführt, u. a. zu diesem Buch.

Erik Torenberg, mein erster selbst ernannter »Fan«: Dein Engagement und dein Glaube an meine Arbeit haben vieles möglich gemacht. Unsere Freundschaft ist eine der großen Freuden meines Lebens.

Misha Safayan: Du bist wahrhaft Mensch.

Sara Sodine: Du hast so viele Gliederungen, Entwürfe und spätnachts verfasste Texte gelesen. Ich weiß deinen freundschaftlichen Rat wirklich zu schätzen.

Tara Kousha: Deine Weisheit in unseren Coachingsitzungen hat mir den Mut verliehen, meinen Traum zu verwirklichen. Es ist eine Ehre, dich als Freundin bezeichnen zu dürfen.

Meikaela Zwieryznski: Deine großzügige Gastfreundschaft in New York hat mir so viele Chancen erschlossen. Es gibt keinen Ort, an dem ich mich lieber aufhalte als auf deinem Sofa, wo wir bis in die frühen Morgenstunden plaudern.

Dieses Buch gäbe es nicht, wäre da nicht der Großmut und die Klugheit meiner Mentoren, wahrer Giganten auf dem Feld der Verhaltens- und Beziehungsforschung.

Dan Ariely: An deiner Seite zu lernen, war die beste Ausbildung in Verhaltensforschung, die ich mir vorstellen kann. Du hast mir gezeigt, wie man ein erfülltes und experimentelles Leben führen kann.

Esther Perel: Deine visionäre Arbeit bahnte diesem Buch den Weg. Von unserem ersten Gespräch über meine Eltern bis hin zu der Überlegung, wie das Leben mit Kindern wäre, hast du mein Leben mit Tiefe, Facettenreichtum und Weisheit erfüllt. Du inspirierst mich.

John und Julie Gottman, die »Meister der Beziehung«: Danke für eure Mentorenrolle und eure Beiträge zu diesem Thema. Meine Beziehung zu

Scott ist stärker, weil wir so früh in unserer Beziehung gemeinsam euren Workshop besucht haben.

Eli Finkel: Danke für diese Forschungsarbeiten, die geprägt haben, wie ich Liebe und Beziehungen sehe. Danke für deine Güte und Großzügigkeit und dass du dich dafür entschieden hast, mit mir zu arbeiten.

Alison Finkel: Ich sehe dich. Danke, dass du mir dein Heim und dein Herz geöffnet hast.

Dan Jones, Steven Levitt, Helen Fisher, Alain de Botton, Alexandra Solomon, Barry Schwartz, Sheena Iyengar, Ty Tashiro und die vielen Menschen, die ich zum Thema »Liebesleben« interviewt habe: Danke, dass ihr eure Erfahrungen mit mir geteilt habt. Unsere Gespräche haben dieses Buch entscheidend mitgeprägt.

An meine frühen Leser: Lana, Tori, Tessa, Toby, Kristen, Molly, Ellen, Connor, Martabel, Liz, Etosha Cave, Alexis Konevich, Regina Escamilla, Michael Fulwiler, Laura Thompson, Faryl Ury, Cindy Mayer, Craig Minoff und Fiona Romeri: Danke für euren sorgsamen Blick, eure kreativen Vorschläge und euer konstruktives Feedback. Ihr habt meine Leser vor dummen Witzen und unverständlichen Ratschlägen bewahrt.

Danke an Mike Wang, Jessica Cole, Rui Bao, Tyler Bosmeny, Ryan Dick, Brenna Hulls, Tessa, Sam Steyer, Stephanie Sher, MayC Huang, Josh Horowitz, Natalie Tulsiani und Marina Agapakis: Ihr habt großzügige Rechenschaftsabendessen mit mir geteilt. Die Ideen und das Feedback, das ich dabei erhielt, haben Eingang in dieses Buch gefunden.

David Halberstein: Danke, dass du mir großzügig deinen brillanten juristischen Fachverstand geliehen hast, obwohl du eigentlich gerade die erste Woche deiner Elternzeit genießen wolltest.

Allison Hunter, meine Agentin: Du hast sofort an dieses Buch geglaubt. Ich hätte keine bessere Fürsprecherin finden können.

All meine Klienten: Danke, dass ihr mir euer Liebesleben anvertraut habt. Eure Verletzlichkeit, eure Hingabe und eure Leidenschaft haben mich angeregt, dieses Buch zu schreiben.

Meine Familie: So vieles von dem, was nötig war, um dieses Buch zu schreiben, habe ich von euch und eurer Erziehung: Beharrlichkeit, die Liebe zur Sprache und das enorme Vertrauen in meine Fähigkeiten.

Faryl Ury und Ben Sacks: Wir haben das Glück, eure Liebe und Loyalität gleich jenseits der Brücke zu wissen.

Tante Nancy: Deine Ehe hat die Messlatte hochgelegt. Dein *kavanah* (Intention) auf diesem Gebiet hat viele der Ideen in diesem Buch inspiriert.

Bonnie und John Ury: Ihr habt in mir die Liebe zum Lesen geweckt. Es war mein größter Wunsch, ein Buch zu schreiben, das meine Eltern lesen würden, und siehe da: Da ist es!

ANHANG

ÜBUNG: PLAN FÜR SCHWIERIGE GESPRÄCHE

1. Welches Ziel hast du bei diesem Gespräch? (Anders ausgedrückt: Wie sieht der Erfolg aus?)

2. Wie lautet der Kern deiner Botschaft?

3. Wie möchtest du kommunizieren? Wie nicht?

4. Wie möchtest du das Gespräch eröffnen?

5. Was muss gesagt werden?

6. Machst du dir Sorgen, wie der andere reagieren wird? Wenn ja, welche?

7. Was tust du, wenn dies passiert?

____

____

____

____

8. Wie möchtest du das Gespräch beenden?

____

____

____

____

BEZIEHUNGSVERTRAG: ARBEITSBLATT ZUR SELBSTREFLEXION

ANLEITUNG

Fülle dieses Formular für dich aus. Sei ehrlich und offen, was deine Bedürfnisse angeht.

ZEIT

Verfügbarkeit

Zu folgenden Zeiten kann ich Zeit mit meinem Partner verbringen (Kreuze an, was auf dich zutrifft):

- ☐ Wochentags am Morgen ______________________
- ☐ Wochentags am Nachmittag ______________________
- ☐ Wochentags am Abend ______________________
- ☐ Wochenende am Morgen ______________________

- ☐ Wochenende am Nachmittag ______________________
- ☐ Wochenende am Abend __________________________

Idealerweise verbringe ich ________ -mal die Woche Zeit nur mit meinem Partner.

Rituale

Meine drei Lieblingsrituale in meiner gegenwärtigen oder früheren Beziehung:

(Zum Beispiel: am Samstagvormittag gemeinsam einkaufen, ins Kino gehen, Sonntagmorgen das Frühstück im Bett)

1. ____
2. ____
3. ____
4. ____

Ein neues Ritual für die Zukunft wäre:

____

____

____

Besondere Aktivitäten

Drei besondere Aktivitäten, die ich gerne mit meinem Partner mache:

(Zum Beispiel: reisen, schicke Restaurants besuchen, gemeinsam einen Kurs belegen etc.)

1. ____

2. ______________________________

3. ______________________________

Zeit für mich

Ich brauche Zeit für mich:

- ☐ Häufig (mehrere Stunden am Tag)
- ☐ Gelegentlich (zumindest ein Abend pro Woche)
- ☐ Wenig (wenn es sich ergibt)

Zwei Aktivitäten, die ich gerne alleine unternehme:
(Zum Beispiel: Yoga, Einkaufen etc.)

1. ______________________________

2. ______________________________

SOZIALLEBEN

Freunde

Folgende Aktivität möchte ich weiterhin nur mit meinen Freunden ausüben:

____

____

____

Mir liegt besonders daran, dass mein Partner folgende Freunde kennenlernt:

1. ______________________________

2. ______________________________

3. ______________________________

Wie stark möchte ich meinen Partner in mein Sozialleben integrieren:

- ☐ Total (Wir haben lauter gemeinsame Freunde und unternehmen nur zusammen etwas.)
- ☐ Teilweise (Wir haben gemeinsame Freunde, mit denen wir etwas unternehmen, aber jeder hat auch eigene Hobbys und Freunde.)
- ☐ Eher nicht (Ich will mein Sozialleben beibehalten und auch meinen Hobbys ohne den Partner nachgehen.)

Familie

Ich möchte, dass wir meine Familie sehen:

- ☐ Mindestens einmal pro Woche
- ☐ Mindestens einmal im Monat
- ☐ Ein paar Mal im Jahr
- ☐ Einmal im Jahr
- ☐ Eher selten

Ich möchte, dass wir zu folgenden Feiertagen oder Anlässen meine Familie sehen:

1. ______________________________

2. ______________________________

3. ______________________________

EMOTIONALE BEDÜRFNISSE

Zuneigung

Menschen zeigen ihre Zuneigung auf unterschiedliche Art und Weise. Es gibt sozusagen fünf »Sprachen der Liebe«: liebevoller Zuspruch, gemeinsame Zeit, Geschenke, Hilfsangebote und körperliche Berührung.[223]

Meine bevorzugte Sprache der Liebe ist:

- ☐ Liebevoller Zuspruch
- ☐ Gemeinsame Zeit
- ☐ Geschenke
- ☐ Hilfsangebote
- ☐ Körperliche Berührung

Stressmanagement

Wenn ich im Stress bin, trägt es zu meiner Entspannung bei, wenn ich:

(Zum Beispiel: ein Bad nehme, Zeit für mich allein verbringe, über die Probleme rede, spazieren gehe, eine Freundin anrufe)

____

____

Wenn ich im Stress bin, wünsche ich mir von meinem Partner Folgendes:

(Kreuze alles an, was auf dich zutrifft.)

- ☐ Dass er mir zuhört
- ☐ Dass er mich ablenkt
- ☐ Dass er mir Zeit für mich gibt
- ☐ Dass er Lösungsvorschläge macht
- ☐ Oder: ____________________

Streit

Wenn du und dein Partner nicht einer Meinung seid, welche Art der Kommunikation nutzt ihr dann?

(Kreuze alles an, was auf euch zutrifft.)

- ☐ Ein Gespräch unter vier Augen
- ☐ E-Mail
- ☐ SMS
- ☐ Andere: ______________________________

Sex

Für mich ist Sex:

- ☐ Sehr wichtig
- ☐ Schon wichtig
- ☐ Nicht so wichtig

Idealerweise hätte ich mit meinem Partner gern _______ -mal pro Woche/ Monat Sex.

Was den Kontakt zu anderen Partnern angeht, wünsche ich mir, dass unsere Beziehung …

- ☐ total monogam ist, das heißt nur uns beide umfasst
- ☐ irgendwie monogam ist (gelegentlich ein bisschen Offenheit)[224]
- ☐ vollkommen offen ist
- ☐ Andere Formen: …

BEZIEHUNGSVERTRAG

Anleitung

Nehmt euch Zeit, diesen Vertrag miteinander auszuhandeln, idealerweise in einem entspannten und romantischen Umfeld. Zuerst sollte sich jeder von euch mit dem Arbeitsblatt zur Selbstreflexion auseinandersetzen. Dann könnt ihr eure Antworten vergleichen und durch aktives Zuhören verstehen lernen, was der Partner sagt, sodass er sich verstanden fühlt. Fasse kurz zusammen, was du glaubst, vom anderen gehört zu haben. Wann immer euch oder dir danach ist, legt eine Pause ein. Am Ende könnt ihr das Dokument beide unterschreiben und es mit einem Kuss besiegeln.

Der Vertrag

Wir akzeptieren, dass jede Beziehung von beiden Seiten Arbeit erfordert. Wir haben uns entschieden, in den jeweils anderen und unsere gemeinsame Liebe, unsere Zufriedenheit und unser Wachstum zu investieren. Wir verstehen, dass es einfacher ist, in Zeiten von Liebe und Glück eine Beziehung zu vertiefen, als sie in schwierigen Zeiten zu verbessern.

Dieser Vertrag dient dem Nutzen aller an dieser Beziehung Beteiligten.

Diesen Vertrag schließen:

Partner 1: ______________________________

Partner 2: ______________________________

(in der Folge als Partner 1 und Partner 2 bezeichnet)

Der Vertrag beginnt am: ______________________________

Wir handeln diesen Vertrag neu aus am: ______________________________

Bitte um Zuwendung

Den Beziehungsforschern John und Julie Gottman zufolge ist eine »Bitte um Zuwendung« die »grundlegende Einheit emotionaler Kommunikation«.[225] Solche Bitten können klein oder groß ausfallen, verbal oder nonverbal erfolgen. Im Grunde handelt es sich dabei um den Wunsch nach Verbundenheit. Dieser kann durch ein Codewort, eine Frage, aber auch körperlich erfolgen. Er kann witzig, ernsthaft oder sexuell sein. Immer wenn dein Partner eine solche Bitte abgibt, hast du die Wahl. Du kannst dich ihm »zuwenden« und damit seine Bedürfnisse akzeptieren. Oder du »wendest dich ab« und ignorierst diese Bitte um Verbundenheit. Menschen in erfolgreichen Beziehungen wenden sich in 86 Prozent der Fälle einander zu. In schwierigen Beziehungen sinkt diese Zahl auf 33 Prozent. Paare, die sich auf Bitten einander zuwenden, genießen eine Beziehung, in der Vertrauen, Leidenschaft und befriedigender Sex die Regel sind.

Wir vereinbaren hiermit, dass wir uns oft Zuwendung schenken und auf die Bitten des Partners so oft eingehen, wie wir können.

Partner 1	**Partner 2**
______________________	______________________
Name	Name

ZEIT

Rituale

Wir wollen jede Woche Zeit zu zweit verbringen:

(Schreibt auf, wie oft ihr euch im Rahmen dieses Zeitfensters sehen wollt.)

- ☐ Wochentags am Morgen ______________________
- ☐ Wochentags am Nachmittag ______________________

- ☐ Wochentags am Abend ______________________________
- ☐ Wochenende am Morgen ____________________________
- ☐ Wochenende am Nachmittag _________________________
- ☐ Wochenende am Abend _____________________________

Idealerweise verbringen wir __________ -mal die Woche Zeit zu zweit.

Wir verbringen __________ Tage/Nächte pro Woche, ohne ans Telefon zu gehen.

Wie sehen eure gemeinsamen Lieblingsrituale aus?

(Zum Beispiel: Gemeinsam einkaufen, ins Kino gehen, Frühstück im Bett etc.)

____

____

____

Wir versprechen einander, dies so oft zu tun wie nur möglich.

Wenn wir __________ -mal die Gelegenheit verpassen, Zeit zu zweit zu verbringen, gleichen wir das aus, indem wir:

(Zum Beispiel: ein Wochenende wegfahren, gemeinsam kochen etc.)

____

____

____

Wir wollen auch neue Rituale ausprobieren.

In der Zeit zwischen dem heutigen Tag und unserer nächsten Vertragsprüfung wollen wir folgendes neues Ritual einführen:

(Zum Beispiel: einen Sonntagsbrunch machen, am Abend vor dem Schlafengehen sagen, wofür wir dankbar sind, etc.)

____

____

____

Besondere Aktivitäten

Drei besondere Aktivitäten, die uns wirklich wichtig sind:

(Zum Beispiel: reisen, schicke Restaurants besuchen, gemeinsam einen Kurs belegen etc.)

1. ______________________________
2. ______________________________
3. ______________________________

Wir versprechen uns gegenseitig, Zeit für diese Rituale zu schaffen, und zwar mit folgender Häufigkeit:

(Zum Beispiel: gemeinsam kochen – mindestens einmal die Woche)

1. ______________________________
2. ______________________________
3. ______________________________

Zeit für dich/Zeit für mich

Uns ist klar, dass jeder Mensch andere Vorstellungen hat, wenn es um die Zeit geht, die er allein verbringen möchte.

Partner 1
Ich brauche Zeit für mich:

- ☐ Häufig (mehrere Stunden am Tag)
- ☐ Gelegentlich (zumindest einen Abend pro Woche)
- ☐ Wenig (wenn es sich ergibt)

Was ich gerne allein unternehme:

Partner 2
Ich brauche Zeit für mich:

- ☐ Häufig (mehrere Stunden am Tag)
- ☐ Gelegentlich (zumindest einen Abend pro Woche)
- ☐ Wenig (wenn es sich ergibt)

Was ich gerne allein unternehme:

Wir versprechen uns gegenseitig, dieses Bedürfnis beim jeweils anderen zu achten.

Freunde

Unser Freundeskreis soll sich:

- ☐ Total überlappen
- ☐ Teilweise überlappen
- ☐ Bitte nicht überlappen

Partner 1
Ich verspreche, folgende drei Person aus dem Freundeskreis von Partner 2 kennenzulernen:

1. ______________________________

2. ______________________________

3. ______________________________

Partner 2
Ich verspreche, folgende drei Person aus dem Freundeskreis von Partner 1 kennenzulernen:

1. ______________________________

2. ______________________________

Ein Ziel für unser gemeinsames Sozialleben, das wir zwischen dem heutigen Tag und unserer nächsten Vertragsprüfung erreichen wollen, ist:

(Zum Beispiel: öfter mal zu einer Party gehen, uns einer Sportmannschaft anschließen, monatliche Abendessen geben)

____

____

____

Familie

Wir besuchen die Familie von Partner 1 mit folgender Häufigkeit:

- ☐ Wöchentlich
- ☐ Monatlich

☐ Jährlich
☐ Andere: ______________________________

Wir besuchen die Familie von Partner 2 mit folgender Häufigkeit:

- Wöchentlich
- Monatlich
- Jährlich
- Andere: ______________________________

Feiertage und besondere Anlässe

An folgenden Feiertagen oder besonderen Anlässen werden wir:
(Zum Beispiel: die Familie von … besuchen, in die Kirche gehen etc.)

1. Anlass: ______________________________

Und wie wir diesen Tag verbringen: ______________________________

2. Anlass: ______________________________

Und wie wir diesen Tag verbringen: ______________________________

3. Anlass: ______________________________

Und wie wir diesen Tag verbringen: ______________________________

EMOTIONALE BEDÜRFNISSE

Sprache der Liebe

Wir wissen, dass Menschen ihre Zuneigung auf unterschiedliche Art und Weise zeigen. Es gibt fünf »Sprachen der Liebe«: liebevoller Zuspruch, gemeinsame Zeit, Geschenke, Hilfsangebote und körperliche Berührung.

Wir wünschen Zuneigung in folgender Weise:

Partner 1
Meine bevorzugte Sprache der Liebe ist:

____

Partner 2
Meine bevorzugte Sprache der Liebe ist:

____

Stressmanagement

Uns ist klar, dass jeder Mensch anders mit Stress umgeht.

Partner 1
Wenn ich im Stress bin, trägt es zu meiner Entspannung bei, wenn ich:

____

Ich fühle mich unterstützt, wenn:

____

Partner 2
Wenn ich im Stress bin, trägt es zu meiner Entspannung bei, wenn ich:

____

Ich fühle mich unterstützt, wenn:

____

STREIT

Wir verstehen, dass manche Verhaltensweisen einer Beziehung schaden. John und Julie Gottman gehen davon aus, dass Paare, die auf den anderen mit *Kritik, Verachtung, Rechtfertigung und Mauern* reagieren, damit die Trennung riskieren. Die Gottmans bezeichnen sie als die »Vier apokalyptischen Reiter« jeder Beziehung.[226]

Wie ihr die »Vier apokalyptischen Reiter« vermeidet:

Kritik: Statt den Charakter und die Persönlichkeit meines Partners zu kritisieren, werde ich sagen, wie ich mich dabei fühle, und ihn bitten, sich künftig anders zu verhalten. Dabei bin so konkret wie möglich. (Zum Beispiel: »Ich fühle mich einsam, wenn du keine Zeit für mich hast. Ich möchte, dass wir wenigstens einen Abend pro Woche zusammen verbringen.« Und nicht: »Ich bin dir völlig gleichgültig.«)

Verachtung: Statt meinen Partner anzugreifen, achte ich darauf, dass zwischen uns eine Kultur der Wertschätzung entsteht. Ich führe mir die Stärken meines Partners vor Augen.

Rechtfertigung: Statt mich zum Opfer zu machen, akzeptiere ich das Feedback meines Partners und seine Sichtweise und entschuldige mich.

Mauern: Statt mich aus dem Konflikt zurückzuziehen, wenn ich mich emotional überfordert fühle, nehme ich eine Auszeit, um mich zu beruhigen.[227] Ich nehme das Gespräch wieder auf, wenn ich das Gefühl habe, etwas Produktives dazu beitragen zu können.

Partner 1	**Partner 2**
Name ____________________	Name ____________________

Wenn wir streiten, bevorzuge ich folgende Wege der Kommunikation: (Zum Beispiel: Gespräch unter vier Augen, etwas Schriftliches etc.)

Partner 1
Ich bevorzuge:

____

____

____

Partner 1
Ich bevorzuge:

____

____

____

Menschen fühlen sich emotional überfordert, wenn ihre Gefühle hohe Wellen schlagen. Wenn dies einem von uns passiert, nutzen wir folgendes Codewort: ____________________

SEX

Für uns ist Sex:

- ☐ Sehr wichtig
- ☐ Schon wichtig
- ☐ Nicht so wichtig

Wir versprechen einander, ________ -mal pro Woche/Monat Sex zu haben.

Was den Kontakt zu anderen Partnern angeht, wünschen wir uns, dass unsere Beziehung:

- ☐ total monogam ist, das heißt nur uns beide umfasst
- ☐ ein wenig monogam ist (auch ein bisschen Offenheit)
- ☐ vollkommen offen ist
- ☐ Andere Formen: ____________________________

Wir halten uns an den Grundsatz von Dan Savage:[228]
Unser Sexleben soll erfüllend, hingebungsvoll und spielerisch sein.

Partner 1	**Partner 2**
Name ______________________	Name ______________________

ABSCHLUSSVEREINBARUNG

Wir verstehen, dass starke Beziehungen ständiges Arbeiten erfordern. Wir erkennen an, dass unsere Prioritäten, Interessen und Gefühle sich mit der Zeit ändern können und vermutlich auch ändern werden. Doch wir versprechen uns, die vorstehenden Verpflichtungen aufrechtzuerhalten, bis wir den Vertrag erneuern oder die Beziehung endet.

Partner 1

Name ____

Unterschrift ____

Partner 2

Name ____

Unterschrift ____

Datum: _________________________

ÜBER DIE AUTORIN

Die Verhaltensforscherin Logan Ury hat sich der Wissenschaft des Datings zugewandt und ist eine international anerkannte Spezialistin für die Fallstricke moderner Liebe. Als Director of Relationship Science bei der Dating-App *Hinge* leitet Logan ein Team von Wissenschaftlern, die die User unterstützen, die Liebe zu finden. Logan hat Psychologie in Harvard studiert, dann ein Team von Verhaltensforschern bei Google geleitet (das Irrational Lab) und eine Reihe bekannter Interviews aufgenommen, die sie bei den *Talks at Google: Modern Romance* präsentiert. Sie lebt mit ihrem Mann Scott in San Francisco und führt ihren Erfolg als Datingcoach auf die Strategien zurück, die sie in diesem Buch vorstellt. Wenn du mehr über sie wissen willst, kannst du sie auf ihrer Webseite besuchen: www.loganury.com. Oder du folgst ihr auf Twitter bzw. Instagram: @loganury.

QUELLEN

1 Steve Jobs, zitiert von Tony Long, »Now Hear This: The iPod Arrives«, in: Wired, 23. Oktober 2008, abrufbar auf: https://www.wired.com/2008/10/dayintech-1023/

2 »Belonging«, in: Oxford – Social Issues Research Centre, Veröffentlichung vom Juli 2007, S. 4.

3 David Graeber, Schulden: Die ersten 5000 Jahre, München 2013.

4 Esther Perel, »The Future of Love, Lust, and Listening«, Vortrag auf dem SXSW-Festival am 9. März 2018 in Austin, 55:12.

5 Moira Weigel, Dating – eine Kulturgeschichte, München 2018.

6 Jeff Kauflin, »How Match.Com Was Founded by Gary Kremen«, in: Business Insider, 14. Juli 2015, abrufbar auf: https://www.businessinsider.com/how-matchcom-was-founded-by-gary-kremen-2015-7.

7 Barry Schwartz, Anleitung zur Unzufriedenheit, Berlin 2006.

8 Perel, »The Future of Love, Lust, and Listening«, a. a. O.

9 Esther Perel, The Tim Ferriss Show, Ep. 241: »The Relationship Episode: Sex, Love, Polyamory, Marriage, and More«, Interview von Tim Ferriss, 1. Juni 2018, abrufbar auf: https://tim.blog/2018/06/01/the-tim-ferriss-show -transcripts-esther-perel/.

10 Paul R. Amato, »Research on Divorce: Continuing Trends and New Developments«, in: Journal of Marriage and Family 72, Nr. 3, 18. Juni 2010, S. 651.

11 Tom Smith, Jaesok Son, Benjamin Schapiro, »Trends in Psychological Well-Being, 1972–2014«, in: NORC an der Universität von Chicago, 8. April 2015.

12 Amato, »Research on Divorce: Continuing Trends and New Developments«, a. a. O.

13 Smith, Son, Schapiro, »Trends in Psychological Well-Being«, 1972–2014, a. a. O.

14 Alex Bell et al., »Who Becomes an Inventor in America? The Importance of Exposure to Innovation«, in: Quarterly Journal of Economics 134, Nr. 2, 1. Mai 2019, S. 699 – 700.

15 Sheryl Sandberg, Lean In: Frauen und der Wille zum Erfolg, Berlin 2013, S. 151.

16 Renae Franiuk, Dov Cohen, Eva M. Pomerantz, »Implicit Theories of Relationships: Implications for Relationship Satisfaction and Longevity«, in: Personal Relationships 9, Nr. 4, 2002, S. 345 – 367.

17 Stephanie Coontz, In schlechten wie in guten Tagen: die Ehe – eine Liebesgeschichte, Bergisch-Gladbach 2006, S. 14.
18 Michael R. Burch (Übers.), »Sumerian Love- Song«, in: James B. Pritchard, Ancient Near Eastern Texts Relating to the Old Testament, Princeton 2016, S. 496.
19 Esther Perel, Was Liebe braucht: Das Geheimnis des Begehrens, Hamburg 2020.
20 Alain de Botton, Interview von Logan Ury, Los Angeles, 21. Februar 2019.
21 Alain de Botton, »How Romanticism Ruined Love«, in: School of Life, The Book of Life, 28. April 2016, abrufbar auf: https://www.theschooloflife.com /thebookoflife/how-romanticism-ruined-love/.
22 Coontz, In guten wie in schlechten Tagen, a. a. O., S. 57f., siehe auch De Botton, »How Romanticism Ruined Love«.
23 H. A. Simon, »Rational Choice and the Structure of the Environment«, in: Psychological Review 63, Nr. 2, 1956, S. 129 – 138.
24 Barry Schwartz, zitiert von Elizabeth Bernstein, »How You Make Decisions Says a Lot About How Happy You Are«, in: Wall Street Journal, 7. Oktober 2014.
25 Johanna M. Jarcho, Elliot T. Berkman, Matthew D. Lieberman, »The Neural Basis of Rationalization: Cognitive Dissonance Reduction During Decision-Making«, in: Social Cognitive and Affective Neuroscience 6, Nr. 4, 1. September 2011, S. 460 – 467.
26 Brian Christian, Tom Griffiths, Algorithmen für den Alltag, München 2020, S. 22.
27 Sara Hammel, Julie Jordan, »Robert De Niro Baby Girl Born Via Surrogate«, auf: People.com, abgerufen am 4. April 2020 unter: https:// people.com/parents/robert-de-niro-baby-girl-born-via-surrogate/.
28 »Opportunity Cost«, in: Britannica Online Academic Edition, abgerufen am 4. April 2020 unter: https://www.britannica.com/topic/opportunity.
29 Ali Wong, Dear Girls: Intimate Tales, Untold Secrets & Advice for Living Your Best Life, New York 2019, S. 50.
30 Feng-Yang Kuo, Mei-Lien Young, »A Study of the Intention-Action Gap in Knowledge Sharing Practices«, in: Journal of the American Society for Information Science and Technology 59, Nr. 8, 2008, 1, S. 224 – 237.
31 Dan Ariely, Klaus Wertenbroch, »Procrastination, Deadlines, and Performance: Self-Control by Precommitment«, in: Psychological Science 13, Nr. 3, Mai 2002, S. 219 – 224.
32 Suzanne B. Shu, Ayelet Gneezy, »Procrastination of Enjoyable Experience«, in: Journal of Marketing Research 47, Nr. 5, Oktober 2010, S. 933 – 944.
33 Kevin D. McCaul, Verlin B. Hinsz, Harriette S. McCaul, »The Effects of Commitment to Performance Goals on Effort«, in: Journal of Applied Social Psychology 17, Nr. 5, Mai 1987, S. 437 – 452.
34 David W. Nickerson, Todd Rogers, »Do You Have a Voting Plan? Implementation Intentions, Voter Turnout, and Organic Plan Making«, in: Psychological Science 21, Nr. 2, Februar 2010, S. 194 – 199.
35 Edwin A. Locke, Gary P. Latham, »New Directions in Goal-Setting Theory«, in: Current Directions in Psychological Science 15, Nr. 5, Oktober 2006, S. 265 – 268.
36 Daniel T. Gilbert, Jane E. J. Ebert, »Decisions and Revisions: The Affective Forecasting of Changeable Outcomes«, in: Journal of Personality and Social Psychology 82, Nr. 4, April 2002, S. 503 – 514.
37 Johanna M. Jarcho, Elliot T. Berkman, Matthew D. Lieberman, »The Neural Basis of Rationalization: Cognitive Dissonance Reduction During Decision-Making«, in: Social Cognitive and Affective Neuroscience 6, Nr. 4, 1. September 2011, S. 460 – 467.
38 Tara C. Marshall, »Facebook Surveillance of Former Romantic Partners: Associations with Post-Breakup Recovery and Personal Growth«, in: Cyberpsychology, Behavior, and Social Networking 15, Nr. 10, Oktober 2012, S. 521 – 526.
39 Ashley E. Mason et al., »Staying Connected When Coming Apart: The Psychological Correlates of Contact and Sex with an Ex-Partner«, in: Journal of Social and Clinical Psychology 31, Nr. 5, Mai 2012, S. 488 – 507.

40 Amir Levine, Rachel Heller, Warum wir uns immer in den Falschen verlieben, München 2015.
41 Sue Johnson, Halt mich fest, Paderborn 2019.
42 Inge Bretherton, »The Origins of Attachment Theory: John Bowlby and Mary Ainsworth«, in: Developmental Psychology 28, Nr. 5, September 1992, S. 759 – 775.
43 Anujit Chakraborty, »Present Bias«, in: SSRN Electronic Journal, 2019.
44 Logan Ury, Interview mit Esther Perel, 27. März 2019.
45 Logan Ury, Interview mit Dan Ariely, 28. Februar 2019.
46 John Gottman, »History of the Love Lab«, The Gottman Institute, 4. Februar 2018, https://www.gottman.com/love-lab/.
47 David A. Schkade, Daniel Kahneman, »Does Living in California Make People Happy? A Focusing Illusion in Judgments of Life Satisfaction«, in: Psychological Science 9, Nr. 5, September 1998, S. 340 – 346.
48 John Dakin, Richard Wampler, »Money Doesn't Buy Happiness, but It Helps: Marital Satisfaction, Psychological Distress, and Demographic Differences Between Low- and Middle-Income Clinic Couples«, in: American Journal of Family Therapy 36, Nr. 4, 2. Juli 2008, S. 300 – 311.
49 Frances C. Lawrence, Reneé H. Thomasson, Patricia J. Wozniak, Aimee D. Prawitz, »Factors Relating to Spousal Financial Arguments«, in: Financial Counseling and Planning, Nr. 4, 1993, S. 85 – 93.
50 A. V. Whillans, Jessie Pow, Michael I. Norton, »Buying Time Promotes Relationship Satisfaction«, in: Arbeitspapier der Harvard Business School, 29. Januar 2018, S. 201.
51 Daniel Kahneman, Angus Deaton, »High Income Improves Evaluation of Life but Not Emotional Well-Being«, in: Proceedings of the National Academy of Sciences 107, Nr. 38, 21. September 2010, 16, S. 489 – 493.
52 Glenn Firebaugh, Matthew B. Schroeder, »Does Your Neighbor's Income Affect Your Happiness?«, in: American Journal of Sociology 115, Nr. 3, November 2009, S. 805 – 831.
53 Philip Brickman, Dan Coates, Ronnie Janoff-Bulman, »Lottery Winners and Accident Victims: Is Happiness Relative?«, in: Journal of Personality and Social Psychology 36, Nr. 8, 1978, S. 917 – 927.
54 Daniel S. Hamermesh, Jeff E. Biddle, »Beauty and the Labor Market«, in: American Economic Review 84, Nr. 5, 1994, S. 1174.
55 Rodrigo Praino, Daniel Stockemer, »What Are Good-Looking Candidates, and Can They Sway Election Results? Good-Looking Candidates and Electoral Results«, in: Social Science Quarterly 100, Nr. 3, Mai 2019, S. 531 – 543.
56 Leslie A. Zebrowitz, Joann M. Montepare, »Social Psychological Face Perception: Why Appearance Matters«, in: Social and Personality Psychology Compass 2, Nr. 3, Mai 2008, S. 1497 – 1517.
57 Nancy Etcoff, Nur die Schönsten überleben, München 2001.
58 Ty Tashiro, The Science of Happily Ever After: What Really Matters in the Quest for Enduring Love, New York 2014, S. 17.
59 Ted L. Huston et al., »The Connubial Crucible: Newlywed Years as Predictors of Marital Delight, Distress, and Divorce«, in: Journal of Personality and Social Psychology 80, Nr. 2, Februar 2001, S. 237 – 252.
60 Helen Fisher et al., »Defining the Brain Systems of Lust, Romantic Attraction, and Attachment«, in: Archives of Sexual Behavior 31, Nr. 5, Oktober 2002, S. 413 – 419.
61 Tricia Brock, »The Bubble,« 30 Rock, NBC, 19. März 2009.
62 Cynthia A. Graham et al., »What Factors Are Associated with Reporting Lacking Interest in Sex and How Do These Vary by Gender? Findings from the Third British National Survey of Sexual Attitudes and Lifestyles«, in: BMJ Open 7, Nr. 9, 13. September 2017, S. e016942.
63 Logan Ury, Interview mit Eli Finkel, 25. Juni 2019.
64 William J. Chopik, Richard E. Lucas, »Actor, Partner, and Similarity Effects of Personality

on Global and Experienced Well-Being«, in: Journal of Research in Personality 78, Februar 2019, S. 249 – 261.

65 Raphaëlle Chaix, Chen Cao, Peter Donnelly, »Is Mate Choice in Humans MHC-Dependent?«, (hrsg. von Molly Przeworski), in: PLoS Genetics 4, Nr. 9, 12. September 2008, S. e1000184.

66 Claus Wedekind, Thomas Seebeck, Florence Bettens, Alexander J. Paepke, »MHC-Dependent Mate Preferences in Human,«, in: Proceedings of the Royal Society of London: Series B: Biological Sciences 260, Nr. 1359, 22. Juni 1995, S. 245 – 249,

67 Ebd.

68 Eli Finkel, »How to Build a Marriage That Truly Meets Your Needs«, auf: ideas.ted.com, 3. Oktober 2017, abrufbar auf: https://ideas.ted .com/how-to-build-a-marriage-that-truly-meets-your-needs/

69 Elaine O. Cheung, Wendi L. Gardner, Jason F. Anderson, »Emotionships: Examining People's Emotion- Regulation Relationships and Their Consequences for Well-Being«, in: Social Psychological and Personality Science 6, Nr. 4, 1. Mai 2015, S. 407 – 414.

70 Tashiro, The Science of Happily Ever, a. a. O., S. 8.

71 Zahra Barnes, »Should You Have A Dating Checklist?«, in: Self, abgerufen am 4. April 2020, auf: https://www.self.com/story /should-you-have-a-dating-checklist

72 Ty Tashiro, »An Algorithm for Happily Ever After«, TEDSalon, New York, Juli 2017.

73 Robin Schoenthaler, »Will He Hold Your Purse?«, in: Boston Globe Magazine, 4. Oktober 2009.

74 Carol Dweck, Selbstbild – Wie unser Denken Erfolge und Niederlagen bewirkt, München 2017.

75 John Mordechai Gottman, Die 7 Geheimnisse der glücklichen Ehe, München (2) 2000, S. 156.

76 Daniel B. Wile, After the Honeymoon: How Conflict Can Improve Your Relationship, Oakland 2008.

77 Dan Ariely, »On Dating & Relationships«, Talks at Google (58:00), 11. November 2015, abrufbar auf: <https://www.youtuble.com/watch ?v=RS8R2TKrYi0.

78 Michael J. Rosenfeld, Reuben J. Thomas, Sonia Hausen, »Disintermediating Your Friends: How Online Dating in the United States Displaces Other Ways of Meeting«, in: Proceedings of the National Academy of Sciences 116, Nr. 36, 3. September 2019, S. 17753 – 17758.

79 Ebd.

80 Cecilia Kang, »Google Crunches Data on Munching in Office«, in: Washington Post, 1. September 2013.

81 Justin Wolfers, Freakonomics, Ep. 154: »What You Don't Know About Online Dating«, Interview von Stephen Dubner, 6. February 2014, auf: https://freakonomics.com/podcast/what-you-dont-know-about-online-dating-a-new-freakonomics-radio-podcast/.

82 Dan Ariely, »You Are What You Measure«, in: Harvard Business Review, 1. Juni 2010.

83 Christopher K. Hsee, »The Evaluability Hypothesis: An Explanation for Preference Reversals Between Joint and Separate Evaluations of Alternatives«, in: Organizational Behavior and Human Decision Processes 67, Nr. 3, 1. September 1996, S. 247 – 257.

84 »A Conversation with Dan Ariely«, mit James B. Duke Professor für Psychologie und Verhaltensökonomie an der Duke University, Interview für Big Think, 1. Juli 2010, abrufbar auf: https://bigthink.com/videos/big-think-interview-with-dan-ariely-3

85 William Samuelson, Richard Zeckhauser, »Status Quo Bias in Decision Making«, in: Journal of Risk and Uncertainty 1, Nr. 1, März 1988, S. 7 – 59.

86 Rebecca D. Heino, Nicole B. Ellison, Jennifer L. Gibbs, »Relationshopping: Investigating the Market Metaphor in Online Dating«, in: Journal of Social and Personal Relationships 27, Nr. 4, 1. Juni 2010, S. 427 – 447.

87 Jeana H. Frost et al., »People Are Experience Goods: Improving Online Dating with Virtual Dates«, in: Journal of Interactive Marketing 22, Nr. 1, 2008, S. 51 – 61.

88 Barry Schwartz, Anleitung zur Unzufriedenheit, Berlin 2006.
89 Sheena S. Iyengar, Mark R. Lepper, »When Choice Is Demotivating: Can One Desire Too Much of a Good Thing?«, in: Journal of Personality and Social Psychology 79, Nr. 6, 2000, S. 995 – 1006.
90 Dan Ariely: On Dating & Relationships«, Talks at Google (58:00), 11. November 2015, auf: https://www.youtube.com /watch?v=RS8R2TKrYi0.
91 Xiao Bi, »In With the New – Compensation of Newly Hired Chief Executive Officers«, in: Equilar, 7. Februar 2015, auf: https://www .equilar.com/reports/15-in-with-the-new.html
92 Ken Favaro, Per-Ola Karlsson, Jon Katzenbach, Gary Neilson, »Lessons from the Trenches for New CEOs: Separating Myths from Game Changers«, Arbeitspapier der Strategieberatung Booz & Company von 2010.
93 Eric Johnson, »Swiping on Tinder Is Addictive. That's Partly Because It Was Inspired by an Experiment That ›Turned Pigeons into Gamblers‹«, Vox, 19. September 2018.
94 B. F. Skinner, »›Superstition‹ in the Pigeon«, in: Journal of Experimental Psychology 38, Nr. 2, 1948, S. 168 – 172.
95 »Hinge Report: Profile Pictures That Get the Most Likes«, Medium, 20. April 2017, https://medium.com/@Hinge/hinge-the-relationship-app-28f1000d5e76.
96 Eddie Hernandez, »Best Hinge Prompts, Answers to Use on Your Dating Profile«, Eddie Hernandez Photography, 20. November 2019, auf: https://eddie-hernandez.com/best-hinge-questions/.
97 New Leads,« The Office, Regie: Brent Forrester, Drehbuch: Greg Daniels, NBC, ausgestrahlt am 18. März 2010.
98 Christian Rudder, Inside Big Data, München 2016.
99 Natasha Singer, »OkCupid's Unblushing Analyst of Attraction«, in: New York Times, 6. September 2014.
100 Christian Rudder, »How Your Race Affects the Messages You Get«, in: OKTrends, 5. Oktober 2009, auf: https://www.gwern.net/docs/psychology/okcupid/howyourraceaffectsthemessagesyouget.html
101 Rudder, Inside Big Data, a. a. O.
102 Gail Matthews, »Goal Research Summary«, Arbeitspapier für die 9th Annual International Conference of the Psychology Research Unit of Athens Institute for Education and Research (ATINER), Athen, Griechenland, 2015.
103 Phyllis Korkki, »Need Motivation? Declare a Deadline«, in: New York Times, 20. April 2013.
104 Nicholas Epley, Juliana Schroeder, »Mistakenly Seeking Solitude«, in: Journal of Experimental Psychology: General 143, Nr. 5, 2014, S. 1980.
105 Cecilia Kang, »Google Crunches Data on Munching in Office«, in: Washington Post, 1. September 2013.
106 Logan Ury, Interview mit Esther Perel am 27. März 2019.
107 Richard Wiseman, So machen Sie Ihr Glück, München 2004, S. 77.
108 Richard Wiseman, »Be Lucky – It's an Easy Skill to Learn«, in: Telegraph, 9. Januar 2003.
109 Quote Investigator, »Whether You Believe You Can Do a Thing or Not, You Are Right«, abgerufen am 5. April 2020, auf: https://quoteinvestigator.com/2015/02/03/you-can/.
110 Richard Wiseman, So machen Sie Ihr Glück, München 2004, S. 241.
111 Shogo Kajimura, Michio Nomura, »When We Cannot Speak: Eye Contact Disrupts Resources Available to Cognitive Control Processes During Verb Generation«, in: Cognition 157, 1. Dezember 2016, S. 352 – 357.
112 Jeana H. Frost et al., »People Are Experience Goods: Improving Online Dating with Virtual Dates«, in: Journal of Interactive Marketing 22, Nr. 1, 2008, S. 5, S. 16.
113 Ryan W. Buell, Michael I. Norton, »The Labor Illusion: How Operational Transparency Increases Perceived Value«, in: Management Science 57, Nr. 9, 2011, S. 1564 – 1579.
114 Perri Klass, »Taking Playtime Seriously«, in: New York Times, 29. Januar 2018.
115 Edward L. Deci, Richard M. Ryan, »Intrinsic Motivation«, in: The Corsini Encyclopedia of Psychology, hrsg. von Irving B. Weiner und W. Edward Craighead, Hoboken 2010.

116 Sandra Manninen et al., »Social Laughter Triggers Endogenous Opioid Release in Humans«, in: Journal of Neuroscience 37, Nr. 25, 21. Juni 2017, S. 6125 – 6131.
117 Joel Stein, »Humor Is Serious Business«, Stanford Graduate School of Business, 11. Juli 2017, auf: https://www.gsb .stanford.edu/insights/humor-serious-business.
118 National Center for Biotechnology Information, The Physiological Basis of Breastfeeding, Infant and Young Child Feeding: Model Chapter for Textbooks for Medical Students and Allied Health Professionals, World Health Organization 2009, S. 19.
119 Joel Stein, »Humor Is Serious Business«, Stanford Graduate School of Business, 11. Juli 2017, auf: https://www.gsb .stanford.edu/insights/humor-serious-business.
120 Lee S. Berk et al., »Neuroendocrine and Stress Hormone Changes During Mirthful Laughter«, in: American Journal of the Medical Sciences 298, Nr. 6, Dezember 1989, S. 390 – 396.
121 »Humor, Laughter, and Those Aha Moments«, in: Scribd, 2010, https://www.scribd.com/document/372724309/Humor-Laughter-And-Those-Aha-Moments.
122 Susan Sprecher, Susan S. Hendrick, »Self-Disclosure in Intimate Relationships: Associations with Individual and Relationship Characteristics Over Time«, in: Journal of Social and Clinical Psychology 23, Nr. 6, 2004, S. 857 – 877.
123 Karen Huang et al., »It Doesn't Hurt to Ask: Question-Asking Increases Liking«, in: Journal of Personality and Social Psychology 113, Nr. 3, September 2017, S. 430 – 452.
124 Mandy Len Catron, »To Fall in Love with Anyone, Do This«, in: New York Times, 9. Januar 2015.
125 Arthur Aron et al., »The Experimental Generation of Interpersonal Closeness: A Procedure and Some Preliminary Findings«, in: Personality and Social Psychology Bulletin 23, Nr. 4, 1997, S. 363 – 377.
126 Charles Derber, The Pursuit of Attention: Power and Individualism in Everyday Life, New York 1983.
127 Sherry Turkle, »Stop Googling. Let's Talk«, in: New York Times, 26. September 2015.
128 Ebd.
129 Donald A. Redelmeier, Joel Katz, Daniel Kahneman, »Memories of Colonoscopy: A Randomized Trial«, in: Pain 104, Nr. 1, Juli 2003, S. 187 – 194.
130 »What Is Peak-End Theory? A Psychologist Explains How Our Memory Fools Us«, PositivePsychology.com, 3. März 2019, auf: https:// positivepsychology.com/what-is-peak-end-theory/.
131 Ayala Malach Pines, Falling in Love: Why We Choose the Lovers We Choose, London 2005, S. 25.
132 Robert B. Zajonc, »Attitudinal Effects of Mere Exposure«, in: Journal of Personality and Social Psychology 9, Nr. 2, 1968, S. 1 – 27.
133 Paul W. Eastwick, Lucy L. Hunt, »Relational Mate Value: Consensus and Uniqueness in Romantic Evaluations«, in: Journal of Personality and Social Psychology 106, Nr. 5, 2014 , S. 728 – 751.
134 Demetri Martin, These Are Jokes, Comedy Central Records, 2006.
135 Tiffany A. Ito et al., »Negative Information Weighs More Heavily on the Brain: The Negativity Bias in Evaluative Categorization«, in: Journal of Personality and Social Psychology 75, Nr. 4, Oktober 1998, S. 887 – 900.
136 Fundamental Attribution Error – Biases & Heuristics«, von: The Decision Lab, abgerufen am 5. April 2020, https://thedecisionlab.com/biases /fundamental-attribution-error/.
137 Lee Ross, »The Intuitive Psychologist and His Shortcomings: Distortions in the Attribution Process«, in: Advances in Experimental Social Psychology 10, 1977, S. 173 – 220.
138 Shawn Achor, »The Happiness Advantage: Linking Positive Brains to Performance«, TEDx Talks, (12:29), 30. Juni 2011, auf: https://www.youtube.com/watch?v=GXy__kBV-q1M&t=512s.
139 Logan Ury, Interview mit Alain de Botton am 21. Februar 2019.
140 Eric J. Johnson, Daniel G. Goldstein, »Do Defaults Save Lives?«, in: Wissenschaftl. Aufsatz

des Social Science Research Network, Rochester, 21. November 2003, auf: https://papers.ssrn.com /abstract=1324774.
141 Logan Ury, Interview mit Helen Fisher am 2. April 2019.
142 Thomas S. Ferguson, »Who Solved the Secretary Problem?«, in: Statistical Science 4, Nr. 3, 1989, S. 282 – 289.
143 Daryl J. Bem, »Self-Perception Theory«, in: Advances in Experimental Social Psychology (hrsg. von Leonard Berkowitz), Bd. 6, Academic Press, 1972, S. 1 – 62.
144 Caroline E. Jenkinson et al., »Is Volunteering a Public Health Intervention? A Systematic Review and Meta-Analysis of the Health and Survival of Volunteers«, in: BMC Public Health 13, Nr. 1, 23. August 2013, S. 773.
145 Amar Cheema, Dilip Soman, »The Effect of Partitions on Controlling Consumption«, in: Journal of Marketing Research 45, Nr. 6, Dezember 2008, S. 665 – 675.
146 Jesse Owen, Galena K. Rhoades, Scott M. Stanley, »Sliding Versus Deciding in Relationships: Associations with Relationship Quality, Commitment, and Infidelity«, in: Journal of Couple & Relationship Therapy 12, Nr. 2, April 2013, S. 135 – 149.
147 Galena K. Rhoades, Scott M. Stanley, »What Do Premarital Experiences Have to Do with Marital Quality Among Today's Young Adults?«, in: National Marriage Project, 2014, S. 5.
148 Owen, Rhoades, Stanley, »Sliding Versus Deciding in Relationships: Associations with Relationship Quality, Commitment, and Infidelity«, a. a. O.
149 Meg Jay, »The Downside of Cohabiting Before Marriage«, in: New York Times, 14. April 2012.
150 »Views on Marriage and Cohabitation in the U.S.«, vom Pew Research Center's Social & Demographic Trends Project, 6. November 2019, https://www.pewsocialtrends.org/2019/11/06/marriage-and-cohabitation-in-the-u-s.
151 Galena K. Rhoades, Scott M. Stanley, Howard J. Markman, »The Pre-Engagement Cohabitation Effect: A Replication and Extension of Previous Findings«, in: Journal of Family Psychology 23, Nr. 1, 2009, S. 107 – 111.
152 David Popenoe, Barbara Dafoe Whitehead, »What Do Premarital Experiences Have to Do with Marital Quality Among Today's Young Adults?«, in: The National Marriage Project (2), 2002.
153 William Samuelson, Richard Zeckhauser, »Status Quo Bias in Decision Making«, in: Journal of Risk and Uncertainty 1, Nr. 1, März 1988, S. 7 – 59.
154 Emily Esfahani Smith, Galena Rhoades, »In Relationships, Be Deliberate«, in: The Atlantic, 19. August 2014, auf: https://www.theatlantic.com/health/archive/2014/08/in-relationships-be-deliberate/378713/.
155 Daniel Kahneman and Amos Tversky (Hrsg.), Choices, Values, and Frames, Cambridge 2000, S. 704.
156 Philip Brickman, Dan Coates, Ronnie Janoff-Bulman, »Lottery Winners and Accident Victims: Is Happiness Relative?«, in: Journal of Personality and Social Psychology 36, Nr. 8, 1978, S. 917 – 927.
157 Hal R. Arkes, Catherine Blumer, »The Psychology of Sunk Cost«, in: Organizational Behavior and Human Decision Processes 35, Nr. 1, 1. Februar 1985, S. 124 – 140.
158 Daniel Kahneman, Amos Tversky, »Prospect Theory: An Analysis of Decision Under Risk«, in: Econometrica (Menasha), Wis. 47, Nr. 2, 1. März 1979, S. 263.
159 Andy Ackerman, »The Bizarro Jerry,« Seinfeld, Shapiro/West Productions, Castle Rock Entertainment, ausgestrahlt am 3. Oktober 1996.
160 Andy Ackerman, »The Engagement,« Seinfeld, Shapiro/West Productions, Castle Rock Entertainment, ausgestrahlt am 21. September 1995.
161 Tom Cherones, »The Phone Message«, Seinfeld, Shapiro/West Productions, Castle Rock Entertainment, ausgestrahlt am 13. Februar 1991.
162 Helen Fisher, »The Nature of Romantic Love«, in: Journal of NIH Research 6, Nr. 4, 1994, S. 59 – 64.

163 Eli Finkel, The All-or-Nothing Marriage: How the Best Marriages Work, New York 2017, S. 231.

164 John Gottman, »Debunking 12 Myths About Relationships«, Gottman Institute, 13. Mai 2016, auf: https:// www.gottman.com/blog/debunking-12-myths-about-relationships/

165 Annamaria Lusardi (Hrsg.), Overcoming the Saving Slump: How to Increase the Effectiveness of Financial Education and Saving Programs, Chicago 2008.

166 BJ Fogg, »Motivation«, Fogg Behavior Model, abgerufen 5. April 2020, https://www.behaviormodel.org/motivation.

167 Gail Matthews, »Goal Research Summary«, Arbeitspapier, vorgestellt auf der Internationalen Jahrestagung der Forschungseinheit »Psychologie« am Athens Institut (Annual International Conference of the Psychology Research Unit of Athens Institute for Education and Research – ATINER), Athen, Griechenland, 2015.

168 Dan Ariely, Klaus Wertenbroch, »Procrastination, Deadlines, and Performance: Self-Control by Precommitment«, in: Psychological Science 13, Nr. 3, Mai 2002, S. 219 – 224.

169 Suzanne B. Shu, Ayelet Gneezy, »Procrastination of Enjoyable Experiences«, in: Journal of Marketing Research 47, Nr. 5, Oktober 2010, S. 933 – 944.

170 David W. Nickerson, Todd Rogers, »Do You Have a Voting Plan?: Implementation Intentions, Voter Turnout, and Organic Plan Making«, in: Psychological Science 21, Nr. 2, Februar 2010, S. 194 – 199.

171 Doron Menashe, Mutal E. Shamash, »The Narrative Fallacy«, in: International Commentary on Evidence 3, Nr. 1, 16. Januar 2006.

172 Kevin D. McCaul, Verlin B. Hinsz, Harriette S. McCaul, »The Effects of Commitment to Performance Goals on Effort«, in: Journal of Applied Social Psychology 17, Nr. 5, Mai 1987, S. 437 – 452.

173 Gretchen Rubin, Die 4 Happiness-Typen, München 2018.

174 Stephanie Manes, »Making Sure Emotional Flooding Doesn't Capsize Your Relationship«, Gottman Institute, 4. August 2013, auf: https://www.gottman.com/blog/making-sure-emotional-flooding-doesnt-capsize-your-relationship.

175 Homer, Die Odyssee (12. Gesang), Zürich/Stuttgart 2001.

176 Nava Ashraf, Dean Karlan, Wesley Yin, »Tying Odysseus to the Mast: Evidence from a Commitment Savings Product in the Philippines«, in: Quarterly Journal of Economics 121, Nr. 2, 2006, S. 635 – 672.

177 Delia Cioffi, Randy Garner, »On Doing the Decision: Effects of Active Versus Passive Choice on Commitment and Self-Perception«, in: Personality and Social Psychology Bulletin 22, Nr. 2, Februar 1996, S. 133 – 147.

178 Charles Duhigg, Die Macht der Gewohnheit, München 2013.

179 Logan Ury, Interview mit Alain de Botton am 21. Februar 2019.

180 Barbara J. McNeil et al., »On the Elicitation of Preferences for Alternative Therapies«, in: New England Journal of Medicine 306, Nr. 21, Mai 1982, S. 1259 – 1262.

181 Scott Plous, The Psychology of Judgment and Decision Making, New York 1993.

182 Claudia C. Brumbaugh, R. Chris Fraley, »Too Fast, Too Soon? An Empirical Investigation into Rebound Relationships«, in: Journal of Social and Personal Relationships 32, Nr. 1, Februar 2015, S. 99 – 118.

183 Helen E. Fisher et al., »Reward, Addiction, and Emotion Regulation Systems Associated with Rejection in Love«, in: Journal of Neurophysiology 104, Nr.. 1, Juli 2010, S. 51 – 60.

184 Arthur Aron et al., »Reward, Motivation, and Emotion Systems Associated with Early-Stage Intense Romantic Love«, in: Journal of Neurophysiology 94, Nr. 1, 1. Juli 2005, S. 327 – 337.

185 Helen Fisher, »Lost Love: The Nature of Romantic Rejection«, in: Cut Loose: (Mostly) Older Women Talk About the End of (Mostly) Long-Term Relationships, hrsg. von Nan Bauer-Maglin, New Brunswick 2006, 182 –195.

186 Tiffany Field, »Romantic Breakups, Heartbreak and Bereavement«, in: Psychology 2, Nr. 4, Juli 2011, S. 382 – 387.

187 Roy Baumeister, Jean Twenge, Christopher Nuss, »Effects of Social Exclusion on Cognitive Processes: Anticipated Aloneness Reduces Intelligent Thought«, in: Journal of Personality and Social Psychology 83, 1. November 2002, S. 817 – 827.
188 Matthew Larson, Gary Sweeten, Alex R. Piquero, »With or Without You? Contextualizing the Impact of Romantic Relationship Breakup on Crime among Serious Adolescent Offenders«, in: Journal of Youth and Adolescence 45, Nr. 1, Januar 2016, S. 54 – 72.
189 Stephen B. Kincaid, Robert A. Caldwell, »Initiator Status, Family Support, and Adjustment to Marital Separation: A Test of an Interaction Hypothesis«, in: Journal of Community Psychology 19, Nr. 1, 1991, S. 79 – 88.
190 Daniel Kahneman, Amos Tversky, »Prospect Theory: An Analysis of Decision Under Risk«, in: Econometrica (Menasha), Wis. 47, Nr. 2, 1. März 1979, S. 263.
191 Pat Vaughan Tremmel, »Breaking Up May Not Be as Hard as the Song Says«, in: Northwestern University News, 21. August 2007, auf: https://www.northwestern.edu/newscenter/stories/2007/08/breakup.html.
192 Paul W. Eastwick et al., »Mispredicting Distress Following Romantic Breakup: Revealing the Time Course of the Affective Forecasting Error«, in: Journal of Experimental Social Psychology 44, Nr. 3, 2008, S. 800 – 807.
193 Gary Lewandowski Jr., Nicole Bizzoco, »Addition Through Subtraction: Growth Following the Dissolution of a Low Quality Relationship«, in: Journal of Positive Psychology 2, 1. Januar 2007, S. 40 – 54.
194 Gary W. Lewandowski, »Promoting Positive Emotions Following Relationship Dissolution Through Writing«, in: Journal of Positive Psychology 4, Nr. 1, 2009, S. 21 – 31
195 Sandra J. E. Langeslag, Michelle E. Sanchez, »Down-Regulation of Love Feelings after a Romantic Break-up: Self-Report and Electrophysiological Data«, in: Journal of Experimental Psychology: General 147, Nr. 5, 2018, S. 720 – 733.
196 Erica B. Slotter, Wendi L. Gardner, Eli J. Finkel, »Who Am I Without You? The Influence of Romantic Breakup on the Self-Concept«, in: Personality & Social Psychology Bulletin 36, Nr. 2, Dezember 2009, S. 147 – 160.
197 Gary Lewandowski, »Break-Ups Don't Have to Leave You Broken«, TEDxNavesink, New Jersey (11:30), 11. April 2015, auf: https://www.garylewandowski.com.
198 Diane Vaughan, Wenn Liebe keine Zukunft hat: Stationen und Strategien der Trennung, Reinbek 1998.
199 Claudia C. Brumbaugh, R. Chris Fraley, »Too Fast, Too Soon? An Empirical Investigation into Rebound Relationships«, in: Journal of Social and Personal Relationships 32, Nr. 1, 1. Februar 2015, S. 99 – 118.
200 Ty Tashiro, Patricia Frazier, »›I'll Never Be in a Relationship Like That Again‹: Personal Growth Following Romantic Relationship Breakups«, in: Personal Relationships 10, Nr. 1, 2003, S. 113 – 128.
201 Viktor E. Frankl, Trotzdem Ja zum Leben sagen, München 2018.
202 Viktor E. Frankl, Man's Search for Meaning: Logotherapy in a Nutshell, Boston 1963, S. 117.
203 Lewandowski, »Break-Ups Don't Have to Leave You Broken«, a. a. O. https://www.garylewandowski.com.
204 Maggie Gallagher, »Why Marriage Is Good for You«, in: City Journal, Herbst 2000, auf: https://www.city-journal.org/html/why-mar riage-good-you-12002.html.
205 George Bernard Shaw, Getting Married, New York 1920, S. 25.
206 H. E. Fisher, »Lust, Attraction, and Attachment in Mammalian Reproduction«, in: Human Nature 9 (1), 9. März 1998, S. 23 – 52.
207 Andrew Francis-Tan, Hugo M. Mialon, »›A Diamond Is Forever' and Other Fairy Tales: The Relationship Between Wedding Expenses and Marriage Duration«, Arbeitspapier des SSRN (Social Science Research Network), 15. September 2014.
208 Ebd.
209 Philip N. Cohen, »The Coming Divorce Decline«, in: Socius 5, Bd. 5, 1. Januar 2019, auf: https://doi.org/10.1177/2378023119873497.

210 Naomi Schaefer Riley, »Interfaith Marriages: A Mixed Blessing«, in: New York Times, 5. April 2013.

211 Lee Ross, David Greene, Pamela House, »The ›False Consensus Effect‹: An Egocentric Bias in Social Perception and Attribution Processes«, in: Journal of Experimental Social Psychology 13, Nr. 3, Mai 1977, S. 279 – 301.

212 Esther Perel, »The Secret to Desire in a Long-Term Relationship«, in: TEDSalon, New York (19:02), Februar 2013.

213 Jesse Owen, Galena K. Rhoades, Scott M. Stanley, »Sliding Versus Deciding in Relationships: Associations with Relationship Quality, Commitment, and Infidelity«, in: Journal of Couple & Relationship Therapy 12, Nr. 2, April 2013, S. 135 – 149.

214 Eli J. Finkel, The All-or-Nothing Marriage: How the Best Marriages Work, New York 2017, S. 174.

215 Ebd.

216 Zitiert nach: Leon C. Meggison, »Lessons from Europe for American Business«, Southwestern Social Science Quarterly 44, Nr. 1, 1963, S. 3 – 13.

217 Jordi Quoidbach, Daniel T. Gilbert, Timothy D. Wilson, »The End of History Illusion«, in: Science 339, Nr. 6115, 4. Januar 2013, S. 96 – 98.

218 Ebd.

219 Paul R. Amato, »Research on Divorce: Continuing Trends and New Developments«, in: Journal of Marriage and Family 72, Nr. 3, 18. Juni 2010, S. 651.

220 Jesse Owen, Galena K. Rhoades, Scott M. Stanley, »Sliding Versus Deciding in Relationships: Associations with Relationship Quality, Commitment, and Infidelity«, in: Journal of Couple & Relationship Therapy 12, Nr. 2, April 2013, S. 135 – 149.

221 John F. Kennedy, Rede zur Lage der Nation vom 11. Januar 1962, Miller Center, abgerufen am 5. April 2020, https://millercenter.org/the-presidency/presidential-speeches/january-11-1962-state-union-address.

222 Esther Perel, »The Future of Love, Lust, and Listening«, SXSW Conference, 9. März 2018, Austin, Texas (55:12).

223 Gary D. Chapman, Die fünf Sprachen der Liebe, Marburg a. d. Lahn, 2018.

224 Mark Oppenheimer, »Married, With Infidelities«, in: New York Times, 30. Juni 2011.

225 Ellie Lisitsa, »An Introduction to Emotional Bids and Trust«, The Gottman Institute, 31. August 2012, abrufbar auf: https://www.gottman.com/blog/an-introduction-to-emotional-bids-and-trust.

226 John M. Gottman, Die 7 Geheimnisse einer glücklichen Ehe, München 2000, S. 41ff.

227 Stephanie Manes, LCSW, »Making Sure Emotional Flooding Doesn't Capsize Your Relationship«, The Gottman Institute, 3. August 2013, auf: https://www.gottman.com/blog/making-sure-emotional-flooding-doesnt-capsize-your-relationship.

228 Dan Savage, »Savage Love,« The Stranger, 8. Januar 2004, siehe: https://www.thestranger.com/seattle/SavageLove?oid=16799.

229 Jody VanLaningham, David R. Johnson, Paul Amato, »Marital Happiness, Marital Duration, and the U-Shaped Curve: Evidence from a Five-Wave Panel Study«, in: Social Forces Bd. 79, Nr. 4, Juni 2001, S. 1313–1341.

230 Tom W. Smith, Jaesok Son, Benjamin Schapiro, »General Social Survey Final Report: Trends in Psychological Well-Being, 1972-2014«, NORC (National Opionion Research Center) an der Universität of Chicago, Veröffentlichung vom April 2015.